Antimanuel d'adolescence

Infographie : Luisa da Silva
Révision et correction : Ginette Patenaude

Catalogage avant publication de Bibliothèque et Archives nationales du Québec et Bibliothèque et Archives Canada

Fize, Michel

Antimanuel d'adolescence : toute la vérité, rien que la vérité sur les adolescents

Comprend des réf. bibliogr.

ISBN 978-2-7619-2578-5

1. Adolescents - Conditions sociales. 2. Adolescents et adultes.
I. Titre.

HQ796.F59 2009 305.235 C2009-941406-6

09-09

Dépôt légal : 2009
Bibliothèque et Archives nationales du Québec

ISBN 978-2-7619-2578-5

DISTRIBUTEURS EXCLUSIFS :

- Pour le Canada et les États-Unis :
  MESSAGERIES ADP*
  2315, rue de la Province
  Longueuil, Québec J4G 1G4
  Tél. : 450 640-1237
  Télécopieur : 450 674-6237
  Internet : www.messageries-adp.com
  * filiale du Groupe Sogides inc.,
  filiale du Groupe Livre Quebecor Media inc.

- Pour la France et les autres pays :
  INTERFORUM editis
  Immeuble Paryseine, 3, Allée de la Seine
  94854 Ivry CEDEX
  Tél. : 33 (0) 1 49 59 11 56/91
  Télécopieur : 33 (0) 1 49 59 11 33
  Service commandes France Métropolitaine
  Tél. : 33 (0) 2 38 32 71 00
  Télécopieur : 33 (0) 2 38 32 71 28
  Internet : www.interforum.fr
  Service commandes Export – DOM-TOM
  Télécopieur : 33 (0) 2 38 32 78 86
  Internet : www.interforum.fr
  Courriel : cdes-export@interforum.fr

- Pour la Suisse :
  INTERFORUM editis SUISSE
  Case postale 69 – CH 1701 Fribourg – Suisse
  Tél. : 41 (0) 26 460 80 60
  Télécopieur : 41 (0) 26 460 80 68
  Internet : www.interforumsuisse.ch
  Courriel : office@interforumsuisse.ch
  Distributeur : OLF S.A.
  ZI. 3, Corminboeuf
  Case postale 1061 – CH 1701 Fribourg – Suisse
  Commandes : Tél. : 41 (0) 26 467 53 33
  Télécopieur : 41 (0) 26 467 54 66
  Internet : www.olf.ch
  Courriel : information@olf.ch

- Pour la Belgique et le Luxembourg :
  INTERFORUM BENELUX S.A.
  Fond Jean-Pâques, 6
  B-1348 Louvain-La-Neuve
  Tél. : 32 (0) 10 42 03 20
  Télécopieur : 32 (0) 10 41 20 24
  Internet : www.interforum.be
  Courriel : info@interforum.be

Gouvernement du Québec – Programme de crédit d'impôt pour l'édition de livres – Gestion SODEC – www.sodec.gouv.qc.ca

L'Éditeur bénéficie du soutien de la Société de développement des entreprises culturelles du Québec pour son programme d'édition.

Le Conseil des Arts du Canada
The Canada Council for the Arts

Nous remercions le Conseil des Arts du Canada de l'aide accordée à notre programme de publication.

Nous reconnaissons l'aide financière du gouvernement du Canada par l'entremise du Programme d'aide au développement de l'industrie de l'édition (PADIÉ) pour nos activités d'édition.

Michel Fize

Antimanuel d'adolescence

Toute la vérité rien que la vérité sur les adolescents

LES ÉDITIONS DE L'HOMME
Une compagnie de Quebecor Media

Il y a quelque chose de véritablement heureux
à s'assurer que le paysage de l'adolescence
ne s'est pas ensablé dans l'âge mûr.

ANDRÉ BRETON, *Entretiens radiophoniques*

Si ce livre pouvait être lu par de nombreux adultes,
ça pourrait certainement changer leur façon de nous voir.

FABIEN, *15 ans*

Avant-propos

Que de révoltes, de rancunes, de fautes graves,
engageant parfois la vie entière,
résultent d'une première punition infligée
injustement ou à la légère, à défaut presque toujours
d'une connaissance suffisante de l'individu qu'elle frappe.

MARÉCHAL LYAUTEY, *Revue des deux-mondes*

Paradoxalement, en ce début du XXIe siècle, l'adolescence est peut-être moins bien connue qu'elle ne l'était il y a cent ans, non que les connaissances soient moins nombreuses, mais parce qu'elles sont désormais éparpillées en différents lieux et réparties entre différentes disciplines qui n'ont pas toutes la même visibilité, donc la même notoriété. Ainsi, par exemple, les connaissances scientifiques issues de l'université ou des instituts de recherche sont-elles largement méconnues en dehors des cercles confidentiels qu'on appelle la « communauté scientifique », où elles se diffusent traditionnellement. Or ces connaissances sont utiles, car elles donnent une vision plus objective et moins tourmentée de cette période de la vie.

Ce livre, comme les précédents, vous l'aimerez ou vous le détesterez. Vous le détesterez parce qu'il remet en cause nombre d'idées reçues sur l'adolescence – les vôtres peut-être –, notamment celle qui veut que ces garçons et ces filles, que l'on nomme « adolescents », soient (seuls) responsables des difficultés qu'ils vous causent. Pourtant, vous les excusez tout de même et vous attribuez ces tracas, mais seulement partiellement, à la fameuse « crise » que l'on vous a dit maintes et maintes fois qu'ils subissent du fait de leur âge. Au contraire, vous aimerez ce livre parce qu'il confirmera enfin l'idée que vous vous faisiez d'une adolescence heureuse, agréable et riche et il vous confortera dans le sentiment qu'il n'y a pas de honte à avoir de bonnes relations avec des enfants adolescents.

Ce livre s'adresse à tous les publics : jeunes et adultes, parents et grands-parents, éducateurs et enseignants, magistrats et policiers. Il s'adresse également à ceux dont la représentation de l'adolescence demeure globalement sombre et désespérante et à ceux qui, sans doute majoritaires, en ont au contraire une représentation globalement positive. Dans ce dernier cas, soulignons-le de nouveau, il rassurera tous ces hommes et ces femmes qui ont une bonne communication avec « leurs » adolescents, qui s'enrichissent à leur contact, mais qui ont fini par s'en inquiéter, parce qu'on leur a si souvent dit qu'un adolescent paisible, agréable et heureux, ça n'existait pas ! Il expliquera aux autres, et tout d'abord aux parents qui n'ont pas cette même qualité de relation, que les tumultes annoncés de l'adolescence ne sont jamais certains, que les tensions, quand elles existent, obéissent à d'autres lois que la biologie, et surtout qu'elles peuvent être réduites, voire éliminées grâce à l'amélioration de la qualité de la relation intrafamiliale.

Notre civilisation, qui accorde tant d'importance au tragique et au sensationnel, conduit à déformer notre vision des choses et des hommes, parce qu'elle ne sait plus reconnaître une réalité qu'à partir de ses aspects insolites et pathologiques. Ainsi en va-t-il de l'adolescence qui, à travers le prisme des journaux et de la télévision, mais aussi du discours des experts sollicités à son chevet, nous apparaît toujours exacerbée et caricaturée. Marcel Rufo, un pédopsychiatre bien connu en France, a publié en 2006 une bande dessinée devenue célèbre, *Le passage*[1], qui est la parfaite illustration de cette caricature. C'est l'histoire de trois lycéens, Jules, Nassima et Dom, qui traversent cette fameuse « crise d'adolescence » comme il arrive rarement. La jeune fille se porte bien au début de l'histoire, mais au bout de 3 pages elle est ivre morte, au bout de 10, toxicomane, et à la fin, suicidaire. Exubérance, morosité, alcool, difficultés scolaires, suicide, il ne manque rien au sombre tableau de l'adolescence. La BD de la crise, en somme ! Comme l'observe Alexis, 16 ans, qui réside à Paris : « On se pose des questions, on ne va pas toujours très bien... mais, pas à ce point-là ![2] ».

À bien y réfléchir, on s'aperçoit que notre connaissance actuelle des adolescents provient presque exclusivement de l'étude de sujets malades. Il est vrai que les adolescents heureux, comme les peuples heureux, n'ont pas d'histoire, enfin, pas d'histoire saisissante à raconter ; c'est pourquoi ils n'offrent que peu de matière à développement. « Les faits pathologiques sont les premiers qu'on remarque. Ce n'est jamais le calme qui pose problème et oblige à réfléchir ; c'est le désordre[3]. » Les adolescents malades frappent donc notre imagination et captent notre intérêt. De la sorte, « l'image plus ou moins négative que la population entretient au sujet des adolescents est due pour une large part à l'exagération qui entoure les problèmes que vivent les jeunes de 12 à 18 ans[4] ».

Il existe donc au sujet de cette période de la vie un « monde des idées », voire des idéologies tout à fait surprenantes où la souffrance est toujours surreprésentée. C'est ainsi que, de lointaine tradition, on présente l'adolescence comme une période de tumultes, l'âge des tempêtes, une « vie en désordre » qu'il faudrait inlassablement « redresser ». L'« ado », serait un provocateur « par nature », un incorrigible opposant ; à cet instant, l'identité négative n'est plus très loin. Drogué, suicidaire, anorexique, fugueur, révolté, déprimé et délinquant, l'adolescent serait tout ou partie de cela[5]. Certes, comme nous le verrons bientôt, seule une petite proportion d'adolescents est engagée dans ces conduites à risque très graves. Par conduite à risque, j'entends à la fois des conduites antisociales et des conduites dangereuses sur le plan personnel, tant des points de vue physique que psychique. Une pratique sportive comme le ski hors-piste entre dans cette catégorie, tout comme les pratiques toxicomaniaques, dès lors qu'elles sont répétitives. Ces comportements sont évidemment à ce point spectaculaires qu'ils recouvrent toute la période de l'adolescence d'un voile de dangerosité ou de fragilité. Sachons-le, cette extrapolation est infondée, comme j'aurai l'occasion de le dire et de le redire tout au long de cet ouvrage.

En somme, l'adolescence serait – et ne pourrait être – que le royaume de la pathologie ou de l'anormalité sociale. Les travaux, tant français qu'allemands, américains ou canadiens ont beau montrer que seulement 10 à 20 % des adolescents présentent des symptômes de troubles mentaux, conclure que le bilan somatique et psychique de la plupart des jeunes est plutôt bon ne réussit à convaincre personne : toute la génération semble comme aspirée par cette vision pathologique.

Nous cherchons alors dans la psychologie une lueur, une vérité, un conseil qui nous permettraient de nous orienter dans la relation avec d'aussi pénibles adolescents. Force est de reconnaître qu'aujourd'hui, on consulte des spécialistes à tort et à travers pour le moindre « pépin », scolaire principalement. En effet, en France, près de la moitié des consultations de pédopsychiatrie pour les 6 à 12 ans concerne des problèmes scolaires. Hélas, la « psychiatr-analyse » ou « pédo-psychiatr-analyse » – terme par lequel j'ai désigné naguère la psychiatrie de l'adolescence teintée de psychanalyse –, tout en clamant que la très grande majorité des ados se porte bien, nous conforte dans nos mauvaises représentations. C'est ici qu'intervient la grande duplicité : l'extension à toute la période de l'adolescence des pathologies qui n'affectent qu'une partie des adolescents. Je redis donc ici que les spécialistes mentionnés précédemment ne sont pas les personnes les plus autorisées à parler des « adolescents normaux », qu'ils ne croisent guère, par définition, dans leurs cabinets de consultation. D'ailleurs, Marcel Rufo ne pose-t-il pas au mieux les termes de la question ? « Le psychiatre, estime ledit spécialiste, doit-il tirer des lois générales de ce qu'il voit, entend et soigne ? Il n'est ni épidémiologiste, ni statisticien, ni sociologue. [...] On ne saurait, à partir des adolescents souffrants dessiner en creux le portrait d'une génération et faire naître l'inquiétude chez des parents déjà passablement inquiets[6]. » Bien vu, Monsieur le Professeur, on ne saurait mieux dire ! Mais alors, pourquoi, dans votre dernier ouvrage présentez-vous l'adolescence comme une période ultrasensible, une « période délicate » ? Pourquoi dire comme nombre de vos collègues que la dépression est « quasi inhérente à cet âge de la vie », que les troubles psychosomatiques dont il sera question plus loin et que vous décrivez si bien et si plaisamment sont « caractéristiques » de l'adolescence ?

Non, décidément, le point de vue « pédo-psychiatr-analytique » qui domine sur une partie de notre planète n'est pas un « bon » point de vue ; au mieux, c'est un point de vue biaisé, au pire, inexact et quelquefois mensonger. Le pire avec ce point de vue, c'est qu'aucune étude digne de ce nom ne vient jamais en confirmer la validité ; nous en restons donc à des assertions gratuites.

Donc, nous voilà devant les tristes constats « psychiatr-analytiques » d'une pathologie démesurément grossie qui vient submerger l'adolescence tout entière ! N'est-ce pas là, à bien y réfléchir, des « jugements de valeur » d'adultes aigris, désemparés ou nostalgiques de leur propre adolescence ? L'adolescence bio-psychique, n'est-ce pas, au contraire, plus qu'« une vie en désordre », une vie en « ordre de marche » : physiquement, intellectuellement et sexuellement ? N'est-ce pas plutôt d'innombrables potentialités ? Et puis, le désordre, quand il surgit, n'est-il pas avant tout de nature sociale, le fruit de plus en plus amer d'une société exigeante, humiliante, injuste et carencée dont sont victimes les plus faibles qui sont aussi, hélas, souvent les plus jeunes ? À société malade, adolescence malade ?

Décidément, il est plus que jamais nécessaire de ne pas étendre à la psychologie normale – comme on le fait couramment – ce que l'on constate dans des seuls cas pathologiques. La généralisation est une faute impardonnable : nous devons nous en tenir à l'observation méthodique des faits. Car nous sommes pour l'heure en pleine *médicalisation*, plus encore, en pleine « pédo-psychiatrisation » de l'adolescence, en totale dramatisation de cet âge. Nous restons confrontés à une attraction permanente vers le pathologique : le business est juteux, les « pédopsys » et autres psychiatr-analystes alimentent ce marché très lucratif. En effet, il faut savoir qu'entre 2001 et 2004, pour la seule France, le nombre d'actes en psychiatrie de l'enfant et de l'adolescent a augmenté de 40 % pour atteindre le chiffre record de 115 600.

À cette *médicalisation* s'ajoute une *marchandisation* qui semble sans limites. Les adolescents constituent, on le sait, un formidable marché économique. Il s'agit, pour les gens du marketing, de les habituer à dépenser le plus tôt possible pour qu'ils deviennent de bons et fidèles consommateurs. Les techniques de ciblage sont donc de plus en plus fines ; on met en condition l'adolescent – et de plus en plus les enfants –, et cela, de différentes façons : par e-mail, par SMS, par le biais de « soirées-tests » avec essai gratuit d'un produit afin que le jeune en parle autour de lui. C'est ainsi que chacun, fille ou garçon, en fonction de son âge, trouve désormais « vêtement à son corps » (et chaussures à son pied !). Mais les jeunes ne sont pas totalement dupes ; ils savent faire le tri dans ce qui leur est proposé : ce sont désormais des clients exigeants[7] !

Un espoir est cependant en train de naître. Progressivement, par petites touches, les représentations sombres de l'adolescence s'éloignent, mais non sans mal ni forte résistance. Les mentalités publiques sur l'adolescence changent malgré tout : après la tenue à Paris du 3e forum « Adolescences », organisé par la Fondation Wyeth en mars 2007, il est du moins permis de le penser. Les « pédo-psychiatr-analystes » eux-mêmes, sentant le vent médiatique tourner, martèlent désormais à longueur d'entrevues que les adolescents vont bien, qu'ils sont talentueux, qu'ils ont même du « génie » ! Les adolescents du XXIe siècle n'en demandent pas tant !

Alors, qu'en pensent les ados eux-mêmes ? Vont-ils bien ou non ? Le 4e forum « Adolescences », de la même Fondation Wyeth de mai 2008, répond par l'affirmative. En effet, 94 % des 15 à 18 ans interrogés déclarent qu'ils se sentent bien. Ces chiffres rejoignent ceux d'une enquête internationale basée sur le protocole de recherche *Health Behaviour in School-aged children* (HBSC)[8] menée dans 41 pays auprès d'adolescents plus jeunes, âgés de 11 à 15 ans. Cette enquête indique que 87 % de ces adolescents se disent en « bonne » ou en « excellente » santé. L'étude française de la Fondation Wyeth de mai 2008 précise quant à elle que ce sont plutôt les parents qui s'inquiètent outre mesure des problèmes de leurs enfants. Une autre grande enquête française menée par l'institut de sondage IPSOS, réalisée à la fin de janvier 2007 auprès de 800 adolescents et d'autant de parents et d'enseignants, en vient aux mêmes conclusions. Que l'on en juge encore par ces quelques chiffres où l'on observe un décalage très net entre les réponses des jeunes et celles des adultes :

- 82 % des 13 à 18 ans déclarent pouvoir parler facilement avec leurs parents, alors que seulement 50 % des adultes abondent dans le même sens ;
- 73 % des jeunes déclarent se sentir bien à l'école, alors que seulement 47 % des adultes croient que les jeunes y sont heureux ;
- Enfin, 39 % des jeunes se sentent souvent sous pression, alors que 81 % des adultes expriment ce sentiment.

L'enquête HBSC citée précédemment nous apprend encore que les trois quarts des 11 à 15 ans déclarent ne pas être stressés par leur travail scolaire. À la lecture de ces résultats, un grand quotidien français du matin titrait : « Les ados vont bien, pas leurs parents[9] ».

Cependant, restons prudents. Les résultats de ces études menées en France et à l'étranger doivent être interprétés avec réserve. Nous sommes ici face à du « déclaratif », et chacun sait que celui qui parle (surtout quand il est en état de fragilisation) essaie de donner la meilleure image de soi possible. Je pense donc que, dans « l'exercice de parole » auquel ils se sont soumis, les adolescents, sciemment ou non, minimisent l'importance des problèmes qu'ils rencontrent au quotidien. J'en reparlerai.

* * *

Toute ma vie professionnelle je me suis fait une « certaine idée » de l'adolescence. Ce n'est pas une idée en l'air, mais étayée sur des faits vérifiés, dans le cadre d'une approche de nature scientifique. Tout objet d'étude, en effet, n'est pénétrable qu'au moyen d'une analyse conduite avec méthode, donc rigoureuse.

Je me penche sur le phénomène de l'adolescence depuis plus de trente ans ; j'ai lu beaucoup sur ce qui s'est dit et écrit sur cette question. J'ai réfléchi, souvent seul et parfois avec d'autres. Tout ce que je sais sur cet âge, je l'ai acquis de la façon la plus méthodique qui soit, et surtout sans jamais négliger l'environnement social, qui en fournit les grandes clés d'explication. Faut-il rappeler qu'une conduite humaine, en l'occurrence la conduite des adolescents, ne se réduit pas à un schéma « théorique », si brillant soit-il (ce que l'on reconnaîtra volontiers au schéma freudo-lacanien), elle s'observe dans des situations concrètes, variables selon les époques et les lieux; l'adolescent de 2009 va dans des écoles et baigne dans une culture qui n'est pas celle de 1900 (époque du freudisme) et qui n'existait pas il y a cinq ou six décennies.

J'observe donc depuis trente ans ou presque l'adolescent ordinaire dans des situations actuelles, *quotidiennes* : familiales, scolaires et ludiques, des situations *banales* en somme. Je me situe loin de ce contexte particulier et extraordinaire qu'est le contexte thérapeutique qui, je le répète, nourrit toujours exagérément et abusivement les propos sur les adolescents, formant des discours qui, au prix d'une grossière *généralisation*, deviennent ces « noirs discours » que j'ai évoqués. Ces discours sont mensongers, car n'est-ce tout de même pas extraordinaire que des thérapeutes qui n'ont jamais observé (scientifiquement s'entend) des adolescents ordinaires, qui n'ont affaire qu'à des adolescents, qui sont par définition en souffrance, puissent parler des adolescents ordinaires avec une telle assurance et d'aussi curieuse façon ? Souvenons-nous ici du célèbre psychanalyste dissident de Freud, Carl Jung, qui affirmait fort justement, dans *Psychologie et éducation,* publié en 1924, que rien n'autorise le médecin à étendre au domaine du normal une notion pathologique.

Bien entendu, en dépit de toute la minutie que j'accorde à mes observations, et quel que soit le degré de préparation et de précision de la méthode utilisée, en tant que scientifique, je n'accorde jamais de valeur définitive aux conclusions que je tire, mais je me tiens au contraire toujours prêt à les remettre en question. Ainsi, par exemple, après avoir considéré que l'adolescence rassemblait les jeunes de 10 à 18 ans, en suis-je arrivé après investigations complémentaires à cette autre conclusion, qu'en réalité, elle ne réunit que les jeunes de 10 à 15 ans. Une théorie n'est pas un dogme mais un discours qui, à partir d'hypothèses, s'appuie sur des faits pour expliquer la réalité et qui, naturellement, évolue en fonction des découvertes scientifiques.

Toutefois, et pour résumer l'état actuel de ma réflexion, mes conclusions générales sur l'adolescence m'apparaissent comme parfaitement valables et me semblent définitives à bien des égards et sur nombre de points.

Hélas, en dépit de toutes ces préventions et ces mises en garde scientifiques, sociologiques et ethnologiques, on continue de définir l'adolescent *normal* à partir de l'adolescent *en souffrance*. C'est comme si l'on définissait l'état de santé par rapport à la maladie. Absurde, n'est-ce pas ? Dit-on qu'un sujet en bonne santé est celui dont la température est inférieure à 39 ou à 40 °C ou, au contraire, que le sujet malade est celui dont la température dépasse 37,8 °C – c'est-à-dire quelques dixièmes de degrés au-dessus de la température de l'organisme considérée comme normale ? Pourquoi donc devrait-on continuer à définir le comportement *habituel* ou *normal* de l'adolescent à partir de comportements *exceptionnels* ou *pathologiques ?* Pourquoi faudrait-il admettre, en ce qui concerne l'adolescence, que le comportement *normal* n'est qu'une simple atténuation du comportement *anormal,* qu'à la crise grave de l'adolescent souffrant correspond logiquement une crise légère chez celui qui est bien portant ? Fort heureusement, d'éminents cliniciens, conscients du problème, comme Arnold Gesell, directeur de la clinique de développement à l'université Yale et auteur de *L'adolescent de dix à seize ans*[10], ont toujours appuyé leurs conclusions sur l'observation de garçons et de filles normaux, et non de cas pathologiques, ce qui donne, au final, un autre portrait de cette génération. Merci encore à Alfred Adler, dissident freudien, qui n'a cessé de dire que l'individu isolé de son milieu social ne peut rien nous apprendre de ce qui lui est particulier. Merci à D. W. Winnicott, qui admet que la psychanalyse a beaucoup à apprendre de ceux qui observent les hommes directement, dans l'environnement où ils vivent naturellement.

Cela étant clarifié, n'opposons pas deux catégories d'adolescents : les adolescents *ordinaires* et les adolescents *extraordinaires.* À bien y réfléchir, il n'y a pas vraiment d'adolescents extraordinaires, juste des adolescents ordinaires, mais qui, pour certains, se trouvent parfois – le plus souvent momentanément, fort heureusement – dans des situations *extraordinaires,* que ce soit sur le plan psychologique ou social.

Mon projet ici, pour reprendre une formulation de Daniel Lagache appliquée à l'homme, est la connaissance de « l'adolescent total en situation », donc d'un adolescent à la fois concret et ordinaire (hors du champ clinique).

L'adolescence, je le rappelle, est un « point de vue ». Or, les points de vue sur cet âge sont nombreux: historique, juridique, anthropologique, psychologique, psychanalytique. Ajoutons que ces multiples approches sont fréquemment mises en scène dans des tables rondes où elles circulent alors sans craintes ni menaces. On dit très souvent que tous ces points de vue, ces approches, se valent. Cela est évidemment faux. La base de toute connaissance sur l'adolescence est la connaissance scientifique, pas un ensemble de dogmes et de clichés.

Chose certaine, les « pédo-psychiatr-analystes » affirment non seulement haut et fort leur propre point de vue, mais encore, ils ne manquent pas de rappeler qu'il est le seul légitime. À leurs yeux, toute contestation de ce point de vue n'est qu'une « résistance » dont le contestataire n'a pas conscience ! Cela est évidemment encore faux. Sans doute que le point de vue psychanalytique appliqué à l'adolescence est même le plus contestable de tous, pour la raison précise qu'il enlève à l'adolescent toute réalité personnelle pour le confiner à une espèce d'abstraction. De surcroît, trop de psychanalystes méprisent - quand ils ne les ignorent pas - les autres théories explicatives. Chose certaine, les interprétations psychanalytiques de l'adolescence sont portées à exagérer, à globaliser leur point de vue particulier, et c'est le grand reproche qu'on peut leur adresser.

On me dit que je suis trop critique à l'égard de la dogmatique freudo-lacanienne. Je ne le pense pas. Que je suis trop incisif. Peut-être. Mais dois-je rappeler que la critique virulente d'une thèse est le ressort le plus assuré d'un réel progrès de la connaissance ? Tocqueville, dans son introduction à son maître-livre *De la démocratie en Amérique,* souligne justement que celui qui veut se faire comprendre est obligé de pousser chacune de ses idées... jusqu'à la limite du faux et de l'impraticable. C'est ce que je fais et que je ferai encore.

Le fait est que la thèse « pédo-psychiatr-analytique » de l'adolescence, toujours très à la mode en France et dans nombre d'autres pays, n'est pas scientifiquement fondée. Par ailleurs, du strict point de vue thérapeutique, et malgré le grand crédit qu'elle conserve dans l'opinion publique française, elle apparaît peu efficace dans le traitement des adolescents. Il est néanmoins à noter que son taux d'échec est aussi peu mesurable que son taux de réussite, la doctrine se refusant par principe à toute évaluation sérieuse.

Je redis donc ici solennellement que les idées ne sont pas toutes bonnes si elles ne sont pas toutes vraies. Or il est habituel, comme je l'ai souligné précédemment, de considérer que toutes les idées sur l'adolescence sont *vraies;* il y aurait ainsi les idées *vraies* des médecins, les idées *vraies* des psychologues, les idées *vraies* des psychiatres, etc. Une fois encore, c'est inexact. Les idées sont *vraies* ou *fausses*: il faut choisir.

Prenons l'idée de « crise d'adolescence biologique », si répandue. Est-elle *vraie,* est-elle *fausse ?* Elle ne peut être l'une ET l'autre. Réfléchissons. La terre n'est pas ronde ET plate selon le point de vue adopté : il a été prouvé scientifiquement qu'elle est ronde, et ronde pour tout le monde. Une idée doit ainsi correspondre à une réalité. C'est pourquoi, comme je l'ai fait plus longuement ailleurs[11], je vous montrerai le moment venu que l'idée de « crise d'adolescence » est fausse et qu'elle doit par conséquent l'être pour tout le monde. Le savoir ne se construit pas par addition (empilement) de connaissances, mais par déplacement. L'exercice est périlleux, décevant parfois. Dans le domaine des sciences humaines, en effet, une connaissance n'est jamais définitive ; elle doit être réinterrogée en permanence. Certains résultats sont dépassés, attestant ainsi leur scientificité (et non le contraire). D'autres, mieux arrimés à la réalité, gardent leur légitimité. Comme la rondeur de la terre, l'absence de crise d'adolescence naturelle devrait être un acquis définitif.

En tout cas, quel que soit le soin apporté à leur présentation et à leur formulation, les idées « pédo-psychiatr-analytiques » relatives à l'éducation des enfants ne semblent guère solutionner quoi que ce soit. Il est vrai que ces idées expriment parfois le fait qu'elles ne sont pas faites pour ça ! Elles peuvent même causer plus de mal que de bien, surtout si elles ne font que susciter le doute et l'incertitude et sapent notre sentiment déjà fragile d'être capables d'élever nos enfants. En effet, un conseil qui ne nous apprend pas à réagir correctement et précisément à tel ou tel comportement d'un enfant ou d'un adolescent ne sert à rien. Or la plupart des conseils d'experts « médiatisés » sont dispensés avec un tel niveau de généralité qu'ils ne sont finalement d'aucun secours. Notre attitude à l'égard de nos enfants dépend finalement davantage de notre expérience personnelle que des nombreuses « fiches-psy » stéréotypées distribuées ici ou là. Je l'ai souvent dit, et je le rappelle ici, nous sommes les meilleurs éducateurs de nos enfants. S'il est vrai que les spécialistes acquièrent parfois des compétences qui font défaut aux parents, il y a des choses qui ne s'acquièrent ni dans les livres ni dans les amphithéâtres universitaires. Mais il est vrai que nous avons besoin de connaître quelques rudiments de la psychologie des enfants et des adolescents, par exemple les stades de développement des premiers et les besoins essentiels des seconds.

Ce livre, plus encore que les précédents, je l'ai écrit pour convaincre ceux et celles qui ont maille à partir avec des adolescents, qu'il s'agisse de leurs enfants, de leurs élèves ou d'athlètes sous leur responsabilité. J'estime qu'en changeant leur regard, mais aussi leur vocabulaire, ils changeront la conduite de leurs grands enfants et amélioreront leur relation avec eux. Je l'ai écrit également pour rassurer enfin, une nouvelle fois, tous les autres qui voient clairement dans l'adolescence un âge « parmi d'autres », et pour apporter aux adolescents et à leurs parents de nombreuses satisfactions et gratifications. L'enjeu est de taille : il s'agit ni plus ni moins de « repenser l'adolescence ».

Je vous livre ici, dans ce nouveau livre sur l'adolescence, ma « part de vérité ».

Introduction

Jamais nous ne trouverons la vérité
si nous nous contentons de ce qui est déjà trouvé.

GILBERT DE TOURNAL TOURNAI

Face au désarroi de nombreux parents qui peinent aujourd'hui à remplir leur rôle d'éducateurs, la question semble une nouvelle fois posée : Comment avoir de l'autorité sur ses enfants[12] ? Certains esprits « savants » (chagrins ?) ressortent les « bonnes » vieilles recettes du passé. L'usage de l'autorité, l'imposition de limites et le recadrage des enfants seraient désormais, de nouveau, des remèdes adéquats. Il faudrait d'urgence, avec ces outils, ÉDUQUER les enfants, en clair, les faire obéir comme par le passé, « un point c'est tout ». Chacun a compris que ce retour en force de l'idée d'autorité n'est qu'un appel solennel au rétablissement de l'ordre et de la discipline dans les familles, qu'il n'est que le désir inavoué de la réhabilitation de la sanction.

Il y a moins de 10 ans, dans un contexte politique différent il est vrai, après avoir livré le constat que « des parents désemparés cherchaient comment s'y prendre avec leurs enfants[13] », la plupart des observateurs parvenaient à une tout autre conclusion : il fallait d'urgence ÉDUQUER les parents ! Ce constat avait été à l'origine d'efforts sans précédent de « re-parentalisation », principalement dans les quartiers en grande difficulté, efforts qui avaient pris la forme de création de réseaux d'aide à la parentalité, de conseils de famille, de maisons des parents et de groupes de parole.

Faut-il aujourd'hui renoncer à cette voie ? Renoncer à inventer des réponses pertinentes au malaise familial ? Non, bien sûr. Donner des outils aux parents pour qu'ils se remobilisent et fassent face à leurs responsabilités éducatives devient tout simplement une nécessité. C'est mon sentiment profond et celui (mais comment s'en étonnerait-on ?) des adolescents eux-mêmes. Durant le 4e Forum « Adolescences » de Paris dont nous avons parlé précédemment, ces derniers n'ont-ils pas suggéré, parmi leurs nombreuses propositions, d'envoyer leurs parents en formation pour qu'ils réapprennent ce qu'est réellement l'adolescence, qu'ils suivent des « stages de conseils » ? Mustapha, 17 ans, est très clair : « Les adultes nous mettent généralement tous dans le même panier, ils sont solidaires entre eux et après ils s'étonnent qu'on soit solidaires entre nous ! Les a priori sur les jeunes, c'est ça qui coupe le monde des ados et des adultes en deux et qui empêche un dialogue constructif[14]. »

Première tâche : éduquer les parents

Éduquer ses parents, voilà la tâche qui depuis toujours est celle des enfants bien vivants.

FRANÇOISE DOLTO, *La cause des adolescents*

Nous sommes parents et le métier, on le sait, n'est pas facile ! Freud disait même, fort justement, que c'était un métier impossible. En effet, *on ne naît pas parent, on le devient.* Dès lors que nous accédons à ce nouvel état, nous ne sommes plus les mêmes adultes qu'auparavant ; nous sommes désormais en charge d'une famille. Parents, nous le sommes, bien sûr, de la naissance de l'enfant (et même avant) jusqu'à sa mort, qui parfois précède la nôtre – ce qui est alors un drame épouvantable, insurmontable pour qui l'a vécu.

Comme parent et éducateur, nous avons un instinct de protection développé, ce qui donne la « maman-poule », mais a pu donner aussi, dans un passé pas si lointain, le « papa-poule ». Alors la tentation est grande pour nous de vouloir continuer à protéger notre progéniture à un âge où elle ne rêve que d'autonomie et de liberté.

Rappelons tout d'abord, ne considérant ici que la seule situation française, que 70 % des adolescents et des jeunes de 11 à 17 ans vivent avec leurs deux parents, 20 % dans une famille monoparentale et 10 % dans une famille recomposée. Au 1er janvier 2001, 98 % d'entre eux fréquentaient l'école.

Les relations parents-adolescents sont traditionnellement étudiées comme si elles ne constituaient qu'une somme de problèmes ou une simple opportunité de commettre, de part et d'autre, de « vilaines actions ». Parents et adolescents, rien ne va plus ? C'est en tout cas ce qui ressort d'un certain nombre d'enquêtes réalisées ces dernières années. Mais ces enquêtes vont-elles dans le bon sens ? Nous devons ici faire preuve de la plus grande prudence. Plusieurs travaux scientifiques, notamment français[15] et québécois[16], montrent que la majorité des adolescents ne ressentent pas d'hostilité et n'ont pas de récriminations envers les parents. Cette situation, soulignons-le, n'empêche pas les difficultés de communication entre les différents membres de la famille, que les adolescents appartiennent à des milieux défavorisés ou plus favorisés[17], qu'ils aient ou non de bonnes relations avec leurs parents.

Cependant la tonalité reste globalement positive. Dans la très grande majorité des cas, les relations entre les parents et les adolescents produisent de la joie et du bonheur partagés.

Quelques témoignages heureux[18]

Voici le témoignage de Gilles, âgé de 54 ans et père d'une fille et de deux garçons, âgés respectivement de 30, 27 et 25 ans :

> Ils ont tous eu des difficultés ponctuelles, mais on a essayé de les accompagner calmement. On a essayé de les écouter et on leur a fait confiance dans ce qu'ils souhaitaient faire, même si cela nous heurtait. Ainsi, notre dernier nous a annoncé en classe de seconde qu'il voulait travailler dans l'hôtellerie. On avait pensé à tout sauf à ça. Mais, comme on le sentait motivé,

on a joué le jeu ; et il nous a épatés. Aujourd'hui, il est maître d'hôtel dans une grande chaîne hôtelière à Tahiti.

Le second garçon était très « pratique » : il a été attiré très tôt par les travaux de la ferme. Dès 14 ans, il allait travailler l'été chez les parents d'un de ses copains, ce qui l'a aidé à grandir.

Notre fille aussi a toujours fait ce qu'elle souhaitait faire, mais elle ne nous a pas posé de problèmes. Elle jouait de la musique dans un groupe, avec qui elle est partie à l'étranger dès l'âge de 14 ans. Elle n'avait pas besoin d'autre chose que de se sentir libre. Et elle s'est émancipée très tôt : à 18 ans, elle est partie au Liban pour apprendre l'arabe.

On imposait certaines règles, mais notre maison était très ouverte à tous les copains de nos enfants. Dans certaines familles, on les « sélectionne » ; chez nous, venait qui voulait : je crois, avec la distance, que c'est très important. C'est aussi une façon de leur faire confiance.

Pour sa part, Loïc, âgé de 53 ans et père de trois garçons et de deux filles, âgés de 28, 26, 24, 21 et 16 ans, affirme :

J'ai l'impression que mes enfants ont traversé assez facilement leur adolescence et je n'ai pas le souvenir d'avoir eu de problèmes avec eux, hormis quelques difficultés ponctuelles, comme chacun peut en rencontrer. On a découvert ainsi un jour qu'un de nos fils fumait des joints, mais ça n'a pas duré.

Tous faisaient beaucoup de sport et des activités bénévoles, ce qui a contribué, je crois, à leur équilibre. Les filles étaient engagées dans le scoutisme. L'aîné faisait du soutien scolaire. C'est très valorisant pour eux de voir que les adultes leur font confiance.

De notre côté, je crois aussi qu'on a évité de dramatiser. J'ai essayé de diriger ma conduite de papa en pensant à l'adolescence de ma sœur aînée, qui a été très difficile, car mes parents avaient tendance à ne rien lui laisser passer. Je pense qu'on doit être ferme sur certains points et relativiser les autres. Ainsi, pour moi, le respect est une valeur importante et je faisais attention à la façon dont ils nous parlaient et dont ils parlaient de leurs professeurs. En revanche, la façon de s'habiller fait partie des choses qui pour moi ne sont pas importantes du tout. Certains parents se braquent quand ils voient leurs enfants s'habiller avec des pantalons qui traînent par terre... Moi, je me fiche qu'ils aient une tenue débraillée, du moment qu'elle est décente. Je crois qu'il ne faut pas renier ses convictions et qu'on doit les exprimer mais, en même temps, on doit éviter de faire preuve d'autoritarisme et sur certaines choses, laisser passer.

Aucun de mes enfants n'a claqué la porte et on sent bien qu'ils aiment revenir chez nous. Il y a certes des moments où ils ont voulu prendre un peu de distance, mais ils sont restés fidèles le soir aux repas en famille. On a été assez fermes sur ces rendez-vous, même si, ensuite, on les laissait s'enfermer dans leur chambre.

Nous avons été assez exigeants avec eux et, en même temps, on a veillé à ne pas les obliger à entrer dans un moule. Finalement, je suis heureux de voir mes enfants tels qu'ils sont : je les trouve assez ouverts, généreux et pas individualistes, même s'il y a eu des changements entre l'aîné et le dernier. L'aîné a une vie matérielle plus facile, il est davantage sous l'emprise de la société de consommation, et nous de notre côté on relativise encore davantage. Le domaine où j'ai eu le plus de difficulté, c'est dans la transmission de la pratique religieuse. Est-ce qu'il faut parler d'échec ? On voulait que jusqu'à 16 ans ils nous accompagnent à la messe (pour la dernière, c'est plus dur), mais ils n'ont pas voulu donner suite.

Voici le témoignage de Rémi, 17 ans, membre du Conseil départemental de la jeunesse de l'Essonne, représentant du Conseil national de la Jeunesse (CNJ) :

Je suis arrivé au CNJ en mars 2005 : j'avais 16 ans pile. Auparavant, j'avais eu d'autres engagements : délégué de classe, conseiller municipal à 11 ans puis lauréat du concours *Envie d'agir*, pour un projet humanitaire. J'ai l'impression d'avoir traversé mon adolescence sans grande difficulté, car j'ai toujours trouvé quelque chose à faire, si bien que je n'ai pas eu le temps de m'occuper de mes petits problèmes. Mes engagements me permettent de canaliser mon énergie et de me rendre utile.

Entre adultes et jeunes, il y a encore beaucoup de malentendus et d'a priori des deux côtés. J'en avais sur certaines personnes de mon lycée, puis je me suis aperçu qu'ils étaient prêts eux aussi à s'engager. Les jeunes ont envie de bouger, d'agir... Tous ne passent pas leur temps devant les écrans ou à taper des textos ; et ce n'est pas spécifique à eux d'avoir des addictions. On a les mêmes qualités et les mêmes défauts que les adultes ! On a en plus la naïveté de la jeunesse, mais aussi la fougue. Et on a envie de dialoguer avec eux et d'être pris pour de vrais interlocuteurs.

Ce qu'on montre de nous à la télé, ce sont les manifestations étudiantes et lycéennes et pas nos propositions constructives. Les adultes ont du mal à montrer des jeunes qui s'engagent et qui vont bien, et on a un mal fou à se faire entendre...

En dépit de ces témoignages, rarement entendus, car rarement recueillis, la tendance actuelle, je le répète, reste de dire que nous, parents, ne savons plus que faire avec nos adolescents. Il est vrai que certains d'entre nous, en raison de leurs origines, de leur culture ou de leur situation personnelle (séparation) ou sociale (chômage) ne parviennent plus à élever leurs enfants correctement ou comme ils le voudraient. On comprend dès lors les répercussions fâcheuses de cette « impuissance parentale » sur les relations à l'intérieur du groupe familial. Qu'il en résulte des souffrances pour nous qui sommes concernés ou pour nos enfants et nos adolescents n'a pas de quoi surprendre. Alors parfois, le fameux fossé entre les générations se creuse.

Pourquoi cette situation ? Nos premières expériences personnelles et sociales commandent nos réactions individuelles, notamment nos réactions éducatives. C'est à ce niveau que se situe bien souvent l'origine des conflits ou des malentendus avec nos enfants.

Désemparés et ne sachant plus que faire, nous consultons les spécialistes les plus divers, la grande majorité étant, en France, d'obédience psychanalytique, nous lisons des revues et des magazines, nous écoutons sagement (religieusement ?) les « Monsieur Ado » sur telle ou telle chaîne à la radio, sans grand effet, je l'ai dit précédemment, si l'on en juge par la croissance des « problèmes adolescents » depuis plus d'un demi-siècle.

Des voix nostalgiques et passablement démagogiques (sans parler des bénéfices financiers de ces positions)[19], des voix du bon vieux temps donc proposent d'« éduquer les enfants » et même de les rééduquer après les vilains errements des soixante-huitards. Il faudrait ne pas hésiter à les frustrer, ne pas chercher à se faire aimer d'eux. Alors, pourquoi ne pas aussi les placer dans des « camps de travail éducatifs pour enfants » ?

Non. Ce choix idéologique est mauvais et fort heureusement irréalisable. Mauvais, parce qu'il ne possède pas l'efficacité sociale qu'on lui prête et que seule l'efficacité doit compter dans le jugement, or le choix autoritaire n'a pas cette vertu. Irréalisable, parce que ce choix suppose le retour à un système d'autorité qui reposait sur des fondements que le temps a effacés. Le système d'autorité, en effet, c'est une colonne vertébrale au sommet de laquelle se trouvait la figure de Dieu, relayée sur terre par le Roi, père de ses sujets, qui lui-même était relayé dans les familles par le Père, chef de famille. Pour qu'un tel système puisse à nouveau exister, il faudrait à la fois rétablir Dieu, qui dans beaucoup d'esprits a disparu, le Roi, dont on a coupé la tête sous la Révolution, et le Père comme souverain unique et incontesté de la famille et qui juridiquement n'existe plus. C'est impensable, et pour longtemps. L'ère est à la démocratie, participative de surcroît. L'ère est au règne des « individus-rois » évoluant dans des structures sociales débarrassées des forts clivages de classes, tels que Marx les définissait jadis.

La priorité, plus impérative que jamais, est donc d'éduquer les parents en leur apprenant à connaître leurs enfants, à les respecter, à les soutenir, à les sécuriser, à leur expliquer les choses en commençant par les règles et les interdits, ou plutôt, selon ma terminologie, les repères et les références qui paraissent utiles. La psychanalyse, qui peut être utile par ses vertus thérapeutiques, n'est pas, dans le champ de l'adolescence, d'un grand secours sauf, dans une certaine mesure, la psychanalyse particulière prônée par Dolto. Or le point de vue psychanalytique, du moins en France, je l'ai dit, reste terriblement dominant.

Le but éducatif est et reste la liberté de l'enfant, ce qui implique le relâchement des liens de dépendance qui le rattachent à nous. La manière forte, qui est toujours la plus expéditive et la plus simple, demeure une bien vilaine manière. Gardons-nous donc comme de la peste de ces voix vieillissantes qui veulent remettre l'autorité sur son socle d'airain, et qui considèrent que l'enfant n'a qu'à se taire et à obéir. Gardons-nous de ces voix qui prônent les vieilles recettes, comme le retour aux « bonnes » vieilles fessées et aux gifles qui seraient le remède à tous les « débordements » des enfants et des adolescents. Ces gestes, en plus d'être très humiliants pour eux, ne servent qu'à soulager notre colère ou nos pulsions agressives. Méfions-nous par conséquent des théories régressives ! Selon les « autoritaristes » à l'image de Naouri, qu'il faut bien nommer ici, « la vie en société exige de chacun qu'il se plie à un certain nombre de règles et qu'il les fasse siennes. C'est le principe de toute éducation[20] ». « Mal dit ! », comme l'on écrit parfois en marge de copies scolaires bâclées. En démocratie, l'individu ne se « plie » pas à la règle, il participe à son élaboration : c'est la condition même de son acceptation. Là est bien d'ailleurs la supercherie « autoritariste » qui veut nous faire croire que si l'on ne se « plie » pas à une règle, on la refuse. Pas du tout ! Comme les adultes, et parfois plus qu'eux, les enfants et les adolescents, plus souvent qu'on ne l'imagine[21], reconnaissent la légitimité et la nécessité des règles. Ils veulent seulement, comme chacun d'entre nous, participer à leur fabrication pour mieux les adopter ; ils veulent en comprendre l'esprit pour s'y soumettre. Les bonnes règles ne sont jamais posées a priori, autoritairement, c'est-à-dire arbitrairement, elles sont plutôt élaborées par une réflexion commune.

Rappelons-nous qu'il n'y a de théories positives que celles qui parviennent à modifier les comportements. Une théorie n'est jamais une fin en soi, elle n'est qu'un moyen capable de nous aider à nous orienter dans la vie et à définir nos conduites. Et puis, comme le mentionnait Jung, méfions-nous des théories qui se transforment en dogmes !

Toute éducation est unique ; aucun passe-partout théorique n'est à même de contredire cette règle. Parce que les enfants sont tous différents, qu'ils grandissent chacun à leur rythme et chacun à leur façon, nous devons nous adapter à ce qu'ils sont. Cela suppose de notre part d'être avisés et attentifs. Voilà une occasion de redire sans aucune animosité que, finalement, en tant que parents et éducateurs, nous sommes moins coupables de ce que nous faisons qu'ignorants de ce que nous devrions faire. Une chose est sûre, nous voulons que nos enfants soient heureux, qu'ils ne rencontrent pas de problèmes, qu'ils échappent aux « conduites addictives » et à la violence, qu'ils n'aient pas de soucis à l'école et qu'ils entretiennent de bonnes relations avec leurs camarades, la police et la justice. Ces souhaits sont légitimes.

Nous avons donc besoin de faire un peu d'éducation, de connaître quelques rudiments de pédagogie, de psychologie et de sociologie de l'enfance, et plus encore de l'adolescence. Une formation initiale doublée d'une formation permanente serait, pour nous parents, extrêmement utile. Il serait à cet égard nécessaire que nous puissions nous familiariser davantage avec les travaux scientifiques pour ne plus succomber aux idées vulgaires ou à celles qui n'ont, hélas, qu'une apparence de scientificité. Mais n'oublions pas le mot de Gerson, célèbre penseur de la Renaissance : « Les savants sont sans doute d'excellents guides, mais l'éducation domestique au sein de la famille est la plus nécessaire et la plus féconde en bons résultats. » Faisons-nous donc davantage confiance ! Assumons ce que nous sommes !

Je l'ai redit, nous sommes les meilleurs éducateurs de nos enfants. Méfions-nous donc comme de la peste des spécialistes en tous genres, surtout de ceux qui écument les plateaux de télévision ou parasitent les ondes. Méfions-nous des experts qui avancent le visage modeste : n'oublions pas ce mot d'Ernest Renan qui disait qu'il est très difficile de prouver que l'on est modeste, puisque, du moment qu'on dit l'être, on ne l'est plus. La modestie n'est souvent qu'un orgueil masqué, le prétendu modeste ne cherchant en réalité que l'admiration des autres, « ébloui par sa modestie ». Méfions-nous des coachs à trois sous et des Super Nanny habillées à l'ancienne (nostalgie oblige !), méfions-nous des « pseudo-savants toxiques » !

Rappelons-nous enfin qu'éduquer un enfant, c'est extraire l'intelligence qui gît en lui. J'aime la phrase de Gandhi : « L'éducation revient à tirer globalement de l'enfant et de l'homme tout ce qu'ils ont de meilleur, qu'il s'agisse du corps, de l'intelligence ou de l'esprit[22]. » C'est un travail de patience qui fait de l'éducation un processus permanent. Les maladresses éducatives et relationnelles, comme les interventions maladroites, ou blessantes parfois, les excès d'autoritarisme ou l'indifférence constante, illustrent cet oubli des visées réelles de la tâche éducative. Force est d'admettre en effet que notre désir reste grand de soumettre à notre volonté, sinon à nos caprices (par la séduction le cas échéant) celui dont nous avons la charge éducative. Je partage finalement ce sentiment de Françoise Dolto : « L'autorité parentale est un mot idiot, il vaut mieux dire "responsabilité parentale"[23]. » L'important est que l'enfant « prenne autorité sur lui-même » pour décider progressivement selon ses souhaits.

Il faut savoir encore que le parent autoritaire (celui qui exerce l'autorité mais n'est guère différent du parent « autoritariste ») est un être faible, puisqu'il ne peut assurer l'ordre qu'en restreignant la liberté des enfants d'une manière oppressive. Il compense son infériorité en s'appuyant sur la supériorité de son statut et de son âge. Le parent autoritaire refuse toute coopération de la part de l'enfant. De cette façon, il ferme la porte à toute adhésion libre de l'« éduqué ». À ses yeux, l'enfant est « fait pour obéir ». Peu lui importent ses exigences et ses besoins propres. Et l'enfant qui n'obéit pas doit être puni.

Rappelons-nous enfin qu'il n'y a aucun courage à dire « non » (du reste, nous le faisons plus que nous ne l'admettons volontiers), car il est si glorifiant à première vue d'exprimer son pouvoir ! Le vrai courage, c'est de dire « oui », de laisser son enfant s'exprimer à fond, d'approuver ce qu'il dit, qui peut être juste et raisonnable.

Heureusement, nous n'appartenons plus à cette race de parents « nonistes », c'est-à-dire adeptes du « Non ! », que d'aucuns voudraient ressusciter.

Un exemple de soutien aux parents : le cas de la mère de Lamine

Lamine est un garçon qui vit dans un quartier défavorisé à Montfermeil, en France. Depuis son entrée au collège secondaire (sixième année du primaire au Québec), il est violent : bagarres à répétition, coups, bousculades de filles... Il est finalement placé dans un foyer d'accueil à cause de problèmes familiaux.

En effet, la mère, qui a quitté son mari polygame, est une adulte analphabète qui fait des ménages à Paris, se levant pour cela chaque jour à 4 heures du matin. Cette femme, qui a six enfants et ne parle quasiment pas le français, a honte de sa situation. Elle ne dort pas, croule sous les problèmes et pleure beaucoup. Ce n'est pas facile de régler les questions administratives quand on ne sait pas lire. Une assistante sociale, appelons-la Laurence, intervient afin d'aider cette femme à déculpabiliser, à retrouver sa dignité et son estime d'elle-même. Combien de cas dans ce genre ! « Il faut dire à ces femmes, affirme Laurence, qu'on sait qu'elles aiment leurs enfants, et puis leur apporter une aide pratique : leur dire d'acheter un réveil à leur enfant, de surveiller à quelle heure il se couche... tout ça prend du temps. »

Ce témoignage doit nous conduire à la fois à définir de nouvelles modalités de soutien aux familles en difficulté et à imaginer d'autres stratégies éducatives familiales qui soient plus aptes à satisfaire les besoins des adolescents. Il s'agit désormais de dépasser l'alternative autoritarisme-laxisme.

J'en appelle ici à l'instauration d'une nouvelle éducation : le PERSONNALISME ÉDUCATIF FAMILIAL. C'est d'une véritable « révolution culturelle » qu'il s'agit. D'abord, je ne l'ignore pas, cette révolution risque d'être perçue avec méfiance à la fois par nos collègues parents et par les adolescents. Ceux-ci peuvent considérer qu'il s'agit de notre part d'une nouvelle entreprise de séduction n'ayant d'autre but que de leur imposer l'obéissance plus facilement, mais en douceur pour ne pas dire « en douce ». Nos amis parents peuvent estimer de leur côté qu'une posture égalitaire dans le champ éducatif n'est tout simplement qu'une humiliation insupportable pour eux. Il faut aujourd'hui passer outre à cette méfiance mutuelle.

Qu'est-ce que le personnalisme éducatif? Il s'agit d'un approfondissement du système familial démocratique, celui-ci étant cette réalité devenue une nécessité qui correspond aux mœurs de notre temps. Réfléchissons. A-t-on jamais sérieusement contesté jadis le système de puissance paternelle ? Non, bien sûr, parce qu'il était conforme à son temps. Pourquoi contesterait-on aujourd'hui le système démocratique qui correspond à l'époque actuelle et implique le dialogue et la communication ?

Deuxième tâche : aider les adolescents

L'adolescent est un migrant qui campe
dans le faubourg de la vie

André Burguière

On dit couramment qu'environ 10 à 20 % des adolescents (français, belges, suisses, allemands, américains, canadiens, etc.) vont mal et développent différentes pathologies comme l'anxiété, des troubles de l'humeur, la boulimie, l'anorexie, les conduites suicidaires, etc. En d'autres termes, tous les autres, soit 80 à 90 % d'entre eux, « se portent bien » selon l'expression convenue. Mais que veut dire : « bien se porter » ? Les spécialistes ne nous éclairent guère. N'ajoutent-ils pas d'ailleurs à notre confusion en affirmant que bien se porter ne signifie nullement ne pas faire de « crise d'adolescence », et que celle-ci est même « nécessaire » ?

Qu'à cela ne tienne, je ne crois guère, de toute façon, au « bien se porter ». Je pense au contraire que la très grande majorité des adolescents, français ou non, rencontrent dans leur vie quotidienne toutes sortes de difficultés d'ordre familial, scolaire et autre qui les rendent souvent littéralement « malades ». Ces garçons et ces filles ont beau dire eux-mêmes avec une belle constance qu'ils se sentent bien dans leur peau, communiquent aisément avec leurs parents et sont confiants dans l'avenir[24], en réalité nous sommes avec ces propos face à un discours d'« auto-réassurance ». A-t-on jamais entendu un garçon de 15 ans dire du « mal » de lui-même, se déclarer inquiet pour son avenir ? Non, évidemment.

Alcool, drogue, fugues, suicides, etc., tous ces problèmes dont les médias nous rebattent les oreilles existent bel et bien, et ne doivent pas être pris à la légère, et ce, malgré les faibles proportions qu'ils représentent. En effet, tous les jeunes ne sont pas des *binge drinkers* (alcooliques périodiques) ni des fumeurs invétérés. Cependant, les questions que l'on doit se poser à leur sujet ne sont plus les mêmes qu'autrefois, non plus que la façon de les poser ni d'y répondre.

L'explication sociale est aujourd'hui prépondérante. De nombreuses situations et circonstances représentent des sources de perturbations, de violence et de souffrance. Mentionnons entre autres le désordre actuel de la cellule familiale, la rigidité du système scolaire, les échecs ou les pressions causées ou exercées par ce système, l'insuffisance ou l'absence de dialogue avec les éducateurs qui permettraient de prendre du recul face à toutes ces difficultés, le climat général de compétition, l'impression des plus jeunes d'être confrontés à une société très complexe ou hostile, de subir des injustices sans pouvoir se défendre, d'être éliminés sans avoir eu le temps de combattre, de manquer tout à la fois d'affection et de sécurité.

Il importe de ré-estimer à leur juste valeur et à leur juste proportion les causes de ce mal-être. Il faut et il faudrait ainsi toujours chercher à discerner, dans tel ou tel problème d'adolescent, la part qui revient au jeune et celle qui revient aux « pulsions » du monde extérieur, au mauvais fonctionnement des institutions qui, encore trop souvent, ne prennent pas suffisamment en compte les besoins des individus.

Plusieurs des troubles que l'on explique toujours dans un réflexe traditionnel, par la « crise pubertaire » semblent au contraire devoir être reliés aux insupportables conditions sociales faites à une masse croissante d'adolescents et aux inqualifiables pressions sociales qui s'exercent sur eux dans l'indifférence générale. Comment donc ces derniers ne s'effraieraient-ils pas des sombres perspectives qui s'offrent à eux ?

Maxime, élève de terminale, s'interroge avec nous : « Le stress permanent et la pression scolaire, voire universitaire, exercés sur nous, me demande-t-il au cours d'un débat, ne sont-ils pas la cause d'un certain déséquilibre ou n'amplifient-ils pas la déstabilisation de ce passage à la vie adulte ? » Lorsqu'on se sent impuissant à changer sa vie, à faire valoir sa parole et ses convictions, à agir sur le cours des choses, la violence ne vient-elle pas au rendez-vous sous la forme de la fuite et de l'agression contre soi-même ou contre les autres ? N'est-ce pas cela qui est à l'origine de la détresse psychologique ?

Deux études réalisées au Québec en 1999, dont la fameuse enquête de Santé Québec[25], indiquent qu'entre 20 et 30 % des adolescents et des jeunes de 12 à 19 ans subissent une grande détresse psychologique, les filles semblant les plus touchées (une sur quatre). Faudrait-il donc souffrir pour grandir ? Grandir serait-il nécessairement un acte agressif ?

En résumé, si nous restons sur le terrain de l'analyse sociale, nous constatons qu'un certain nombre de pathologies prennent de plus en plus valeur de *fuite* personnelle destinée à mettre le présent entre parenthèses, momentanément ou définitivement. Il s'agit de conduites d'évitement d'un quotidien angoissant.

Cette question n'étant pas au centre de notre étude, nous renvoyons le lecteur intéressé aux quelques développements que nous lui consacrons en ANNEXE. J'indiquerait seulement pour mémoire les faits suivants.

- La très grande majorité des adolescents ne recourent à aucune des conduites à risque. En France, 75 % des jeunes de 15 à 19 ans se disent plutôt bien dans leur peau ; 93 % disent bien s'entendre avec leurs parents et 73 % affirment être normalement compris. Par ailleurs, 85 à 90 % de ces mêmes jeunes n'ont pas de conduite toxicomaniaque : plus de 60 % ne fument pas de tabac et n'ont jamais fumé de cannabis ; plus de 97 % n'ont jamais pris de drogue « dure » (LSD, ecstasy, etc.). Par ailleurs, le suicide chez les 15 à 24 ans, nous l'avons dit, est moins élevé que dans les autres tranches d'âge. Enfin, moins de 1 % des jeunes filles sont anorexiques[35].
- Il n'y a plus vraiment d'âge pour se droguer[36]. Selon le dernier rapport de l'Observatoire européen des drogues et des toxicomanies (OEDT), les adolescents n'ont pas l'exclusivité de l'usage des drogues interdites (cannabis, cocaïne, psychotropes).

La consommation de ces produits est de plus en plus répandue chez les 40 ans et plus (appartenant principalement aux couches supérieures, cadres surtout). Conséquence, le pourcentage de patients de cette tranche d'âge traités pour une dépendance aux opiacés a doublé entre 2002 et 2005, passant de 8,6 % à 17,6 %. Aux États-Unis, des estimations indiquent que le nombre de personnes de plus de 50 ans devant être traitées pour une addiction pourrait connaître une hausse de 300 % entre 2001 et 2020.

- Au centre médical Marmottan, établissement parisien spécialisé dans le traitement des toxicomanes, le rapport de l'OEDT ne surprend pas ; les responsables notent eux aussi un vieillissement de leur « clientèle » formée, pour une part, d'anciens « babas cool » des années 1970 qui n'ont jamais arrêté de consommer et, d'autre part, de personnes stressées par de rudes conditions de travail ou des problèmes familiaux (deuil, divorce, etc.).
- La cyberdépendance ne touche pas non plus que les adolescents. Selon le Dr Valleur, en poste à Marmottan, il existe deux profils de joueurs compulsifs (pour la plupart des hommes) : des jeunes âgés de 20 à 25 ans, et des hommes de 40 ans et plus. « Les premiers, note le médecin, sont timides, introvertis et angoissés à l'idée de se lancer dans la vie professionnelle ou affective, de faire des choix... Ils ont la tentation de retarder cette échéance en s'amusant encore un peu. Les cinquantenaires, eux, plongent dans le virtuel quand, après avoir connu des réussites flagrantes, ils se retrouvent au chômage ou à la retraite. La machine s'arrête, c'est vertigineux, et ils se réfugient dans le virtuel[37]. »

Chapitre 1

CONNAÎTRE

Adolescence, l'âge d'or de la vie

Stanley Hall

Il est d'usage de dire que l'adolescent est celui qui se pose de grandes questions : « Qui suis-je ? », « Où vais-je ? ». En est-on bien sûr ? N'est-ce pas plutôt l'adulte qui, face à ce prétendu mutant très dérangeant qu'est l'adolescent, se demande avec angoisse : « Qui est-il ? », « Que veut-il ? », « Où va-t-il ? »

Qui sont les adolescents ? Que pensent-ils ? Que (nous) veulent-ils ? Comment bien les définir : par leur morphologie, leurs manières d'être et d'agir, leur opposition à autrui et que sais-je encore ? Ces questions peuvent paraître saugrenues, mais il n'y a parfois rien de plus obscur que les notions les plus communes.

Même s'ils vivent à nos côtés, nous connaissons mal, voire très mal les adolescents. Nous ignorons souvent ce qu'ils font et vivent en dehors de la maison parce que nous ne fréquentons pas les mêmes lieux qu'eux et que nous ne sommes plus comme eux.

D'abord, il y a une multitude d'adolescents et d'adolescentes. Des adolescents de toutes les couleurs, de toutes les religions et de toutes les nationalités. Il y a des Français, des Allemands, des Québécois, des Russes... Mais chose certaine, les adolescents ne ressemblent pas aux adultes ; ils ont des comportements, des désirs et des exigences très différents des nôtres. Chez eux, c'est « l'entre soi » qui domine.

Il faut connaître pour comprendre et comprendre pour communiquer, puis décider. Or, aux yeux de certains jeunes, nous avons de sérieux problèmes de communication. Nous croyons connaître ces garçons et ces filles sortis de l'enfance parce que nous en avons à la maison, que nous en côtoyons (les amis de nos enfants), que nous nous en occupons à un titre professionnel quelconque. En réalité, nous avons sur eux nombre d'opinions et d'idées reçues qui sont souvent autant d'impressions (fausses), d'intuitions (négatives), ou de « savoirs » bâtis sur les fameux présupposés « pédo-psychiatr-analytiques » dont nous avons parlé dans l'introduction. Rien de très solide en somme, mais qui nous arrange, parce nous avons toujours choisi le beau rôle face à nos enfants.

Quoi qu'il en soit, malgré notre méconnaissance, nous nous disons que ce n'est, de toute façon, pas très grave : ne nous enseigne-t-on pas depuis des lustres que l'adolescent ne veut pas être compris ? Quelle grossière inexactitude ! L'adolescent, au contraire, a un besoin impératif d'être compris, mais il veut qu'on le connaisse tel qu'il est vraiment, sans exagération de notre part : pas question de forcer son intimité. Connaissance n'est pas ingérence.

Il est clair que nous continuons d'attribuer nos difficultés relationnelles avec lui à son âge que nous jugeons - sans toujours le dire - bien « ingrat », à cette période de la vie que nous tenons définitivement pour « délicate ».

Chacun de nous a une expérience personnelle de l'adolescence. Nous nous en souvenons comme d'un âge heureux, et même d'une « chance », selon le mot de Guy Avanzini ou, au contraire, comme d'une période difficile. Quoi qu'il en soit, cet âge n'a laissé aucun de nous indifférent. Chacun a donc son opinion sur le sujet, mais, on le sait, opinion ne fait pas raison (scientifique).

Nous avons donc, même si nous nous en défendons souvent, une connaissance insuffisante de nos enfants. Nous recourons en permanence à des stéréotypes sans rapport avec leur réalité propre. Nous connaissons tout aussi mal leur univers culturel. Nous avons tort car, bien entendu, connaître, ce n'est pas adhérer.

Je vous invite par conséquent à un « examen de connaissance » de cet individu nommé « adolescent », afin de mieux le comprendre et de mieux agir, avec lui et pour lui.

Une vision d'apocalypse de l'adolescence

Pourquoi les parents sont-ils obsédés par le fait que les adolescents passent forcément par une crise d'adolescence ? La crise n'est-elle pas créée par le fait que nous pensons qu'elle existe ?

ÉLÈVE DE TERMINALE

En tant que parents, nous sommes inquiets de l'adolescence présente ou à venir de notre enfant. Il est vrai que la représentation – surtout française – de cet âge propagée par des spécialistes en tous genres reste A-PO-CA-LYP-TI-QUE (voir page 54-57 pour ce qui concerne la puberté). Les spécialistes ne parlent-ils pas d'« avis de tempête », de « passage difficile » ? La littérature « savante » demeure en effet marquée du sceau de la noirceur. « Qui n'a lu ces descriptions consternantes, allant des acnés envahissantes aux pilosités naissantes (gênantes d'être inachevées chez le garçon et si développées chez la fille), des mues vocales aux rougeurs subtiles, des gaucheries gestuelles aux compulsions homosexuelles, d'une croissance désordonnée (l'échassier dégingandé, la grande perche...) aux désordres alimentaires tels que l'anorexie et la boulimie, l'adolescence apparaît comme une grande imperfection[38]. » Elle serait même équivalente de pertes énormes : celles de l'enfance, de la pensée magique, de l'illusion que tout est possible, etc.

La littérature consacrée à l'adolescence se résume à l'évocation de problèmes soi-disant propres à cette période de la vie (ce serait la spécificité de l'adolescence), faisant ainsi disparaître les adolescents derrières les seules prétendues difficultés qu'ils rencontrent.

Crise d'adolescence nécessaire, anxiété, rupture, remaniement psychique, rejet des valeurs parentales, désinvestissement des objets parentaux, opposition et conflits sont donc, dans cette perspective, au rendez-vous de cette vie en désordre. On peut dire que le respect scrupuleux (crapuleux ?) de cette vieille idée de crise d'adolescence, jugée de surcroît nécessaire, constitue pour les analystes un dogme sur lequel il leur est décidément impossible de transiger. Certes, le terme n'est plus guère utilisé par les « docteurs ès adolescence », qui lui préfèrent celui de « processus », mais il s'agit là d'une pirouette, car le concept reste le même. Voici, par exemple, l'un d'entre eux qui déclare, sans nuances : « L'adolescence est une succession de chocs qui viennent ébranler le sujet, favorisant des attitudes un peu extrêmes, avec des symptômes qui ne le sont pas moins[40]. »

Comment s'est imposée cette idée ? Voici en quelques mots le processus qui a mené à cette opinion partagée par les "docteurs" officiels que l'adolescence est une crise[41]. C'est par couches successives que cette idée s'est imposée, et cela, depuis la plus lointaine Antiquité. C'est d'abord Aristote qui met l'accent sur l'impulsivité, les passions et donc le manque de contrôle des adolescents. Puis, sautant quelques siècles, Rousseau évoque, dans son *Émile,* la puberté comme « un moment de crise ». Au début du XXe siècle, le psychologue américain, Stanley Hall, le premier grand théoricien de l'adolescence, compare cet âge à une époque « de tumultes et de stress » (*storm and stress*), avant que le psychologue français Maurice Debesse, à l'époque de l'entre-deux-guerres, ne développe l'idée de « crise d'originalité juvénile », et que le psychanalyste E. Erikson n'évoque une véritable « crise d'identité ».

Ainsi, au caractère confus et instable du comportement adolescent, on oppose généralement, en miroir, la consistance et la cohérence du comportement adulte. Continuité et persistance dans l'orientation des conduites, prise en considération des contraintes du réel dans la poursuite des objectifs, expérience acquise dans le choix des décisions, respect des engagements, congruence de la pensée, de la parole et de l'action, contrôle des impulsions et des affects, voilà autant de traits que l'on s'accorde à reconnaître comme caractéristiques de l'esprit et du comportement adultes. Mais nous savons bien aujourd'hui que cet adulte exceptionnel n'existe pas, que nous sommes loin d'incarner toutes ces qualités et ces vertus extraordinaires !

Les psychiatres, les pédopsychiatres, les psychanalystes, les psychologues et les psychothérapeutes – je parle surtout de ceux qui s'agitent en tous sens dans les médias, car ceux du terrain se montrent plus avisés en la matière –, continuent, contre l'avis de la science, d'associer adolescence et crise pour signifier que l'adolescence est un âge de turbulence, d'instabilité et d'imprévisibilité du comportement. « Nous sommes d'accord, dit le pédo-psy à la mode, l'adolescence est l'âge de tous les tumultes, l'âge des tempêtes. On peut même considérer le mode d'entrée dans l'adolescence comme un coup de vent brutal qui se lève et qui, sur une mer sereine jusque-là, entraîne des vagues, des difficultés, des remises en cause[42]. » N'est-ce pas ainsi dire, même à demi mot, que l'adolescence est une maladie, et l'adolescent une sorte de criminel en puissance ? « Il a le goût du viol et du sang », disait-on d'ailleurs de lui au XIXe siècle.

Le mot « crise » comporte l'idée sous-jacente de rupture, de changement brusque et subit dans le développement, entraînant des modifications sensibles (terribles) dans les conduites et les modes de pensée ; le mot « crise », évoque clairement l'idée de perturbations dans le fonctionnement psychologique, produisant des malaises, de la souffrance, des inhibitions et des angoisses, bref une série de troubles apparentés aux troubles névrotiques.

Cette question en appelle une autre, qui concerne les prétendus troubles liés à l'adolescence[43]. Marcel Rufo, car c'est de lui qu'il s'agissait précédemment, affirme que les troubles alimentaires (anorexie et boulimie principalement) sont « des troubles **caractéristiques**[44] de l'adolescence[45]. » Il s'agit là d'une grossière inexactitude, à tout le moins d'une mauvaise formulation, résultat d'un mauvais calcul statistique. Il est vrai que 70 à 80 % des personnes qui souffrent de troubles alimentaires sont des adolescents, mais ils ne représentent que 1 % de cette population. Par conséquent, l'anorexie (avec boulimie ou pas) et la boulimie, **ne sont pas** des **troubles caractéristiques de l'adolescence**. De la même façon, après avoir rappelé que 7 % des adolescents sont atteints de troubles dépressifs, le pédopsychiatre écrit à nouveau, dans une superbe envolée : « À travers ces données sur les troubles dépressifs, on observe que **les** adolescents savent qu'ils vont passer par un moment difficile de leur vie[46]. »

Bien sûr, nous pourrions appliquer le même raisonnement à chacune des pathologies adolescentes ; nous trouverions qu'à cause de ces mauvais calculs et de ces extrapolations de « pédo-psychiatr-analystes » réducteurs, elles se trouvent exagérément grossies. Je ferme la parenthèse, en demandant néanmoins au lecteur de garder en mémoire cette interrogation : où est réellement la « spécificité de l'adolescence » ?

La littérature romanesque contemporaine affiche le même spectacle de désolation et d'infortune à propos de cet âge ; tout n'y est que suicide, maladie et viol, et l'horreur et la noirceur ne cèdent la place qu'aux clichés tragiques. En somme, les adolescents sont pour nos écrivains des sortes de « mines personnelles », incontrôlables et imprévisibles. Voilà bien une littérature qui est dans la stricte continuité de la littérature ancienne. Un texte de Georges Duhamel, tiré du *Jardin des Bêtes sauvages,* publié en 1934, nous donne l'exacte mesure de cette représentation malfaisante et maléfique de cet âge de la vie. C'est le jeune Laurent Pasquier qui parle :

> Je me promène dans les allées du Jardin désert. Parfois, pour empêcher mes mains de s'envoler, je les enfonce dans mes poches. Mon agitation est grande. Je suis dans ma quinzième année. On m'appelle « jeune homme ». Je suis un adolescent. Eh bien ! Pitié pour moi ! Pitié pour tous les adolescents du monde ! Je ne suis pas heureux. Tout en moi est discordance et combat. Mon cœur est celui d'un enfant, mais j'ai la voix grave d'un homme, les mains, les pieds, les muscles d'un homme. Le poil commence à me pousser aux joues, et pourtant, comme

un très petit garçon, j'ai parfois envie d'un gâteau, d'un bonbon. Je donnerais avec ardeur cinq ans de ma vie ! Oui cinq ans et je serai tout à fait un homme ! J'aurai des droits que nul n'osera tourner en dérision. Je déteste qu'on se moque de moi. Les gens rient en me regardant, je voudrais les tuer.... Vraiment, je voudrais tuer ? Je suis un enfant tendre et pacifique. Il m'arrive de me moquer de moi-même... cinq ans ! et je serai le maître du monde. Cinq ans et je regarderai le soleil en face[47]...

Cet exemple illustre parfaitement le fait que les adolescents eux-mêmes, mes enquêtes l'ont souvent montré, ont intériorisé l'idée de crise soi-disant caractéristique de leur âge. Est-ce si surprenant ? À force de ne voir dans l'adolescence qu'un problème, n'induit-on pas chez les jeunes une attitude qui vient conforter l'image qu'on leur renvoie ? Ne sommes-nous pas face à ce qu'on appelle une « prophétie auto-réalisatrice ? »

Pourquoi tant de noirceur ? Pourquoi ces voix adolescentes désespérées dans des univers sombres où il n'est question que de père alcoolique et violent, de mère moribonde ?

Mais c'est, bien sûr, parce qu'il faut un bouc émissaire à notre société chargée d'angoisse. Puisqu'il ne saurait être question de livrer l'« enfant-roi » en pâture à l'opinion publique, l'« ado » fera l'affaire. Manière encore, pour nous adultes vieillissants, de régler leur compte à ces garçons et à ces filles qui incarnent superbement l'élan et l'enthousiasme ainsi qu'un formidable appétit de vie. Adolescence rimera donc avec violence et souffrance.

Soyons sérieux, la réalité est différente

Gardons-nous de toujours décrire les stades du développement psychosocial humain au regard des troubles du comportement ou des pathologies les plus sévères... Non, les pathologies adolescentes ne sont pas la réalité adolescente.

DIDIER PLEUX, *De l'enfant roi à l'enfant tyran*

Le fameux « baril de poudre », pour reprendre l'expression du philosophe allemand Nietzsche, que représenterait l'adolescent, n'est qu'une illusion de l'âge mûr. La plupart, sinon la quasi-totalité des adolescents ne connaissent pas de « crise d'adolescence » ni de conflits majeurs avec leurs parents. Dans la plupart des familles, qu'elles soient françaises, belges, suisses ou québécoises, c'est bien une relation positive et constructive qui se développe entre parents et adolescents. Et pour la minorité des familles qui vivent des affrontements, les causes sont d'abord *relationnelles* et *sociales*, nullement *biologiques*. D'ailleurs, s'il n'en était pas ainsi, TOUS les adolescents sans exception connaîtraient à un moment ou à un autre la fameuse crise pubertaire, ce qui n'est pas du tout le cas. Ainsi, faut-il insister sur le fait que les troubles de l'adolescence – « montés en épingle » – ne sont pas spécifiques à cet âge, mais inhérents à la nature de l'individu et à l'influence que le groupe social exerce sur lui. Comme dit Edita, 14 ans : « Si je fais une connerie, c'est moi qui la fais, ce n'est pas à cause de l'adolescence ». Nous verrons bientôt que, finalement, le comportement de l'adolescent est le résultat des expériences accumulées durant l'enfance et que les difficultés qu'il rencontre naissent de l'incapacité de la société et de ses institutions, notamment la famille, à satisfaire ses besoins fondamentaux.

L'adolescent qui a grandi dans des conditions favorables, qui a été entouré de confiance et de respect, à qui on s'est attaché depuis l'enfance à former le jugement, à éduquer le sens critique et à développer l'autonomie atteint à la puberté un état d'équilibre et de maturité qu'il ne soupçonnait pas lui-même. Ce n'est pas, du reste, le moindre paradoxe que de voir le jeune Émile que campe Jean-Jacques Rousseau ne pas connaître ce « moment de crise », dont, au demeurant, l'auteur ne parle que dans deux ou trois pages de son ouvrage. Dès lors, le rôle des parents consiste bien à créer de nouvelles conditions favorables à l'épanouissement de leur enfant.

C'est cette situation qui est la plus fréquente. Diverses enquêtes conduites tant en Europe qu'en Amérique du Nord montrent que seulement 15 à 20 % des familles connaissent de vraies difficultés relationnelles marquées par des sentiments d'incompréhension et de rejet, des conflits permanents, des confrontations violentes et des fugues. D'ailleurs, ces difficultés s'inscrivent le plus souvent dans une histoire problématique et ont débuté bien avant l'adolescence.

On ne sera donc pas surpris que l'adolescent porte un jugement globalement positif sur son âge, à l'image de ces jeunes collégiennes suisses rencontrées dans le canton Vaud dont je vous présente les témoignages :

> Quand on dit adolescence, on dit souvent passage à une vie difficile. Moi, je ne suis pas d'accord avec cette théorie ! Mon adolescence, je ne la vis pas paisiblement, mais normalement, comme chaque adolescent. En effet, nous changeons pendant cette période. Transformation de mon corps. Autonomie. Mes goûts changent.
>
> Amélie, 14 ans

> Être ado, c'est juste un passage entre enfant et adulte. C'est tout ! On change de corps, de goût, d'opinions et plein d'autres choses... on pense autrement qu'avant... On commence à s'intéresser à autre chose, genre aux mecs, aux marques, aux habits, etc. En gros, les profs nous embêtent, les parents nous gueulent sans cesse dessus (même quand ils savent que nous avons raison...).
>
> Kayla, 14 ans

> Pour moi, le passage à l'adolescence est synonyme d'émotions. On se cherche et parfois on se perd. On fait des expériences. On veut repousser ses limites toujours plus loin, afin de se surpasser... C'est à partir de ce moment que l'on acquiert une certaine autonomie, que l'on commence à se responsabiliser et à se forger notre propre opinion sur le monde qui nous entoure.
>
> Yasmina, 16 ans

Restons un instant en Suisse. En 2008, le Musée de l'Elysée de Lausanne a proposé une magnifique exposition sur le thème de l'adolescence : les regards de 19 photographes français, britanniques, néerlandais, américains, australiens et suisses. Portraits d'individus et de groupes saisissants, portraits d'adolescents tels qu'ils se voient, à la fois heureux et en difficulté sociale.

Les témoignages français vont dans le même sens. Dans leur enquête où elles donnent la parole à 24 adolescents âgés de 13 à 18 ans, Marjolaine Jarry et Mélanie van der Ende[48] confirment que les adolescents vivent bien cette période de leur vie. Écoutons quelques-uns d'entre eux :

> L'ado avec les cheveux gras qui fait la gueule toute la journée dans sa chambre, on en a marre ! Du coup, on tente de fuir cette image, de prouver que nous ne sommes pas tous des clichés personnifiés. Je connais pleins de jeunes de mon âge qui ne font pas de crise d'adolescence.
>
> MATHILDE, 16 ans

> À notre âge, on change, on apprend plein de choses, on réfléchit beaucoup. Les adultes disent que c'est l'âge bête. Moi, je ne trouve pas.
>
> THOMAS, 15 ans

> Les adultes présentent toujours les adolescents comme des problèmes sur pattes. C'est peut-être une période difficile à vivre pour eux, en tant que parents, mais, de notre côté, merci, ça va très bien ! C'est au contraire une phase passionnante au cours de laquelle on s'ouvre au monde.
>
> ALIX, 14 ans

> Pour moi, c'est un moment comme un autre de la vie, on grandit, on devient plus mûr. On n'a pas plus de problèmes qu'à d'autres périodes de l'existence.
>
> AMEL, 14 ans

> On a simplement envie d'être soi, de conquérir son indépendance et d'affirmer nos différences par rapport aux parents.
>
> ALIX, 14 ans

On ne dira donc jamais assez qu'un adolescent en crise est un adolescent malade ou victime de problèmes familiaux ou sociaux, que ce n'est pas un adolescent normal.

Soyons clairs une fois pour toutes. L'adolescent est moins dans une « crise d'identité » (E. Erikson) que dans une vigoureuse « affirmation d'identité ». C'est pourquoi certaines sociétés actuelles, qui ne sont pas occidentales, ne connaissent pas ce mouvement d'affirmation de soi. C'est affaire de mœurs familiales. Ainsi, dans la société vietnamienne où la tradition veut que les enfants ne disent pas « non » à leurs parents, ne rencontre-t-on pas de tensions entre parents et enfants.

En résumé, la plupart, sinon la quasi-totalité des parents, ne connaissent pas de conflits majeurs avec leurs adolescents et sont plutôt fiers de leur progéniture, même s'il leur arrive d'éprouver ici ou là quelques difficultés de communication qu'ils parviennent, généralement, à surmonter par le dialogue.

Bien sûr, certaines étapes sociales sont difficiles à franchir et certaines situations, difficiles à assumer. Prenons un exemple : passer du primaire au secondaire. Changer d'école et se retrouver dans un nouvel univers, découvrir une kyrielle de professeurs, se faire de nouveaux amis, gérer différemment son emploi du temps, voilà ce que représente ce changement, qui est une épreuve. Il arrive que le jeune adolescent soit à juste titre décontenancé et anxieux. La plupart des élèves de première année du secondaire se rendent compte en effet qu'il s'agit là d'une « pseudo-promotion », car ils quittent une école où ils étaient les plus vieux, pour se retrouver dans une autre où ils sont désormais les plus jeunes, et qu'ils vont devoir réapprendre à grimper une à une les marches de l'escalier qui forme le cycle secondaire, et que cela va prendre du temps. D'où la difficulté de cette première année[49].

En résumé, Les adolescents – et je les comprends parfaitement – en ont assez d'être scrutés à la loupe et étiquetés comme des rats de laboratoire. Il y a de quoi les rendre nerveux et agressifs. Ils en ont assez d'être jugés comme des criminels-nés ou en puissance. Ne faut-il donc pas cesser au plus vite cette « dissection psychique » permanente et considérer que, de même que l'enfant, l'adolescent n'est pas en soi un opposant, que, s'il le devient, c'est parce qu'on adopte à son égard une attitude autoritaire, et que l'on n'attend de lui qu'une soumission passive ?

Que se passe-t-il donc à l'adolescence ? Ceci : chaque fois qu'un individu commence à découvrir en lui des possibilités nouvelles et s'aperçoit qu'il a moins besoin des autres, il cherche à affirmer et à concrétiser ces possibilités. Tout notre art de parent consistera à lâcher suffisamment la bride afin que notre enfant puisse satisfaire ce besoin d'affirmation, ce qui lui permettra de prendre mieux conscience de lui-même et de se différencier.

Adolescence et puberté : ce n'est pas la même chose

L'adolescence, c'est un âge artificiel qu'on a fait et qui se fait, et dont la structure et l'existence mêmes dépendent de la société.

JEAN-PAUL SARTRE, *Situations I*

Un grand malentendu règne autour de la notion même d'adolescence et il importe pour moi de le dissiper une fois encore. Nombre d'entre nous, inquiets de ce qui va apparaître chez leur enfant en fait de besoins nouveaux (sexuels notamment), et suivant l'avis des médecins et des psychologues actuels, mettent en avant l'aspect pubertaire comme principe explicatif. On se souvient que Jean-Jacques Rousseau, lorsqu'il évoque une « seconde naissance », réduit l'adolescence à sa cause biologique. « L'homme sort de l'enfance au temps prescrit par la nature », écrit-il dans *L'Émile*. Un peu plus d'un siècle plus tard, l'Américain Stanley Hall, connu pour avoir rédigé une monumentale somme sur cet âge de la vie, conserve l'idée que l'adolescence est liée au phénomène pubertaire. Ainsi, l'adolescence nous apparaît-elle naturellement comme un pur phénomène d'essence biologique, dont on peut trouver l'équivalent dans toutes les sociétés et à toutes les époques.

Mais l'adolescence ne se résume pas au développement physique, psychique et intellectuel (peut-être même n'est-ce pas là l'essentiel); c'est aussi un développement culturel et social (voire politique). D'ailleurs, si les spécialistes contemporains entretiennent la confusion entre puberté et adolescence, il faut souligner qu'il n'en fut pas toujours ainsi. Il y a moins d'un demi-siècle, ils considéraient ces deux phénomènes comme complètement séparés, c'est-à-dire qu'ils considéraient soit que la puberté précédait l'adolescence, soit le contraire.

Il est certain que puberté et adolescence ne sont pas réductibles l'une à l'autre. Nous observons, depuis quelques décennies, dans les sociétés « développées », un phénomène nouveau : le regroupement d'individus « jeunes » autour de goûts et d'intérêts communs, ce que j'appelle la « culture adolescente[50] ». C'est ainsi qu'au fil des ans, il s'est constitué de la sorte une véritable « adolescence sociale ». On est donc aujourd'hui fondé à voir dans l'adolescence une classe d'âge, voire une catégorie sociale nouvelle.

L'adolescence, ainsi entendue, se présente comme un phénomène socioculturel qui n'a plus rien (ou pas grand-chose) à voir avec le phénomène biologique. Et le fait que le phénomène que nous appelons « crise d'adolescence » n'a aucune réalité dans les sociétés dites « primitives » ou « en voie de développement » en témoigne. D'ailleurs, ce fait a été maintes fois relevé depuis les travaux de l'ethnologue américaine Margaret Mead, dans les années 1920. Ajoutons que s'il est difficile de fixer les limites de cette classe d'âge, c'est parce qu'elles sont socioculturelles et non biologiques. Bien des individus, passés la vingtaine, conservent des intérêts (culturels) qui les rapprochent des « teenagers » ou « décagénaires », selon le terme d'Edgar Morin.

Je termine ici mon propos en rappelant qu'en dépit des travaux des anthropologues américains principalement et des études historiques présentant l'adolescence comme une phase d'intégration culturelle et d'insertion dans la vie sociale adulte, les sociétés occidentales contemporaines, en particulier la société française, continuent de privilégier très nettement la définition bio-psychologique de l'adolescence, c'est-à-dire, en clair, la puberté.

Qu'est-ce que l'adolescence ?

Mon enfance, mon adolescence,
s'étaient déroulées sans heurts.

SIMONE DE BEAUVOIR, *Mémoires d'une jeune fille rangée*

« L'adolescence n'existe pas », nous disent aujourd'hui certains auteurs médiatiquement en vue. Voilà une idée bien courte, contredite par la réalité de nos sociétés occidentales qui sont, au contraire, pleines d'adolescence et d'adolescents. Ceux-ci pullulent du nord au sud, de l'est à l'ouest. Lorsqu'ils n'existent pas dans telle ou telle contrée, leur naissance est annoncée. Il suffit d'un peu d'école (secondaire) et l'affaire est dans le sac (social) : une nouvelle classe d'âge surgit, qui vient compliquer des rapports de générations déjà tendus.

Définir un mot, disait d'Alembert, philosophe de l'époque des Lumières, c'est en extraire les idées simples qu'il renferme. Il est donc nécessaire de clarifier ce mot, *a priori* simple, d'« adolescence », d'en extraire, pour reprendre, cette fois, un mot de Montaigne, la « substantifique moelle ».

Il est d'usage de présenter l'adolescence (un terme que n'a jamais, ou très peu utilisé Freud, qui lui préfère le mot de « puberté[51] ») comme un *passage,* une transition de l'enfance à l'âge adulte. Pourquoi pas. Mais en quoi cela distingue-t-il alors cet âge des autres âges ? Tout âge ne précède-t-il pas et ne suit-il pas un autre âge ? Partons donc du principe que l'adolescence est un âge *en soi* qui a des caractéristiques particulières et une spécificité propre (moins négative qu'étonnamment positive).

Il est encore d'usage de considérer l'adolescence comme une « rupture » par rapport à l'âge précédent. Mais, au contraire, ne suit-elle pas l'enfance comme le jour suit la nuit ? Certes. Seules des commodités d'exposé m'obligeront ici à « détacher » fréquemment les deux âges.

Une chose est encore certaine, c'est souvent par rapport à l'âge adulte (tenu pour l'âge achevé) que l'on juge l'adolescence ; celle-ci ne serait donc qu'une préfiguration « par défaut » de celui-ci : voilà bien une manifestation de l'« adulto-centrisme ».

L'ancienne définition

Les dictionnaires de la langue française (*Littré, Robert, Larousse*...) définissent toujours l'adolescence comme l'« âge qui succède à l'enfance », privilégiant ainsi une définition biologique. On se rappelle que le terme « adolescent », vient du latin *adulescens,* le participe présent substantivé de *adulescere,* qui veut dire « croître ». Il est pareillement d'usage de considérer que l'adolescence commence avec la puberté, mais le moment de son achèvement est beaucoup moins précis, au point de parler parfois d'« adolescence interminable », ce qui, évidemment, est une sottise : tout âge a une fin.

La nouvelle définition

Cette définition est issue, notamment, de la recherche scientifique, telle qu'elle s'exprime, en particulier en France et au Québec.

Ce que l'adolescence n'est pas

L'adolescence, qu'il ne faut donc pas confondre avec la puberté, qui est un phénomène intemporel et universel, est une invention, une construction récente, qui date du XIXe siècle et du développement de l'enseignement secondaire. L'adolescence est donc un âge littéralement « préfabriqué » qui correspond à un « choix de société » : la scolarisation. On peut estimer que la naissance de l'adolescence est contemporaine de la prolongation de la scolarité dans une civilisation tournée vers le progrès permanent. La société de l'entre-deux-guerres en France a besoin de compétences nouvelles et oblige à retenir à l'école un certain nombre d'enfants pour les former aux nouvelles qualifications exigées par l'économie. C'est bel et bien le collège qui fabrique l'adolescent, avec ses classements, d'abord sommaires, en petits, moyens et grands, puis de plus en plus minutieux avec la distinction de classes et de cycles. Autant dire que l'adolescence est liée à un état de société donné, qu'elle est avant tout une catégorie scolaire. Mais on doit mentionner qu'à l'origine, il s'agit également d'une catégorie bourgeoise, car ce ne sont que les jeunes garçons des milieux sociaux « supérieurs » qui accèdent au privilège scolaire.

C'est donc la scolarisation qui distingue l'adolescence moderne de l'adolescence ancienne. Rappelons-nous l'exemple athénien. Si dans cette cité, comme dans beaucoup d'autres, tous les enfants fréquentent l'école élémentaire de 7 à 13 ans, ensuite ils se partagent en deux groupes : les jeunes de condition modeste partent en apprentissage, et ceux des milieux aristocratiques vont suivre des cours au gymnase[52]. Cependant, même pour ces derniers, on ne peut véritablement parler d'enseignement secondaire organisé, la conséquence est que les adolescents sont le plus souvent livrés à eux-mêmes. Cette plainte, on la retrouve également dans nombre d'écrits français de la fin du XIXe siècle, parce qu'au sortir de l'école obligatoire, les adolescents d'origine modeste sont encore trop jeunes pour intégrer le monde du travail et se retrouvent en situation d'oisiveté.

C'est un peu différent à Rome où, dans les classes les plus fortunées, les garçons âgés de 17 à 30 ans poursuivent leur formation (ce qui autorise dans ce cas à parler d'une classe adolescente, même si de dimension modeste).

Mais revenons à la scolarisation moderne. Pendant des siècles, on s'en souvient, les enfants ont été très tôt initiés aux tâches des adultes (dont ils partageaient la vie). Sans entrer ici dans un long développement historique[53], il me faut succinctement mentionner qu'à Rome, dès l'âge de 14 ans, le jeune homme (de bonne extraction) revêtait la toge virile et qu'à Athènes, avant d'être admis parmi les éphèbes, l'enfant devait réussir un examen portant sur son développement physique et sur sa moralité. Puis, muni d'une lame et d'un bouclier, en présence de tout le peuple réuni au théâtre, il devait se rendre au temple de la déesse Agraulos pour faire le serment de combattre jusqu'à la mort pour sa cité, sa religion et ses lois. C'était alors le moment de faire une offrande à Héraclès et d'offrir sa chevelure à Apollon, avant de rejoindre le corps des éphèbes pour recevoir de la Cité une éducation militaire. Cette formation durait deux ans. Au Moyen Âge (français en particulier), vers l'âge de 14 ans (comme à Rome), le page était fait chevalier à l'issue d'une cérémonie solennelle, l'adoubement. Enfin, les sociétés « primitives », grâce à des rites d'initiation, faisaient accéder leurs enfants pubères - sensiblement au même âge que les enfants grecs et romains - au monde des responsabilités sociales adultes. En résumé, toutes les sociétés anciennes et traditionnelles ont organisé des cérémonies rituelles d'initiation pour signifier à un enfant qu'il perdait son état d'enfant et devenait un adulte.

L'adolescence se présente donc comme un « produit social » lié à des circonstances historiques particulières. Elle n'est pas, pour reprendre le mot de Paul Yonnet[54], dans un « cartilage de conjugaison » (je rappelle que le cartilage de conjugaison se trouve exclusivement dans les os longs de l'enfant, et son rôle est de séparer le corps de l'os de son extrémité, généralement renflée, permettant ainsi la croissance en longueur. Ce cartilage disparaît à l'âge adulte). L'adolescence est ainsi moins un « entre-deux âges », un passage de l'enfance à l'âge adulte, qu'un « nouvel âge de la vie » voulu par la société, un âge en soi qui a sa structure propre, son système de valeurs, ses croyances... L'adolescence est une institution sociale.

Cette conception de l'adolescence en fait un *privilège*, le privilège des sociétés qui offrent une période de formation prolongée à leurs enfants pour leur assurer, estiment-elles, une meilleure insertion dans le monde adulte, pour les aider à mieux faire face à un univers de plus en plus exigeant en capacités professionnelles pointues.

L'adolescence n'existe donc pas dans toutes les sociétés ni dans toutes les classes sociales d'une société donnée. Dans nombre de pays, on continue de passer sans transition de l'enfance à l'âge adulte, notamment par le travail[55].

L'adolescence, je le répète, n'est pas davantage cette « seconde naissance », chère au philosophe Rousseau, qui voudrait signifier qu'une rupture se produit avec l'âge précédent, l'enfance. Cela n'a aucun sens : on ne passe pas *d'un coup* d'un âge à un autre comme on passerait d'une pièce à une autre. Il est clair que la puberté, contrairement à ce qui se dit et s'écrit couramment, ne se produit pas brutalement ; la nature est plus lente à réaliser ses transitions, cela prend du temps. L'entrée dans cet âge se fait par glissements progressifs. On ne saurait donc parler de *trauma* comparable au choc de la naissance, ni davantage d'« effraction ». L'adolescence ne brise pas l'enfance qui, on le sait, « marque à vie ». L'homme, même s'il s'efforce de rompre avec les sentiments et les habitudes du premier âge de sa vie, ne s'en détache jamais véritablement. En somme l'enfance prépare l'adolescence qui tient en germe la jeunesse, et celle-ci engage déjà l'homme mûr. Belle continuité. Finalement, comme disait Héraclite (*Fragment,* 119), en se transformant l'homme demeure.

Par conséquent, l'adolescence, qui s'étend aujourd'hui **de la dixième année environ à la quinzième année,** reste solidement liée à la période de l'enfance. Maurice Debesse disait à cet égard, fort justement, qu'à vouloir l'isoler on s'exposerait à ne pas la comprendre. Le développement de l'individu est continu, et de même que l'adulte est préformé dans l'adolescent qu'il était, l'adolescent lui-même se trouve déjà inscrit, comme imprimé dans son enfance. Les acquisitions postérieures s'ajoutent aux acquisitions antérieures. L'enfant renferme l'adolescent; il faut voir la continuité et la solidarité qui lient les deux âges de la vie.

L'adolescence n'est décidément pas un commencement *a nihilo,* elle est le prolongement de l'héritage génétique, de l'éducation infantile et le résultat de toutes les influences qui ont façonné l'adolescent. Les problèmes des adolescents prolongent souvent, quand ils ne les révèlent pas, ceux qu'ils éprouvaient enfants et qui étaient simplement masqués ou en gestation. Par ailleurs, ces problèmes ne sont souvent guère différents de ceux des adultes en général. Il est dans ces conditions artificiel d'isoler cet âge dans l'évolution de l'être humain. Je le souligne à nouveau, seules les exigences éditoriales m'imposent ici cet isolement d'âge. Ce livre traite de l'adolescence; je ne parlerai donc de l'enfant et de son développement que chaque fois que ce sera strictement nécessaire pour comprendre l'adolescence.

Ce que l'adolescence n'est plus

Elle n'est plus, comme le véhicule le discours ancien, ce *passage* (rapide) de l'enfance à l'âge adulte, mais elle est aujourd'hui un âge *en soi, pour soi,* un âge qui a sa spécificité et ne ressemble, par certains aspects, à aucun autre. L'adolescent a sa mentalité et sa culture particulière. C'en est bien fini des anciens rites de passage, qui étaient en réalité des rites de *partage* clair entre les âges. À l'issue des fameuses épreuves physiques, souvent douloureuses, qui permettaient aux garçons de faire la démonstration de leur virilité, ils quittaient définitivement, radicalement, le monde de l'enfance pour entrer dans l'âge adulte. Avec les rites, une utile démarcation était faite entre les âges. Aujourd'hui, il ne subsiste qu'une ligne continue, grossière, sans points de repères signalés, sans obstacles à franchir.

Ce que l'adolescence est

L'adolescence est, comme tous les âges, à la fois une « tranche de vie » et un *état social* qui confère un statut, même mineur, même imparfait. Mais, à la différence des autres âges, elle est l'âge privilégié des expérimentations. Chaque homme, et plus encore l'adolescent, a besoin de construire sa personnalité en faisant ses propres expériences. Il a besoin de tester ses forces et ses limites et d'éprouver ses capacités. L'expérience, on le sait, est intransmissible ; chacun doit faire la sienne, qui est la seule qui puisse lui profiter.

En résumé, l'adolescence est une totalité (l'anthropologue Marcel Mauss aurait parlé de « fait social total »), l'alliance de la nature et de la culture, de l'individuel et du collectif, du personnel et du social. C'est un « bloc » fait de chair et d'esprit (l'une et l'autre toujours stigmatisés), de pratiques culturelles (jugées bruyantes ou dégradantes), et il faut en connaître les parties pour en comprendre le tout.

On peut enfin qualifier l'adolescence d'« institution », une institution qui a mis en forme la réalité et organisé une activité lucrative de type médiatico-thérapeutique. L'adolescence, n'est-ce pas d'abord ce qui rapporte à un lobby journalistico-psychologique ?

La puberté, quel formidable atout !

L'objectif principal des éducateurs, pendant cette période,
sera d'aider les jeunes adolescents à accepter leur sexe.
Qu'ils soient fiers de se constater homme ou femme.
Qu'ils soient convaincus que ces premières érections et émissions,
ces premières règles, ce sont des événements heureux.

C. JAMONT

La transformation à la puberté inquiète beaucoup, surtout en Europe, et plus particulièrement en France. Il faut admettre que cette inquiétude n'est pas chose récente. En effet, entre 1780 et 1840, des dizaines de thèses de médecine, plus alarmantes les unes que les autres, ont été consacrées à cette question. La puberté nous est présentée, dans tous les travaux anciens ou contemporains, comme une *perte* : perte du parent idéal, du lien étroit et rassurant avec l'instituteur ou l'institutrice et de l'image de soi (enfant). Ce serait le temps de l'inceste et du meurtre du parent du même sexe mais, ajoute la psychanalyse, il s'agit là de purs fantasmes, souvent inconscients.

J'aurai l'occasion de montrer que la puberté est au contraire un *gain* : meilleure image de soi, davantage de confiance, d'initiative, etc. En l'état, la puberté reste assimilée à un état quasi morbide, à une épouvantable « violence », à une « effraction » qui prend l'individu par surprise, une espèce de « délinquance du corps » qui déstabiliserait promptement la relation familiale. Les raisons avancées de cette situation sont multiples. Rousseau évoquait la responsabilité des « sens », de l'imagination sexuelle qui s'empare des jeunes pubères. Il faut rappeler ici que les caractères sexuels secondaires – qui sont signes de beauté –, parce qu'ils agissent effectivement sur les sens et exaltent la libido, contribuent à éveiller le désir sexuel et facilitent du même coup l'approche de l'être aimé. Voilà sans doute pourquoi la puberté nous fait si peur en tant qu'adultes : nous ne pouvons plus contrôler les pulsions sexuelles qui lui sont liées ; voilà pourquoi sans doute nous en parlons si mal.

Pour expliquer aujourd'hui ce qu'ils nomment donc la « violence pubertaire », les spécialistes contemporains mettent en accusation les hormones. Prétextant l'afflux hormonal (qui n'est pas contestable) qui caractérise principalement cette transformation, ils glissent à l'idée d'un véritable *dérèglement*. Conséquence : un « grand désordre de la psyché » (Antoine Alaméda). L'adolescent serait complètement effrayé par ce qui lui arrive. Les émergences pulsionnelles soudaines et intenses qui l'assailliraient et qu'il aurait du mal à contenir accroîtraient son malaise et le conduiraient à un mécanisme de défense appelé « ascétisme », c'est-à-dire à un refus de toutes les jouissances du corps, ou à l'« intellectualisme », c'est-à-dire la mise en forme de toute chose en idées abstraites afin, disent ces mêmes analystes, de protéger le Moi contre les agressions pulsionnelles.

Une autre explication à ces « dérèglements » a été récemment avancée par Jay Giedd, du National Institutes of Health, à partir de clichés IRM (images à résonance magnétique). Selon ce scientifique, le cerveau d'un individu de 18 ans n'est pas encore entièrement développé : les structures du cortex limbique, le cervelet et le cortex préfrontal connaissent encore des modifications substantielles. Le cerveau des adolescents ne possède donc pas encore de système efficace de contrôle des pulsions, d'où la fréquence des prises de risques, par exemple.

Nous sommes ici, avec l'une et l'autre explication, hormonale et cérébrale, en pleine élucubration, oserais-je même dire, en pleine « diarrhée » verbale. La preuve en est que beaucoup d'autres pays, plus particulièrement en Europe, présentent le phénomène en question sans la gravité habituelle. Par exemple, en Belgique, la Fédération belge laïque des centres de planning familial écrit dans une brochure datant de janvier 2005 : « Des changements, un passage, une évolution ». Elle souligne également à l'attention de ses jeunes lecteurs : « À ton rythme, tu deviens une personne "nouvelle" [...] la puberté est un grand changement passionnant, car tu entres petit à petit dans l'âge adulte [...] tes pensées et tes sentiments évoluent [...] tu as le droit de choisir tes amis en fonction de tes propres valeurs et principes. »

Qu'est-ce que la puberté ? La puberté est un phénomène biologique qui, comme tel, relève de l'analyse du médecin (ou du biologiste). C'est, pour être plus précis, la coïncidence ou la quasi-coïncidence dans le temps, chez un même sujet, d'importantes transformations tant sur les plans physique que psychique. C'est un processus qui, comme tout processus, a un commencement, une histoire (qui dure quelques années) et une fin. On peut donc parler d'une puberté naissante et d'une puberté finissante. Le début de la puberté est caractérisé par l'apparition des caractères sexuels secondaires (voir ci-après). La puberté se termine, pour les filles avec les premières règles et, pour les garçons, avec la première éjaculation. Il est à noter que le sperme n'est pas immédiatement fertile : il faut quelques années pour que la capacité reproductrice soit acquise.

Au cours du mouvement pubertaire – et m'en tenant à la stricte description des faits –, un important « palier » biologique s'organise, c'est-à-dire la sécrétion d'hormones sexuelles que l'on appelle, chez les garçons, androgènes, et chez les filles, œstrogènes. Cette mutation, qui touche également le psychisme, s'accompagne d'un désir nouveau de s'affirmer et amène des questionnements plus approfondis qui généralement font dire aux spécialistes, médecins généralistes, pédopsychiatres, psychiatres, etc., que l'adolescence (ils veulent dire, en réalité, la puberté) est une période « délicate » (on disait autrefois « âge ingrat »).

Rien d'étonnant, dans ces conditions que, pour beaucoup d'entre nous, parents ou éducateurs, l'échéance de la puberté prenne figure d'une catastrophe à venir et redoutée, comme un « coup de tonnerre » venant s'abattre dans le ciel serein (ou prétendument tel) de la grande enfance, qui serait, elle, une période d'équilibre. C'est pourquoi certains d'entre nous anticipent les difficultés attendues en imaginant par exemple, dès l'enfance, moult stratégies pour adoucir le soi-disant moment périlleux à venir. Ainsi a-t-on naguère construit le phénomène « lolita » visant à faire de toutes jeunes filles des quasi-adultes pour s'attirer leurs faveurs, s'assurer leur complicité, les « faire se tenir tranquilles », en somme.

Il fut un temps (pas si éloigné) où l'on considérait que l'âge de la puberté variait selon la race, le climat, ou le milieu social. Ainsi, on affirmait que le phénomène s'enclenchait plus tôt dans les pays chauds que dans les pays froids, mais on ne tient plus pareils propos. On estime aujourd'hui que, de façon générale, l'âge de la puberté est partout plus précoce, sans doute à la suite de meilleures conditions d'hygiène et de nutrition.

Dans mon précédent ouvrage, *l'Adolescent est une personne*, j'ai évoqué tous ces qualificatifs négatifs (commençant par les préfixes à connotation négative selon l'étymologie de la langue française, à savoir: in, im ou ir), que nous utilisons volontiers à l'encontre nos grands enfants, précisant que cette liste était loin d'être exhaustive. J'y renvoie le lecteur intéressé et je complète aujourd'hui cette liste en y ajoutant de nouveaux termes:

- **IM:** im-bécile, im-passible, im-portun, im-possible;
- **IN:** in-actif, in-capable, in-certain, in-connu (à lui-même), in-dépendant, in-différent, in-discret, in-dulgent (pour lui-même), in-fidèle, in-ique, in-jurieux, in-juste, in-occupé, in-satiable, in-sensé, in-souciant, in-soumis;
- **IR:** ir-onique.

L'adolescence se présente ainsi à nous comme une magistrale collection de défauts et d'inaptitudes, et les rares qualités que l'on prête aux adolescents sont vite tournées en défauts: l'idéalisme qui, dit-on, les caractérise devient, chez eux, une forme d'immaturité, la sincérité se transforme en naïveté, l'enthousiasme en exubérance etc.

La puberté

Le terme «puberté», qui apparaît en France aux alentours du XIVe siècle, provient du latin *pubes,* qui signifie poils. *Pubesci, is, ere,* le verbe, veut dire simplement: se couvrir de poils follets.

La puberté se manifeste par des transformations morphologiques, anatomiques, sensorielles, génitales et mentales.

Chez la jeune fille, ce phénomène, qui commence vers 10-11 ans, s'étale sur deux années environ. Il se caractérise par l'apparition des «caractères sexuels secondaires» (expression que l'on doit à Charles Darwin): élargissement du bassin, développement des seins, apparition des poils pubiens puis axillaires et mue de la voix, qui descend environ d'une tierce. Les règles, ou menstruations, qui définissent véritablement l'âge de la puberté, apparaissent dès que la taille a pratiquement atteint son allongement maximum.

Chez le garçon, la puberté, qui commence plus tard, vers 12 ou 13 ans, s'étale aussi sur 2 ans ; elle est marquée successivement par l'augmentation du volume des testicules et de la verge, et l'apparition de caractères sexuels secondaires : poils sur le pubis, sur les aisselles et le visage, mue de la voix, qui descend environ d'une octave, et enfin, par la production des spermatozoïdes, qui coïncide avec l'aspect frisé des poils pubiens. La première éjaculation du garçon correspond à la première menstruation de la jeune fille, mais ce phénomène, en revanche, n'est ni observé par l'entourage, ni avoué par l'intéressé, ce qui en rend le moment de son apparition très incertain.

Dans les pays développés (en France en particulier), il se produit une accélération de la croissance ; les adolescents d'aujourd'hui sont plus grands que ceux d'hier et ils le sont plus tôt. Une étude réalisée en juin 2006 par l'Institut français du textile et de l'habillement auprès de 2 466 enfants et adolescents révèle qu'entre 1958 et 2006, les garçons et les filles de 10 ans ont gagné 3 cm en taille, et qu'à 15 ans, les garçons sont plus grands d'environ 4 cm, et les filles, de 6 cm. Chez les 15-17 ans, la stature moyenne est maintenant de 1,75 m pour les garçons et de 1,64 m pour les filles. Les uns et les autres sont aussi plus gros, jusqu'au surpoids. Les garçons de 15 ans pèsent 2 kg de plus qu'en 1958. Une seconde étude menée par l'Institut national de la santé et de la recherche médicale (INSERM) confirme ou complète ces données. Ainsi apprend-on que la taille des adolescents français a augmenté de 0,7 cm par décennie entre 1900 et 1960, et de 1 à 2 cm par décennie entre 1960 et 1990. Les auteurs de l'étude indiquent que l'accroissement de la taille est associé à une accélération du processus de croissance (dans les premières années de la vie), lié à l'industrialisation et aux changements des modes de vie.

La croissance des adolescents (structurale principalement) présente une grande diversité selon les sujets ; il suffit de regarder déambuler des groupes d'adolescents dans nos artères pour se rendre compte à quel point les écarts de taille peuvent être considérables quelquefois. Tel adolescent est grand et tel autre, plus petit, a encore l'air d'un enfant. Il semble toutefois que, quels qu'ils soient, les uns et les autres cheminent en bonne intelligence ; les différences, dans nos sociétés individualistes, sont davantage tolérées.

On connaît mal les raisons du déclenchement du processus pubertaire. On sait qu'à un moment donné les cellules sexuelles se mettent à se développer, stimulées par la sécrétion d'hormones par l'hypophyse, qui elle-même reçoit des signaux de l'hypothalamus, à la base du cerveau, sans qu'on puisse expliquer le pourquoi de ce démarrage.

Peut-on parler de « choc pubertaire » ou de « zones de turbulences propres à cet âge », comme l'affirment nombre de spécialistes qui, en d'autres mots, « dramatisent ce phénomène » ?

L'influence supposément spectaculaire de l'afflux d'hormones sur le psychisme de l'adolescent n'a jamais été démontrée, ni médicalement, ni scientifiquement. D'ailleurs, dans certains travaux français portant sur la délinquance juvénile, on pensait encore dans les années 1960 que la métamorphose pubertaire résolvait au contraire les conduites rebelles des enfants. Des auteurs américains comme A. Gesell, notamment dans son ouvrage *L'adolescent de dix à seize ans*, publié en 1959, a reconnu que l'on avait peut-être trop souvent considéré la période de l'adolescence comme étant tumultueuse et fantasque, « comme si celle-ci introduisait une perturbation ». Et l'auteur de conclure que finalement l'adolescent est un être en croissance et l'adolescence un processus de mûrissement constant.

La puberté est avant tout le moment où le jeune parvient à la maturité physiologique et sexuelle avec la capacité de procréer. Il s'agit d'une mutation qui, parce qu'elle agit sur une constitution donnée, apporte à tous de nouveaux atouts, bien qu'elle diffère en intensité et en rapidité d'un sujet à un autre. L'adolescent, outre le fait de devenir plus grand, plus fort et plus adulte voit ses sens se développer : il sent mieux, voit mieux, entend mieux. L'actuelle polémique déclenchée en Europe autour du « mosquito », un petit appareil qui émet des sons perceptibles uniquement par les moins de

25 ans, dont on se sert pour éloigner les jeunes de lieux où leur présence est indésirable, a révélé au grand jour la finesse de l'ouïe chez les jeunes. Les adultes sont incapables d'entendre ces sons. L'adolescent voit les choses différemment qu'auparavant, il a de nouveaux centres d'intérêt, de nouveaux amis qui lui sont fidèles. On sait par exemple l'importance pour la jeune fille de sa « meilleure amie ».

Cela autorise à penser que la puberté est moins une violence qu'une *bienveillance* faite au corps et à l'esprit de l'homme. C'est ce que je vais voir à présent en considérant le point de vue des intéressés eux-mêmes.

L'expérience de la mutation pubertaire

Comment l'adolescent accueille-t-il sa transformation ? Comment la vit-il ? Nombre d'adolescents nous sont présentés comme étant mal dans leur peau, timides, maladroits et gauches.

Écartons immédiatement l'idée de maladresse généralisée que l'on impute généralement à la croissance rapide du corps, notamment à une mauvaise coordination motrice. Plusieurs études démontrent avec une remarquable constance dans le temps que cette croyance est tout simplement fausse. Une preuve ? « L'observation de différentes équipes de basketball, par exemple, permet de constater facilement qu'à mesure que les jeunes avancent dans l'adolescence, leur capacité motrice augmente. En fait, l'adolescence est une période d'intenses progrès quant au développement des habiletés motrices de base (courir, sauter, lancer, frapper, etc.), tant sur le plan quantitatif (la force, la vitesse, la distance, etc.) que qualitatif (précision, style, régularité, etc.). Il est possible que le mythe de la maladresse typique des adolescents soit alimenté par le fait que les parties du corps ne croissent pas toutes au même rythme[56] » ; on le sait, les jambes et les pieds grandissent plus vite au début de la poussée de croissance, pouvant donner une impression de déséquilibre (que l'on exagère beaucoup, de toute façon !). Ce mythe repose sans doute encore sur l'examen d'adolescents qui, ayant mal évalué leur capacité motrice, font des gestes non maîtrisés, avec une force exagérée, sans que cela soit nécessaire.

Une enquête que nous avons réalisée avec la psycho-sociologue Marie Cipriani-Crauste et qui s'est étalée sur une période allant de 1995 à 2001[57] permet d'y voir encore un peu plus clair. Je rappelle que, dans le cadre de cette enquête, nous avons suivi un groupe de 30 élèves (15 garçons 15 filles) pendant la période scolaire allant de la classe de CM2 à la classe de seconde. Je m'appuie sur les résultats de cette enquête dans les pages qui suivent.

« On se couche enfant, on se réveille homme », disait Chateaubriand. La phrase serait jolie si l'idée n'était pas saugrenue. La brutalité de l'événement pubertaire, qui serait liée à sa soudaineté, est une pure vue de l'esprit. Le processus pubertaire opère lentement. Si les changements sont importants : croissance, augmentation du poids, etc., les jeunes ne s'en rendent pas compte, d'abord pas tous en même temps, et ensuite pas « d'un coup », ce qui leur laisse le temps de se familiariser avec cette réalité nouvelle. Et puis, l'appareil hormonal n'entre pas subitement en action vers la dixième ou onzième année. Depuis la naissance, toutes les hormones, y compris les hormones sexuelles, n'ont cessé, directement ou indirectement, d'agir sur le corps, l'esprit et le comportement. En fait, la sécrétion des androgènes et des œstrogènes a commencé de s'accroître pour les deux sexes vers l'âge sept ans environ, pour atteindre son apogée à la phase pré-pubertaire.

Évidemment, la puberté est vécue différemment par chacun, selon son caractère : l'anxieux aura tendance à se replier sur lui-même, tandis que le coléreux s'emportera volontiers si l'occasion lui en est donnée. Le vécu dépend aussi des facteurs sociaux et culturels. C'est le mérite de la « psychologie différentielle » (Bianka Zazzo) de nous avoir rappelé qu'il n'y avait pas de schémas « tout faits », passe-partout.

Néanmoins, l'observation indique que le vécu pubertaire est *positif* pour la plupart des adolescents, qu'ils ressentent une grande satisfaction face aux changements qui s'opèrent en eux et qu'ils ont une réelle volonté d'accéder à l'âge supérieur (perçu comme tel). Parler a priori de période « ingrate » n'est donc pas un jugement scientifique, mais un pur jugement de valeur, contestable pour cette raison même. La puberté démarrant, les garçons surveillent attentivement le développement de leur système pileux (facial surtout); une lenteur dans ce développement leur donne immédiatement le sentiment d'être différents des autres. Les filles, pour leur part, examinent jour après jour le développement de leur poitrine, l'attribut féminin par excellence; quant à leurs premières règles, qui peuvent être abondantes et longues, les pédiatres eux-mêmes estiment qu'elles sont généralement peu douloureuses. En d'autres termes, l'adolescent utilise ces modifications pour grandir, intellectuellement parlant. Il est heureux. La jeune Juliette, 17 ans, interrogée par Marjolaine Jarry et Mélanie van der Ende, exprime, rétrospectivement tout le bonheur de sa mutation: «Les changements liés à l'adolescence, dit-elle, c'est plutôt une bonne nouvelle! On est contente de prendre un peu de poitrine et de pouvoir mettre des jolis petits hauts.»

Les jeunes suisses de 12 à 14 ans rencontrés en octobre 2008 à Lausanne au Musée de l'Elysée, lors de l'exposition *Teen City,* confirment ce bon «ressenti» pubertaire.

La fin des complexes

Le corps est important pour chacun d'entre nous; il est important pour l'adolescent. Le corps est ce qui nous représente le mieux et ce qui nous présente au monde; c'est un stimulus social, mais aussi sexuel: il a donc une grande valeur. En le parant (voir ci-après), nous augmentons sa valeur. Naguère, le corps générait de l'anxiété chez l'adolescent, surtout quand il n'était pas conforme à ses désirs. Des petites imperfections - ou jugées telles - suffisaient à saper la confiance de l'infortuné adolescent et à le rendre malheureux. Aujourd'hui, l'attention parfois quasi-obsessionnelle de l'adolescent porte moins sur le corps lui-même que sur son «revêtement» proprement dit. C'est le «look» qui compte désormais, pas la chair. Il n'y a plus rien de honteux à afficher ses imperfections corporelles; le corps ne provoque plus aucune gêne, aucun dégoût.

Nous avons aujourd'hui, globalement, des ados «décomplexés». D'après l'enquête Inserm (un peu ancienne) réalisée auprès de 4500 élèves du second degré de l'académie de Lille en 1992, seulement 5 % des filles et 4 % des garçons s'estimaient « trop grands », 24 % des filles et 20 % des garçons, « trop petits », 31 % des filles et 11 % des garçons, « trop gros », et 12 % des garçons et 6 % des filles, « trop maigres ». Le temps n'est donc plus où les (jeunes) adolescents « se cachent le visage avec leurs cheveux, battent l'air de leurs mains pour vaincre leur gêne et leur honte[58]. » Être trop grand ou trop petit, trop gros ou trop maigre, contrairement à une idée reçue, n'inquiète plus beaucoup, voire plus du tout les adolescents et ne provoque plus les railleries d'antan. Il faut n'avoir jamais vu d'adolescents déambuler en bande pour soutenir une autre idée. Et puis, de toute façon, la parure joue définitivement un rôle de « cache différence » (physique). À notre époque où l'apparence est si importante, les beaux se voient donc (toujours) beaux et les « disgracieux », comme on les nommait jadis, également. Voilà ce que Tocqueville aurait nommé l'« égalisation des conditions », avec pour conséquence ce que je nommerai pour ma part l'« égalisation des représentations de soi ».

Prenons un exemple concret : la mode « slim », du nom de ce pantalon très collant et serré aux chevilles que l'on porte avec un polo trop petit de deux tailles, assorti de chaussures pointues, les Schmoove. Cette mode adoptée en France par de très jeunes garçons et de très jeunes filles (de 12 à 15 ans), illustre mon dernier propos. Voilà de très jeunes garçons, dont certains à peine pubères qui, non seulement n'hésitent pas à montrer leurs cuisses et leurs jambes squelettiques – de mon temps, on aurait dit des « jambes de serin » –, mais encore les exhibent avec fierté. De mon temps toujours, on cherchait à les cacher par tous les moyens. Dadou, croisé aux Halles, à Paris, s'extasie : « Ces pantalons mettent nos formes en valeur. C'est sexy et franchement, ça fait plaisir ! »

Autant dire que les adolescents se posent de moins en moins cette question qui taraude tant les spécialistes, celle de la « normalité ». Le « suis-je normal ? », au temps social du « tout est égal » (d'égale valeur) n'est plus vraiment d'actualité. Les adolescents considèrent qu'« ils sont comme ils sont » et « bien comme ils sont ». Ils ont donc une image plutôt positive de leur corps.

Quelques désagréments subsistent néanmoins. Les garçons en particulier demeurent complexés par la petite taille de leur verge, une situation, il est vrai, difficile à vivre – quel que soit le réconfort qu'on cherche à leur apporter. Et comme il est démagogique de la part des spécialistes de minimiser cette souffrance en soutenant, par exemple, que ce n'est pas la taille du sexe qui importe, qu'une petite verge peut, autant qu'une grande, donner du plaisir à son ou sa partenaire. Cette explication n'a qu'un seul effet : nier la souffrance du sujet.

Que dire alors à l'adolescent qui soit juste et réconfortant à la fois ? Que, dans toute relation sexuelle, la dimension affective est importante, que les rapports physiques représentent une technique qui s'améliore par l'expérience.

Il existe d'autres vrais complexes, comme celui du garçon qui n'est pas encore sorti avec une fille. À 17 ans, c'est « carrément la honte » ! Même chose pour la fille qui, vierge au même âge, risque de passer aux yeux de ses copines, au moins et au mieux, pour une attardée !

* * *

La représentation *positive* de la puberté est-elle un fait nouveau ? Pas du tout. Écoutons le témoignage de cette jeune fille interrogée il y a juste 50 ans, en 1959, par l'IFOP (Institut français d'opinion publique), dans le cadre d'une enquête menée auprès de 1050 femmes âgées de 15 à 50 ans :

> J'attendais avec impatience [...] parce que ma mère m'avait dit : « Après tu seras une jeune fille» [...] Ca m'a plu beaucoup, j'en avais marre d'être une gamine. **Ça me faisait l'effet d'une promotion** [...] J'étais enfin une grande personne.

Dans les années 1960 encore, il n'était pas rare de voir, en France, dans les analyses sur la délinquance juvénile, cette idée (aujourd'hui disparue) que la puberté allait miraculeusement résoudre les problèmes de déviance des enfants turbulents.

* * *

Il y a principalement deux situations (historiquement constantes) qui sont susceptibles d'entacher cette perception **positive** de la puberté chez le jeune : la précocité ou, au contraire, un retard pubertaire. Les enfants, on le sait, ne sont pas tous pubères au même âge, ce qui fait par exemple que, dans une même classe, il y a des enfants qui ont commencé leur mutation et d'autres qui en sont encore éloignés.

L'arrivée précoce des premiers signes pubertaires (les fameux caractères sexuels secondaires) peut être source d'inquiétude, surtout si le garçon ou la fillette n'a pas été préparé adéquatement par ses parents. Cette « différence » par rapport aux camarades est à coup sûr déstabilisante. Par ailleurs, ajoutons que, selon une récente étude de l'INSERM (février 2008), les filles dont la puberté est précoce souffrent plus souvent d'obésité que les filles dont la puberté est tardive, alors que l'inverse est observé chez les garçons. Les hormones sexuelles féminines semblent donc favoriser le développement de l'obésité, contrairement aux hormones masculines.

Un exemple ? Je pense ici à Marguerite, qui est âgée de 10 ans lorsque je l'interroge pour la première fois. C'est une jeune fille agréable mais qui a précisément un léger surplus de poids. Marguerite commence sa puberté. Une légère poitrine se dessine, qu'elle tente de dissimuler sous un pull ample. Elle est gênée.

Pour une fille, avoir un excès de poids est assurément aussi désagréable que, pour un garçon, avoir une petite taille. En effet, l'adolescent mâle a conservé de son enfance l'idée que la taille d'une personne, c'est-à-dire l'âge, se mesure à sa taille en centimètres et non à sa date de naissance. Par conséquent, malheur aux petits ! Le retard pubertaire, quant à lui, ne semble pas générer la même souffrance.

Il existe une troisième situation susceptible de jeter un voile sur la perception positive de la puberté chez les jeunes : les réactions négatives du milieu, à savoir les moqueries et autres sarcasmes des parents relativement aux transformations du corps de leur enfant. Certains pères semblent privilégier la grivoiserie, ne prenant guère au sérieux les transformations de leurs enfants – de leurs fils principalement. Des transformations au demeurant dont ils continuent à ne pas parler et autour desquelles aucun échange n'a lieu. L'apprentissage sexuel n'est toujours pas leur point fort ! C'est donc à un moment où les adolescents ressentent le plus intensément le besoin d'être valorisés dans leur nouvelle constitution adulte que les parents se montrent parfois les plus maladroits.

En résumé, la puberté est marquée par une activité physiologique intense où l'appareil endocrinien se transforme et s'équilibre et où la personnalité se forme. Si, chez certains adolescents, elle peut donner lieu à quelques difficultés comportementales, la plupart du temps elle s'écoule paisiblement. La puberté n'est pas une pathologie. Grandir, loin de représenter un acte agressif (où il s'agirait de prendre la place de quelqu'un), représente un progrès où il s'agit, au contraire, de trouver d'abord et avant tout sa propre place. Enfin, on ne dira jamais assez combien la sexualité, qui rime justement avec puberté, n'est pas une catastrophe. Le souci que nous avons comme éducateurs de souligner les dangers (véritables) de certaines pratiques sexuelles ne doit pas obscurcir cette évidence que la sexualité est, ou devrait être, une activité très agréable et sans doute profondément thérapeutique et éducative.

La crise d'adolescence ou l'origine d'une fable populaire

Il n'y a pas d'erreur plus dangereuse que de confondre la conséquence avec la cause.

FRIEDRICH NIETZSCHE, *Le crépuscule des idoles*

Posons immédiatement les données du problème. L'opposition des adolescents qui forme ce que l'on nomme communément leur « crise » n'est-elle pas simplement le résultat de notre opposition de parents au besoin d'affirmation de nos enfants ? Ainsi, contrairement à l'idée reçue, la rébellion et l'opposition ne doivent-elles pas être considérées comme des étapes inutiles dans le développement de l'adolescent ? Finalement, est-ce que ce ne sont pas les mauvaises relations familiales qui entraînent les tensions adolescentes, et non l'inverse ?

Un exemple significatif parmi d'autres: l'étude québécoise conduite par Michel Claes, Louis Picard et Amélie Benoît, rapportée dans l'ouvrage collectif *Adolescences d'aujourd'hui*. Cette étude montre que la fréquence des conflits avec les parents (de familles séparées en particulier) a une relation étroite avec le développement de situations de « détresse psychologique » chez les adolescents, principalement chez les filles. Dois-je rappeler que mes propres travaux vont dans le même sens ? Conflits et mauvaise ambiance familiale sont donc bel et bien à l'origine de tensions entre adultes et adolescents. Voilà leur cause et non leur conséquence.

Mais reprenons depuis le début. Dans la représentation courante comme dans une certaine représentation « savante », l'adolescence reste donc, je l'ai dit, synonyme de « crise ». L'adolescent aurait besoin de combattre l'adulte pour s'affirmer, de se révolter contre le père, notamment[59] ; il devrait s'opposer à lui pour lui montrer « qui il est ». Le conflit ferait en somme partie du passage adolescent. Le philosophe allemand Fichte disait que « le moi ne se pose qu'en s'opposant », formule que la postérité a retenue sans aucune réserve et qui fait les délices du discours « psy » contemporain.

« C'est la faute aux hormones », disent en chœur les spécialistes français (et quelques autres disséminés dans le monde entier) qui s'empressent de parler de « chaos » ou de « violence » pubertaire, de tumulte et de tempête. Certains auteurs, comme Anna Freud, évoque qu'avec la puberté vient un renforcement des pulsions agressives. Je me dois de préciser ici que, hormis chez Aristote, peut-être, on ne considérait guère l'âge adolescent comme un « moment de crise » avant que Rousseau n'ait exposé cette « idée folle » et que les romantiques des XVIIIe et XIXe siècles en aient fait un thème privilégié dans leurs romans et leurs journaux intimes. On se souvient du jeune Werther de Goethe, un jeune homme écrasé par ses problèmes intérieurs, qui se retire dans la solitude pour méditer. Ce garçon est atteint du « mal du siècle »: la mélancolie, dit-on. On se souvient, chez Chateaubriand, du personnage de René, ce jeune homme pareillement tourmenté. Baudelaire, pour sa part, parlera de « spleen ».

Par une sorte de réaction circulaire, le fameux « mal du siècle » accuse donc les troubles qui seraient inhérents à cet âge. L'insatisfaction personnelle exaltée par cette littérature se renforce avec les œuvres des fondateurs de l'existentialisme : Kierkegaard, Heidegger et Jaspers, notamment, qui retrouvent l'angoisse existentielle aux tréfonds de l'âme humaine.

Bref, après la médecine, la littérature romanesque de l'avant-dernier siècle n'a cessé de scruter l'état d'âme de l'adolescent, en exagérant pour le moins ses manifestations. Toutes ces disciplines ont fini par inculquer dans notre esprit d'adultes et dans l'esprit même de nos adolescents (qui ont intériorisé l'idée) que le passage de l'enfance à l'adolescence impliquait nécessairement une « crise ».

L'explication psychanalytique parachèvera cette interprétation quelques décennies plus tard en mettant l'accent, chez l'adolescent, sur les perturbations, les conflits et la régression à des stades antérieurs du développement. Résumons cette explication. L'accès à la génitalité qui coïncide avec la poussée pubertaire détruirait, selon cette explication, l'équilibre établi durant la période de latence et entraînerait l'adolescent dans une situation de hautes perturbations caractérisée par l'angoisse, la culpabilité, l'agitation et l'agressivité ; ce serait la faillite de l'organisation du moi. Ces manifestations qui à tout autre âge seraient considérées comme pathologiques sont ici jugées comme normales et même nécessaires pour que l'adolescent fasse le deuil des dépendances infantiles et accède à la maturité affective et sexuelle. Poussant le raisonnement un peu plus loin, les psychanalystes estiment ainsi que l'absence de crise est suspecte en soi, car elle témoigne d'une forme prématurée et immature de consolidation du moi :

> Le conflit entre le ça et le moi se manifeste alors par une oscillation entre les victoires partielles du ça, traduites par la recrudescence de l'activité fantasmatique, les poussées vers des satisfactions sexuelles perverses, l'agressivité, la délinquance, et les victoires partielles du moi. Celles-ci passent

> par le renforcement des défenses et occasionnent angoisse, manifestations d'ascétisme, accentuation des symptômes névrotiques, inhibition. (Michelle Emmanuelli, *L'adolescence,* p. 39)

Vous n'avez pas compris un traître mot de ce que vous venez de lire ? Soyez sans crainte ; de toute façon, ce discours n'explique rien. Je vous en résume les idées saillantes.

Pour la psychanalyse, l'adolescence (confondue évidemment avec la puberté) est, nous l'avons vu, la période de « réactivation des conflits », et notamment du conflit œdipien que nous aborderons un peu plus loin. Il s'ensuit une série de pulsions, toutes plus agressives les unes que les autres, dont l'absence ne peut que signifier la mise en place d'un processus morbide.

Voilà pour l'essentiel. Je n'en dis pas davantage, sinon que la prétendue « crise d'adolescence », d'une part, ne répond à aucun déterminisme biologique et, d'autre part, ne présente aucun caractère de « nécessité » pour le sujet pubère[60].

Alors d'où viennent les tensions et conflits avec les adolescents ?

Incontestablement, il existe des tensions, voire des conflits entre *certains* parents et *certains* adolescents. Faut-il s'en étonner ? Le propre d'une relation humaine, quelle qu'elle soit, n'est-elle pas de produire le meilleur : la sympathie, l'amitié et l'accord, et le pire : l'antipathie, l'inimitié et le désaccord ? Pourquoi en irait-il différemment avec les adolescents ?

Avant de nous interroger sur les causes des affrontements qu'il nous arrive d'avoir avec nos grands enfants, j'aimerais rappeler ce qui a été rapidement évoqué en introduction. La grande majorité des adolescents se portent bien et sont heureux de vivre malgré tous les problèmes qu'ils rencontrent. S'ils connaissent les importants changements biologiques, psychologiques et sociaux que l'on sait, ils sont pour la plupart capables de faire les ajustements nécessaires pour intégrer toutes ces modifications et accéder à la maturité ; ils ont les ressources personnelles pour cela et bénéficient du concours de leur famille. Les parents, dans la majorité des cas également, apprécient d'avoir de grands enfants à la maison et sont heureux d'échanger avec eux.

Revenons donc à l'origine des tensions. Nous savons à présent qu'elles ne sont pas liées à « l'horloge biologique » qui, mettant en branle les glandes génitales, déclencherait du même coup une espèce de « tsunami » physiologique. Pour comprendre ce qui se passe alors, nous devons nous demander ce qui est réellement en jeu avec l'adolescence. La réponse est la suivante : l'enfant (ou ce qu'il en reste) ne veut plus être traité comme un enfant, « être gouverné » selon le juste mot de Rousseau. Revendication légitime quand on sait, et si l'on accepte cette idée, que l'enfant n'est effectivement plus un « tout petit » que l'on maîtrise à sa guise.

C'est une réalité dure à supporter pour beaucoup d'entre nous habitués à la docilité, toute relative certes, de nos jeunes enfants. Nous savions bien pourtant que ce moment allait arriver, mais il n'y a rien à faire, ce renoncement à l'exercice du pouvoir sur l'enfant nous est insupportable puisqu'il a valeur de véritable arrachement, de dépossession. Nous nous étions familiarisés au fil des années avec une certaine image de notre progéniture, reflet de nous-mêmes ; nous lui organisions son présent, ses activités, lui tracions son avenir, en harmonie souvent avec nos propres rêves. Soudain, nous avons la révélation d'un être différent, qui aspire à juger par lui-même. Nous qui, du fait de notre âge, sommes plus rebelles au changement que les plus jeunes, ne voulons pas de cette révolution qui remet en cause notre puissance.

L'« apparition » de l'adolescent est donc pour beaucoup d'entre nous une « mauvaise apparition », une épreuve quasi traumatisante. Tout bascule subitement. L'enfant était malléable, une « cire molle » sur laquelle nous avions pris l'habitude d'imprimer notre marque adulte et le jeune pubère paraît indiscipliné, rebelle.

L'idée de « crise d'adolescence » est finalement une aubaine ; en faire la cause des tensions familiales nous rassure ; en même temps, cette idée nous soulage : si les choses vont mal, nous n'en sommes pas responsables. Malheureusement, cette théorie, je le redis, n'a jamais été démontrée par quelque enquête ou étude scientifique

que ce soit. Quelles études en effet nous autorisent à affirmer qu'une grave perturbation identitaire accompagne l'adolescence ?

Une première preuve du contraire a même été donnée, on s'en souvient, à la lumière des résultats obtenus par les ethnologues qui ont observé des populations dites « primitives ». Margaret Mead, dont nous avons parlé précédemment, a montré dans sa célèbre étude sur les jeunes filles de Samoa à la fin des années 1920 qu'on ne trouvait, chez ces adolescentes, aucune manifestation de « crise ». Bronislaw Malinowski, le célèbre ethnologue anglais d'origine polonaise, a pareillement indiqué, dans *La sexualité et sa répression dans les sociétés primitives,* publié en 1927, combien le complexe d'Œdipe conduisant au conflit était un phénomène propre à la bourgeoisie viennoise de la fin du XIXe siècle. Au contraire, dans la société trobriandaise[61] que l'auteur a minutieusement observée, compte tenu du partage du rôle parental entre le père et l'oncle paternel, on ne trouve pas cette ambivalence d'amour-haine que Freud place au cœur de la relation père-fils dans les sociétés « civilisées ». Même constat chez les Comanches, des autochtones d'Amérique du Nord.

À la lumière de ces études, on peut dire d'ores et déjà que l'explication par le facteur biologique d'une prétendue crise est totalement inexacte puisqu'elle n'existe pas dans ces sociétés premières où les individus passent pourtant par la même évolution physiologique à la puberté.

Depuis cette époque, principalement à partir de 1975, une série de travaux sont venus encore discréditer la vision dramatique de l'adolescence. Il s'agit à la fois de travaux portant sur de vastes échantillons d'adolescents « normaux », c'est-à-dire ordinaires, et d'études menées auprès de populations souffrant de troubles psychologiques. Compte tenu des enjeux théoriques, je vais me référer à ces travaux sans être, naturellement, exhaustif.

Illustrant les études portant sur des adolescents normaux, je citerai un premier exemple : l'étude de D. et J. B. Offer réalisée en 1975, intitulée *From Adolescence to Young Manhood*[62]. Les auteurs ont suivi pendant 7 ans une centaine de garçons choisis au hasard dans la région de Chicago. Les adolescents ont été rencontrés annuellement. Ils avaient 12 ans au début de l'étude et 19 ans à la fin. Les conclusions des chercheurs sont sans ambiguïté: ces adolescents, bien qu'ils reconnaissent avoir vécu des changements importants, notamment au niveau de leur sexualité, de leurs rapports avec leurs parents et leurs amis, ne font pas état de perturbations ou de problèmes émotionnels suffisamment importants pour être qualifiés de «crise». La plupart (soit quatre sur cinq) ont été en mesure de s'accommoder de ces changements et de poursuivre leur développement sans rencontrer de difficultés majeures. Donc, seule une petite minorité a connu une «croissance tumultueuse», pour reprendre les termes d'Offer.

Voici un second exemple. L'étude de M. Rutter, intitulée *Changing Youth in a Changing Society,* réalisée en 1980 auprès de l'ensemble des enfants et des adolescents de l'île de Wright en Angleterre[63], révèle que les adolescents examinés ne présentent pas plus de signes de perturbations psychologiques qu'à d'autres périodes de la vie; le tumulte émotionnel et les manifestations d'opposition à l'égard des parents ou de l'autorité sont rares.

Concernant la deuxième série de travaux portant sur des groupes cliniques d'adolescents ayant fait l'objet d'un diagnostic et/ou d'un traitement psychiatrique, on peut citer l'étude de Weiner menée en 1992, intitulée *Psychological Disturbance in Adolescence,* et celle de Masterson menée en 1980, intitulée *The Test of Time: Borderline Adolescent to Functioning Adult*[64]. Comparant un très grand nombre de cas psychiatriques, Weiner indique que le diagnostic de «trouble situationnel et transitoire» est abondamment utilisé dans le cas des patients adolescents, mais chez seulement 5% des patients adultes. Il y a, souligne l'auteur, un effet pervers à cette analyse. En se référant à l'idée de crise passagère, on se dispense d'identifier éventuellement des troubles plus «lourds». Or, comme le précise encore Masterson, rien ne peut légitimement fonder l'espoir que l'adolescent sortira spontanément de ses difficultés. Ne pas le traiter comme il convient peut donc conduire à l'aggravation du trouble.

Écoutons pour finir le témoignage d'une maman sénégalaise vivant en France, qui m'a déclaré au cours d'un débat que j'animais sur ce thème, en octobre 2008:

> Chez nous, en Afrique, ça ne veut rien dire votre idée de crise d'adolescence. Ici, en France, quand mon fils fait quelque chose qu'il ne faut pas faire, comme taper dans des portes, je lui dis d'arrêter, avec une paire de gifles s'il le faut, c'est tout. Non, cette idée de crise d'adolescence, ce n'est pour moi qu'un prétexte que je n'accepte pas, voilà tout !

Aujourd'hui, la liste des travaux et des témoignages qui contribuent à rejeter l'idée qu'il y a nécessairement une crise d'adolescence s'allonge d'année en année. Il faut donc réaffirmer avec force que l'adolescence, au sens physiologique du terme, n'est pas une période difficile en soi, ni « délicate », et que c'est notre attitude qui contribue à la rendre difficile. Nous devons, pour que les choses se passent pacifiquement, changer d'attitude, prendre l'adolescent « au sérieux », c'est-à-dire le regarder avec objectivité et générosité, le laisser être lui-même, c'est-à-dire différent de nous.

J'ai dit ailleurs, retenant un instant le terme « crise », que tout passage d'un âge à un autre, par sa délicatesse, représentait une « crise », qu'il y avait ainsi des crises de l'enfance, une crise de la puberté, une crise du milieu de la vie..., que la vie, en somme, pouvait se résumer à une succession de crises.

Je corrige aujourd'hui ce propos. Plutôt que de continuer à parler de « crises », parlons de « stades affirmatifs ». Prenons l'exemple du jeune enfant dont on sait qu'il acquiert vers l'âge de trois ou quatre ans une première conscience de soi. On dit qu'il s'oppose, qu'il connaît une véritable « crise du négativisme », la crise du « NON ». C'est inexact. Il cherche seulement à s'affirmer, en soutenant face à la parole parentale ce qu'il sait (il découvrira, au fil des ans, que la parole des adultes est très fragile). Il en est donc à ce premier « stade affirmatif », avec un « Non ! » qui sert à exprimer son désaccord à ce que nous lui disons ou que nous lui commandons. Comme les caprices de l'enfant expriment une perturbation intérieure provoquée par un obstacle extérieur, les comportements d'opposition observés chez les adolescents sont souvent le résultat d'un besoin insatisfait, celui de l'« affirmation de soi » nécessaire pour devenir autonome.

En résumé, on observe que les adolescents qui vivent dans un climat familial défavorable ou au milieu de disputes conjugales et qui ne sont ni respectés ni soutenus par leurs parents sont plus que les autres susceptibles de se sentir « mal dans leur peau », moins à l'aise dans leurs études, moins optimistes face à l'avenir. On observe encore que lorsque les parents rencontrent de graves difficultés comme le chômage ou la maladie, ils fragilisent leurs enfants. Au contraire, les adolescents qui vivent dans une ambiance familiale détendue où dominent le respect et l'écoute éprouvent un plus grand sentiment de bien-être, ils sont moins anxieux, moins agressifs et plus optimistes. La mauvaise humeur adolescente est donc bien en rapport étroit avec le contexte familial, non avec sa physiologie.

La taille et la nature de la famille peuvent encore expliquer certaines tensions. On observe ainsi que, dans les familles élargies, il y a moins de conflits entre les parents et les enfants, du fait qu'ils ont un plus grand nombre de personnes à qui se confier. Dans les familles actuelles, qui sont plus petites, de type nucléaire, « toutes les relations affectives sont plus polarisées..., tout se passe davantage en vase clos, ce qui accroît évidemment à la fois les occasions et la violence des conflits au cours de l'adolescence. Il y a un plus grand fossé entre les parents et les enfants, du fait qu'il n'y a pas au foyer de collatéraux d'âge intermédiaire qui pourraient éviter aux enfants de s'adresser toujours directement aux parents[65]. »

Enfin, dernière cause possible des tensions : la jalousie. Nous en voulons à ces garçons et à ces filles de bénéficier des libertés que nous n'avons plus (ou plus beaucoup), comme celle de faire la fête. Car les adolescents sont de grands « fêtards ». Alcoolisée ou non la fête leur permet d'oublier le quotidien. C'est alors que surgit la vieille opposition entre le monde adulte, renvoyé du côté du « sérieux », et le monde de la jeunesse, du côté du « futile ». En tout cas, soyons honnêtes, tous ces « ados » qui font la fête, ça nous agace énormément ! D'où notre réticence parfois à ouvrir les portes de notre maison à tous ces potes bruyants et indisciplinés (qui laissent volontiers notre intérieur en désordre).

* * *

L'école a également sa part de responsabilité dans l'origine des tensions. Nous constatons souvent, par exemple, à l'entrée au collège, des difficultés d'adaptation qui peuvent se traduire par une baisse des performances scolaires – difficultés qui peuvent être aggravées par nos exigences manifestes ou occultes qui créent des situations d'anxiété et génèrent de l'aigreur.

L'ESSENTIEL

Depuis sa naissance, l'enfant se transforme sans cesse et acquiert graduellement son autonomie. S'il ne rencontre pas d'opposition sur le chemin du développement et si, à chaque étape, il est doté des qualités nécessaires pour aller de l'avant, aucune crise n'a lieu d'être. Dans le cas contraire, il a toutes les chances de se rebeller contre l'autorité qui entrave sa progression.

En s'opposant, l'adolescent ne fait que se défendre contre une « minimisation » de son moi et contre l'humiliation. Si on ne se soumet pas aux exigences de son évolution normale (qui fait qu'il n'est plus un enfant), on crée, fût-ce inconsciemment, un choc qui brise chez lui l'estime, voire le respect qu'on lui inspire. L'adolescent veut s'émanciper de son enfance, c'est son droit et même son devoir.

L'important pour les parents est alors de lui apporter la coopération, le respect, la réciprocité et la responsabilité dont il a besoin pour acquérir son autonomie.

Qu'est-ce qu'un adolescent ?

Il (Baudelaire) avait six ans, il vivait dans l'adoration de sa mère ; fasciné, entouré d'égards et de soin, il ne savait pas encore qu'il existât comme une personne.

JEAN-PAUL SARTRE, *Baudelaire*

Le philosophe allemand Nietzsche, dans *Ainsi parlait Zarathoustra,* rappelle qu'avec les mêmes mots, les hommes désignent, sentent, flairent et désirent des choses différentes. Ainsi en est-il de l'adolescence. Chacun de nous a une opinion sur les adolescents, parce qu'il en a à la maison, qu'il en côtoie dans son activité professionnelle, en voit à la télévision, dans la rue. Mais faut-il rappeler qu'opinion n'est pas raison mais simple apparence, selon le mot de Platon, grand amoureux d'éphèbes, comme on sait.

« Adolescent », c'est d'abord un long *mot* - charmant pour les uns, inquiétant pour les autres. Si, comme nous l'avons vu, son étymologie est romaine, les Grecs, à l'image de Socrate ou Platon, n'ignoraient cependant pas ce terme. En Grèce, l'adolescent est le *meiràkion.* Aristophane, par exemple, parle dans *Les Nuées* d'un « adolescent » qui ne veut pas aller à l'école. Puis le mot est oublié. On ne l'emploie plus guère au Moyen Âge européen, lui préférant d'autres mots comme « enfant » ou « jeunesses », et il est encore peu usité au début du XIXe siècle. Balzac évoque, par exemple dans *La Femme de trente ans,* un « jeune garçon de 13 ans » et Stendhal, dans *Lucien Leuwen,* parle d'« un enfant de 15 ans », puis d'un « jeune homme de 18 ans ». La littérature française et russe de la fin du XIXe siècle l'utilise seulement à l'occasion et la philosophie moderne également. Prenons, par exemple, *L'Homme qui rit* de Victor Hugo. L'auteur y parle d'un « adolescent pudique » et d'un « éphèbe attardé, resté adolescent à 24 ans ». Dans les premières années du XXe siècle, la confusion des mots est encore de mise. Georges Duhamel, par exemple, dans *Le Jardin des bêtes sauvages,* déjà mentionné, ne parle-t-il pas encore de « jeunes gens de 15 ans » ?

L'adolescent, c'est aussi traditionnellement (hormis peut-être dans l'Antiquité) celui qui fait peur ; on peut même dire qu'en Occident, cette peur est héréditaire, qu'elle se transmet de génération en génération. Les premières représentations modernes de l'adolescence sont sans conteste chargées d'inquiétude et d'angoisse. Les adolescents sont des êtres menaçants qui ont « le goût du viol et du sang », dira même un auteur français, Duprat. Un premier danger est clairement identifié : la sexualité. Aristote disait que les jeunes avaient de « robustes passions », qu'ils étaient dominés par le désir sexuel qu'ils tentaient d'assouvir de toutes les manières possibles. Rappelons-nous le passé pas si lointain où la société nourrissait une véritable crainte pour le plaisir solitaire et comment on le traquait dans toutes les institutions d'enfermement de la jeunesse. L'adolescent est donc un danger pour lui-même. Conséquence, on ausculte minutieusement ce corps dévoyé pour en réduire l'exubérance, l'énergie bouillonnante. Mais l'adolescent est aussi un danger pour les autres. Il est de tous les mauvais coups et on le trouve sur les barricades lors des révolutions politiques (1830, 1848, en France). C'est qu'il a mauvais esprit, le bougre ! La conséquence de cette représentation est connue. Comme toute peur, la peur des adultes à l'égard de la jeunesse génère de l'agressivité à son encontre.

Puisqu'on considère l'adolescent comme un être malfaisant, on ne sera pas surpris de le voir plutôt défini par ses problèmes - qu'on trouve aussitôt très nombreux et forcément dérangeants.

L'objectif et le bon sens, ne sont-ils pas aujourd'hui de définir ce personnage mal-aimé par ses ressources intellectuelles, physiques et sexuelles, qui sont de surcroît plus importantes qu'on ne le dit d'ordinaire ?

Il n'existe pas un type d'adolescent intemporel, ni une entité homogène qu'on nommerait adolescence ; on ne saurait donc en rester pour l'un comme pour l'autre à des descriptions abstraites. L'adolescence n'est pas une chose donnée une fois pour toutes et refermée sur elle-même. D'abord, il y a des millions d'adolescents, de toutes les origines, de tous les âges - car l'adolescence est, comme les autres périodes de vie, une tranche, une classe ou une fourchette d'âge -, de toutes les couleurs de peau, de tous les caractères. L'adolescence est faite d'individus concrets (et uniques), aux prises avec des situations particulières et engagés dans une relation spécifique et réciproque avec leur environnement qui signe leur attache au monde. Ainsi existe-t-il des adolescents *pauvres.* Derniers chiffres français connus : en 1999, un million d'enfants vivaient dans des familles dont les ressources mensuelles étaient inférieures à 552 euros. Le taux de pauvreté des enfants s'élevait à 8 %, un taux supérieur à celui observé dans l'ensemble de la population (6,5 %), et ce taux augmente avec l'âge, s'établissant à plus de 10 % chez les jeunes de

13 ans. Cela s'explique par le fait que les prestations sociales et familiales sont attribuées en France essentiellement aux parents de jeunes enfants.

Il existe aussi des adolescents *délinquants* et on sait bien que l'adolescence est naturellement associée à la délinquance pour beaucoup d'entre nous. Or le taux d'adolescents délinquants ne dépasse pas 20 % de l'ensemble. Il existe aussi des adolescents *handicapés* et des adolescents *étrangers*.

Bien entendu, il n'est pas possible, dans le cadre circonscrit de ce travail, d'approfondir la question de ces cas particuliers ; je parlerai donc ici principalement de l'adolescent *moyen* qui intègre nombre de caractéristiques de tous ces adolescents qui, de toute façon, baignent dans la même culture et se ressemblent beaucoup.

En résumé, l'adolescent d'aujourd'hui n'a qu'une vague ressemblance avec l'adolescent d'autrefois. L'adolescent change parce que la société change. En dépit de l'augmentation du nombre des familles monoparentales et séparées, il faut redire que, contrairement à une idée largement répandue, plus de 7 adolescents sur 10, tant au Québec qu'en France, vivent avec leurs deux parents. Assurément, la séparation des parents n'est pas sans conséquences sur la vie des adolescents concernés. On observe chez eux différents symptômes comme la tristesse, la perte de confiance en soi, le retrait social... Et puis, il y a l'appauvrissement financier que représente une séparation ; la mère, qui dans plus de 80 % des cas conserve la garde des enfants, voit les revenus globaux de la famille amputés de la part (importante) du père.

Adolescent plus tôt... mais moins longtemps

L'enfance sait ce qu'elle veut.
Elle veut sortir de l'enfance.

Jean COCTEAU, *La difficulté d'être*

Ce n'est pas ou, plus exactement, ce n'est plus la puberté qui introduit aujourd'hui l'adolescence en lui fournissant son socle, c'est bien la culture de la classe d'âge (celle des grands frères, des grandes sœurs) qui joue aujourd'hui ce rôle. Ce n'est en rien diminuer le processus pubertaire que de dire cela ; la transformation physiologique demeure essentielle, d'autant plus essentielle qu'elle représente, nous l'avons vu, un formidable atout, mais elle intervient plus tard que l'immersion culturelle dans le déroulement du processus adolescent.

Une chose est sûre, adolescent, on le devient aujourd'hui plus tôt qu'autrefois, mais on le devient, je le répète, moins à cause de l'avènement de la puberté, dont la précocité semble stoppée depuis une trentaine d'années[66], que par le désir d'entrer dans la culture adolescente, ce mode de vie si particulier que j'ai eu l'occasion d'étudier dans plusieurs travaux antérieurs[67]. Il est à noter que ce désir se manifeste à un âge de plus en plus tendre. C'est désormais à la fin de l'école primaire, et non à l'entrée au collège (sixième année au Québec), selon la croyance populaire ou pseudo-scientifique, que débute le « vouloir-être-adolescent ». Vers l'âge de 9-10 ans, commence ainsi chez l'enfant ce que l'on pourrait appeler la « démangeaison adolescente ». Bien entendu, les âges suggérés ici n'ont rien d'absolu ; ce ne sont que des moyennes établissant des points de repère pour nos appréciations.

Voici deux mises en situation :

- C'est une jeune maman maghrébine d'un quartier en difficulté qui a deux garçons, l'un de 15 ans et l'autre, bientôt 10 ans. « Mon petit dernier, Mohamed, devient adolescent », dit-elle. Ici la maman a compris le changement et l'accepte.
- Une autre maman, issue quant à elle d'un milieu favorisé a un fils, Julien, 10 ans, comme Mohamed, qui lui demande : « Maman, est-ce que je suis un ado ? ». Elle ne sait que lui répondre. Ici la maman ne comprend pas.

Par sa question, Julien pressent son changement de statut : il a l'intuition de son adolescence naissante. L'enfant, d'une manière générale, en a assez de son enfance, de cette infériorité où on le tient, il veut en sortir au plus vite. Il y a bien longtemps que le psychologue Alfred Adler a remarqué que l'enfant qui est *en bas* aspire à être *en haut*, à sortir de sa situation dévalorisante. L'adolescent est celui qui veut sortir de l'enfance, se débarrasser de ce « sentiment d'infériorité ». Contrairement à tout un tas d'idées reçues, l'enfant n'est pas alors en état de « deuil », il ne vit pas difficilement ce qui lui arrive, avec craintes et angoisses à l'appui. Il aspire plutôt à devenir un autre, supérieur à celui d'avant ; sa mutation, il la désire. Il veut quitter le statut de l'enfance, qui n'est « douillet » en réalité que pour l'adulte. Il n'est pas, comme on dit couramment encore, dans une sorte d'entre-deux : entre la peur et le désir de grandir (avec des comportements régressifs quelquefois). Il a choisi, définitivement choisi : il veut grandir, et le plus tôt et le plus vite sera le mieux. Il cherche donc par tous les moyens à s'identifier à ses « grands pairs », il s'imprègne peu à peu, irrésistiblement, du langage, des attitudes et des goûts de ses aînés. Cet univers adolescent, minutieusement mis en scène par l'appareil médiatico-commercial (on a pu parler à cet égard de « fabrique d'adolescence »), est fortement valorisé par l'enfant, qui s'y glisse avec délices. Ce faisant, il grandit alors même qu'il n'a pas encore atteint le stade pubertaire ; la maturation psychique, en effet, n'est pas liée à la maturation physique ni conditionnée par elle, mais il est vrai que cette dernière renforce, le moment venu, la maturation mentale.

Je ne reviens pas ici sur le découpage qu'avec ma collègue Marie Cipriani-Crauste j'ai présenté dans *Le bonheur d'être adolescent*[68], à savoir la distinction entre la « petite (ou jeune) adolescence » (de 10 ans à 12,5 ans), la « moyenne adolescence » (de 12,5 ans à 13 ans) et la « grande adolescence » (14 ans) : le lecteur intéressé se reportera utilement à cet ouvrage.

Intéressons-nous à la « petite adolescence », sans doute la plus passionnante des trois.

Vers l'âge de 10 à 12 ans, les jeunes sont bien de « jeunes adolescents » et non des « préadolescents[69] ». Cette dernière expression est aussi scientifiquement insignifiante que « post-adolescent », autrefois largement utilisée et délaissée aujourd'hui au profit d'« adulescent». Les psys auront beau rappeler, encore et encore, qu'à 10 ans il est trop tôt pour être adolescent, qu'il faut laisser s'achever le travail de l'enfance (c'est quoi au juste ce «travail»?) ou conclure, avec grand dépit, que ce n'est pas parce qu'on ressemble à un adolescent qu'on en est un, ce en quoi ils ont tort. En effet, Marie Cipriani-Crauste et moi avons montré que l'imprégnation de l'esprit adolescent entraîne incontestablement une modification sensible de l'esprit de l'enfant. Les psys auront beau crier au feu, ils n'empêcheront pas ce rajeunissement voulu de l'adolescence, phénomène aujourd'hui inexorable. Conséquence? Celle qu'observe le pédopsychiatre Marcel Rufo lorsqu'il indique (en 2003) qu'il n'a jamais reçu dans son service hospitalier de la Timone, à Marseille, autant d'enfants présentant des pathologies propres à l'adolescence. «Il y a, explique-t-il, de plus en plus de fillettes anorexiques dès âge de 9 ou 10 ans, ce qui était inconcevable avant chez des prépubères, mais il y a aussi des enfants frappés de phobies scolaires à la fin du primaire, et même, ce que je n'avais jamais vu, des schizophrènes de 12 ans...[70].»

Lolitas et lolitos

Lolita: c'était à elle que la publicité vouait ses appas, elle était l'acheteuse idéale, sujet et objet de chaque affiche, de chaque réclame frauduleuse.

VLADIMIR NABOKOV, *Lolita*

Chacun de nous constate que les enfants d'aujourd'hui ne sont plus tout à fait des enfants, qu'ils ne s'habillent plus et ne se comportent plus vraiment comme des enfants (au sens que nous donnions naguère à ce terme de «petits» garçons ou de «petites» filles). Au temps de mon enfance, par exemple, dans les années 1950, les enfants s'habillaient et se conduisaient comme des enfants (c'est-à-dire de manière très enfantine). Ils ne portaient pas de marques (vestimentaires), enfin pas beaucoup, et celles qu'ils portaient, de toute façon, n'étaient pas très prestigieuses, elles ne faisaient rêver personne. À vrai dire, on se fichait des marques en ce temps-là, on n'en avait pas besoin pour se sentir bien dans son enfance : « la marque ne faisait pas le bonheur ». Les enfants actuels aiment les marques et semblent n'en être jamais rassasiés.

Pour entrer directement dans notre sujet, avec le phénomène « lolita », nous sommes donc bien face à une anticipation de l'adolescence jugée, je l'ai dit précédemment, comme un âge prestigieux par les enfants et dans lequel, par conséquent, ils aspirent à entrer au plus vite. Le « complexe médiatico-marchand », comme on parlait naguère aux États-Unis d'un « complexe militaro-industriel », a permis de donner à ce phénomène sa pleine dimension. La volonté de certaines mères a fait le reste. En revêtant leurs enfants des tenues symboliques de l'adolescence, elles affirment ou espèrent ainsi éviter la venue tourmentée de la puberté et faire l'économie de la « crise » : « Je t'habille comme une grande, semblent-elles dire à leurs filles, tu n'as donc aucune raison de t'opposer à moi. » Habile manipulation s'il en est ! N'oublions pas non plus la volonté de ces mêmes mères de profiter de ce phénomène pour conserver elles-mêmes une allure « lolita ». Refusant leur propre vieillissement, ces femmes, s'habillant comme de grandes adolescentes, viennent ainsi brouiller les frontières entre les générations. À travers sa fille (phénomène de projection), la mère veut vivre des situations dont elle a pu être frustrée ou, au contraire, revivre des moments dont elle a pu garder la nostalgie.

Le phénomène « Lolita » est observé en France depuis les années 2000. De toutes jeunes filles, âgées de 7 ou 8 ans à 12 ou 13 ans, débarquent soudainement sur la scène médiatique. Depuis lors, elles ne l'ont jamais vraiment quittée, même si elles font moins parler d'elles (dans la presse).

Une lolita est soit une grande enfant de 7 à 9 ans dont le regard est tourné vers l'adolescence, soit déjà une jeune adolescente de 10 à 13 ans. Dans le premier cas, elle est impubère et, dans le second, à peine pubère (un quart des filles, rappelons-le, ont leur puberté dès 10 ou 11 ans, soit dès la fin du primaire pour certaines).

Être une « lolita » en 2008-2009 est une situation banale pour la jeune adolescente. Ça ne l'était pas en 1955 quand Vladimir Nabokov publiait son célèbre roman, *Lolita,* qui fit d'ailleurs scandale à l'époque (on devait tirer deux films de ce roman, l'un de Stanley Kubrick en 1962, et l'autre en 1998, interprété par Jeremy Irons).

La « lolita » de Nabokov, Dolorès, qui est âgée de 12 ans et dont on trouve des traces chez Ronsard, Baudelaire, Maupassant et Zola, n'a aucune ressemblance avec la lolita actuelle. Au dire de Nabokov, une « lolita » est toute jeune fille qui a des rapports sexuels avec un homme plus âgé qu'elle d'au moins 10 ans, mais qui est plutôt âgé de 30 ou 40 ans. Dolorès, qui tombe amoureuse d'un quadragénaire, est jugée perverse et démoniaque.

La lolita de 2009 est fort différente. Elle a des signes particuliers : des bagues au doigt, des bracelets, des tatouages ; elle est maquillée et a les ongles colorés. Mais c'est surtout par les vêtements qu'elle se distingue des autres jeunes filles. Elle porte des jupes très courtes ou des pantalons moulants, des collants, un bustier court, qui découvre son nombril, quoique cette mode semble en voie de disparaître, un soutien-gorge qui met en évidence ses formes naissantes. Elle a choisi des chaussures à talons compensés. De retour d'un voyage à l'île de la Réunion, j'en ai croisé une de 9 ans environ avec une jupe très courte et un sac bleu en bandoulière.

Le modèle identificatoire de la lolita est une adolescente plus âgée – type grande sœur –, une vedette de la chanson, comme Alizée, 16 ans (dont on rappellera que sa chanson intitulée *Lolita* fut vendue en France à plus d'un million d'exemplaires), Britney Spears, Christina Aguilera, Lorie, ou bien une top-modèle comme Laetitia Casta. La « lolita », à l'image de cette dernière, est mince au point de mettre sa santé en danger. On sait combien le culte de la maigreur dans le mannequinat a fait des ravages dans les corps et les têtes de nos jeunes. On signale aujourd'hui en France des cas d'anorexie mentale chez de toutes jeunes filles de 9 ou 10 ans.

Tous ces modèles identificatoires incarnent la beauté, le dynamisme et la joie de vivre, et voilà pourquoi ils sont choisis. Autant dire que ce n'est pas le modèle adulte proprement dit (celui de la maturité) qui est admiré chez ces toutes jeunes filles qui ne se prennent pas pour des femmes, contrairement à ce qui a pu être dit ici ou là. Mais, assurément, au nom d'une « petite féminité » pourrait-on dire, elles entrent, pleinement conscientes ou non, dans le jeu de la séduction. Pourtant il faut insister sur le fait que la lolita cherche d'abord à se plaire et à être bien dans sa peau. Ce qu'elle fait, elle le fait d'abord pour elle-même. Elle le fait ensuite pour ses amies, pour être bien avec elles, s'en faire aimer. Ce n'est qu'à la fin, quand elle est plus âgée, qu'elle agit pour la conquête de l'autre sexe, non sans risques quelquefois.

De la séduction à la provocation, la distance est courte, en effet. C'est toute l'ambiguïté que l'on a pu observer chez la chanteuse Alizée. Sa chanson *Lolita* est un subtil mariage de paroles provocantes ou troubles et au goût de scandale mises dans la bouche d'une mineure et d'un look aguicheur sans en avoir l'air. Souvenons-nous : « Quand je donne ma langue au chat, je vois les autres tout prêts à se jeter sur moi... Quand je rêve aux loups, c'est Lola qui saigne... Oh ! Loup, y es-tu pour moi, tu fais la promesse et si je m'offre à toi, c'est en milliers de baisers de tendresse ». Et que dire des images du clip ? Une petite histoire y est mise en scène, celle d'une adolescente qui vit à la campagne et emprunte de l'argent à un homme plus âgé qu'elle pour s'enfuir du domicile parental. On la retrouve en boîte en compagnie de sa jeune sœur, séduisant les jeunes danseurs sous le regard jaloux de l'homme qui lui a prêté de l'argent. Interrogée sur l'ambiguïté des paroles de ses chansons ou de la légèreté de ses tenues vestimentaires, Alizée se défend : « Je me lance à fond dans mon personnage, dit-elle, mais en gardant des limites parce que je n'ai que 16 ans. Je crois qu'il n'y a rien de choquant dans ce que je chante ou dans ma tenue courte et décolletée. » Mais d'ajouter ailleurs qu'« un brin de provocation n'est pas pour lui déplaire ».

Lolita (rebaptisée *Trop jeune pour aimer*), c'est encore la chanson de Céline Dion en 1998, avec les mêmes paroles sulfureuses. « Lolita n'est pas trop jeune pour aimer/N'est pas trop jeune pour se donner/Quand le désir dévore son corps/Jusqu'au bout de ses doigts/Jamais trop jeune pour aimer»... ou bien « Toutes ces nuits toute seule dans le noir de ma chambre/À rêver que tu viens me prendre/Me feras-tu encore attendre des jours, des mois/Si tu ne viens pas, ce sera un autre/Si ce n'est pas toi, ce sera ta faute. »

Le « lolito », ainsi que je l'ai nommé naguère (pour la première fois dans une interview au journal *France Soir*, réalisée le 23 mai 2003 par Delphine Peras). « Il faut voir, déclarais-je alors, ces "lolitos", des gamins de 10, 12, 13 ou 14 ans qui s'habillent comme Jipé de la *Star Academy* ou Steevy du *Loft* ». Ces garçons sont en effet, en moyenne, un peu plus âgés que les « lolitas ». On les voit déambuler encore aujourd'hui dans le quartier des Halles, à Paris, par exemple.

Voici trois exemples de « lolitos » croisés précisément dans ce quartier, un jour de mai 2008. Le premier, le plus petit, le plus frêle, qui paraît le plus jeune (11 ou 12 ans), est vêtu d'une veste rouge, d'un t-shirt à col en V, d'un pantalon slim (serré et étroit aux chevilles) et de baskets noires (basses). Le deuxième, un peu plus âgé, porte une veste de velours marron très seyante, un t-shirt à col en V, un pantalon slim de couleur foncée, des chaussures de ville noires à bout pointu. Le troisième, le plus grand, 14 ans environ, porte un blouson noir avec une grosse inscription dorsale, un t-shirt à col en V, lui aussi, et des baskets blanches. Les trois garçons ont les cheveux longs et ne portent, selon l'usage adolescent, aucune montre au poignet. Ils n'ont ni collier ni bague, ni maquillage, ni gel capillaire.

Le « lolito », par sa parure largement inspirée des émissions télévisées « branchées » (*Star Académy, Nouvelle Star)*, manifeste sa ferme volonté d'être considéré comme un (grand) adolescent. Mais l'histoire du « lolito » reste à écrire, n'ayant pas fait l'objet de la même attention que la « lolita », très médiatisée. L'analyse est à poursuivre.

* * *

Un mot sur le déroulement de l'adolescence, thème central du *Bonheur d'être adolescent*[71]. Le fait capital est la relation qui s'établit entre l'institution scolaire et la personnalité adolescente. Le « grandissement » de l'adolescent est fonction à la fois de son âge et de son niveau scolaire. Chaque année scolaire demande de sa part un nouvel ajustement. Chose certaine, l'âge de l'entrée au collège ou au secondaire, qui suit d'une année le début de l'adolescence, est celui du conformisme : chacun doit appartenir à un groupe et se conformer strictement à ses règles.

Comment et à quel moment sort-on de l'adolescence ? La fin de cet âge correspond-elle à la fin de la croissance physique, à la capacité acquise de procréer, à l'accès à la capacité intellectuelle d'échanger d'égal à égal avec l'adulte et au début de l'insertion sociale et économique ?

Les neurologues (qui ne distinguent pas adolescence et jeunesse) considèrent que cette période est terminée lorsque le tissu cérébral est entièrement constitué, à l'âge de 20 ans. Pour leur part, les spécialistes de la croissance font coïncider la fin de l'adolescence avec la fin de l'ossification, qui se termine par la clavicule, à l'âge de 25 ans.

Je soutiens pour ma part l'idée que, si l'adolescence commence plus tôt, elle se termine aussi plus tôt pour céder la place à la jeunesse, un âge auquel elle est encore trop souvent confondue. Je désigne par le terme « jeunesse » l'âge qui suit l'adolescence et précède l'âge adulte. À la fin du collège (troisième secondaire, au Québec), il se produit en effet un véritable « déni d'adolescence ». Le lycéen (quatrième et cinquième secondaire au Québec) ne veut plus être assimilé aux clichés liés à l'âge précédent : il se sent « jeune » à présent. J'ai montré, avec Marie Cipriani-Crauste, que ce qui différenciait la jeunesse de l'adolescence, c'était un « sentiment d'être » différent - le sentiment de jeunesse - qu'il faut préciser.

La période de la jeunesse commence par une « déconformisation » progressive qui amène une conscience plus aiguë de l'avenir, une représentation plus précise de l'orientation professionnelle et l'impression d'être désormais l'artisan de son destin. La jeunesse moderne ne correspond plus aux clichés habituels d'insouciance et de naïveté, probablement induits par son étymologie, *juvenis* signifiant, chez les Romains, « peu avancé en âge ». Être jeune c'est se sentir différent à la fois des individus plus jeunes et des individus plus âgés. Entre l'âge de 15 et 18 ans, l'individu a moins besoin d'un large groupe de copains qu'à 13 ou 14 ans ; il préfère des groupes d'amis plus restreints, choisis avec soin et il est moins soumis au conformisme. « Au collège, se souvient Mathide, 16 ans, si on n'est pas habillés comme tout le monde ou si on n'écoute pas la même musique que tout le monde, on est rejetés. Les gens sont alors classés par catégories et chacun reste avec son groupe.

Au lycée tout va mieux. Vous avez le droit d'exister en tant qu'individu. On n'est pas regardés pour la façon dont on s'habille. » Désormais, les amitiés viriles des garçons (copinage) sont concurrencées par les amitiés amoureuses, par la quête de l'amour hétéro-sexuel, homosexuel parfois. « Faire l'amour avec un garçon, avoue Edita, 14 ans, c'est un grand pas dans la vie. Après cela, tu n'es plus un enfant, tu n'as plus besoin de ta mère. » Le jeune est aussi moins en conflits avec ses parents, qui l'acceptent mieux comme personne à part entière. C'est un garçon (ou une fille) plus tranquille, qui voit la vie avec plus de recul.

Ce troisième âge de la vie a cette particularité d'être, de nos jours, interminable, pour des raisons à la fois psychologiques et sociales. Les jeunes entendent conserver leur « jeunesse » le plus longtemps possible. L'âge adulte (qui n'est plus le référent social) ne représente plus en effet un idéal de vie. Tous les jeunes cependant ne goûtent pas la dépendance familiale. Florian, 17 ans, est de ceux-là : « J'aimerais payer mes factures, mon appartement, avoir un métier, gagner de l'argent tous les mois, être indépendant. Ne pas être obligé de dépendre des parents. Ce serait une fierté pour moi de m'assumer tout seul. »

L'adolescent, une personne à part entière

Je me suis aperçu que mon fils avait atteint l'âge de raison le jour où il a cessé d'avoir recours à la mienne.

Albert Brie

Depuis longtemps, l'adolescence a mauvaise réputation. On réduit d'ordinaire le sujet adolescent à ses états psychologiques réels ou supposés, que l'on juge essentiellement négatifs ; ainsi, on le dit mélancolique, vindicatif, revendicatif, violent, drogué et que sais-je encore ? Aristote, déjà, soulignait tous ces supposés vilains traits de caractère. Anorexie par ici, boulimie par là, toxicomanie, l'adolescence semble concentrer tous les malheurs de la vie.

Or l'adolescent ne saurait se résumer à une collection de défauts ou de pathologies, dont certains sont purement et simplement sortis de l'imagination fantasmatique adulte. Il est une véritable personne, qui se découvre d'ailleurs comme telle.

Prenons l'exemple d'Aurélien. Aurélien était « le fils de»... À présent, il entre dans son existence propre, il sent qu'il est *lui* et pas un *autre*, un être unique, entier, distinct de tous les autres. Aurélien est émerveillé. Se découvrir plein de *soi-même*, selon l'expression de Sartre appliquée à Baudelaire, c'est extraordinaire. Point étonnant dans ces conditions que l'adolescent revendique une situation d'égalité avec les adultes, d'autant plus que le contexte politique démocratique pousse de tous côtés au dialogue et à la participation.

L'adolescence, vécue de l'intérieur[72], contredit l'image habituellement véhiculée. Aller à la rencontre de ces garçons et de ces filles dans la fleur de l'âge conduit à un abandon des idées reçues. De l'inventivité, de la créativité, de l'initiative, les adolescents en sont abondamment pourvus. L'adolescence est vraiment une période de bouillonnement humain et culturel. C'est aussi le temps de l'adhésion aux grandes valeurs, comme la justice, qui a pu faire justement qualifier cette génération de « génération morale » (Laurent Joffrin).

L'adolescent souffre en somme de « jugements de dé-valeurs » ; s'il a des défauts, s'il commet des erreurs (comme tout le monde), il possède d'incontestables richesses (comme les autres), que nous serions avisés de reconnaître et de mettre à profit.

L'adolescent, comme le bébé, est bel et bien une personne. J'entends par là un sujet appelé à l'épanouissement dans la recherche d'un équilibre dynamique et en relation profonde avec autrui. Si, comme l'enfant, l'adolescent n'est pas une « grande personne » (mais pas une « petite », non plus), il n'est pas, en tout cas, une « grande personne en réduction ». Il est un être particulier - moins singulier qu'on le dit -, qui a sa manière propre de sentir, de comprendre et de s'affirmer. Bien entendu, comme chaque fois qu'on parle d'une personne, nous devons en avoir une vision *positive*, nous souvenant que seuls les comportements sont parfois *négatifs*, pas les individus.

Si l'adolescent est donc une personne, c'est bien son développement et son expression personnels que nous devons avoir en vue.

Or beaucoup d'entre nous, parfois à notre insu, tentent de substituer leur personnalité à celle de l'adolescent. De même qu'autrefois nous *faisions* les choses à la place de l'enfant, maintenant nous *pensons* pour l'adolescent.

L'idée de « personnalisme » dont j'ai parlé plus haut est donc à présent centrale. Être « personnaliste » en famille n'est pas chose aisée pour nous, parents. Cette attitude suppose en effet un travail permanent sur soi, une pleine connaissance de qui l'on est et des ajustements relationnels constants. Elle n'est pas chose aisée non plus pour les adolescents habitués à être commandés (puis à protester contre ces commandements) ; l'attitude personnaliste exige d'eux une pleine conscience de soi, de ses capacités et de ses ressources. Il faut pourtant, derrière l'étiquette d'« adolescent », retrouver la personne avec ses sentiments, ses pensées, ses attitudes, ses craintes et ses besoins, bref avec son expérience vécue.

L'adolescent, une personne-ressource

C'est le moment de la pleine adolescence, le temps de la vraie jeunesse où l'on trouve tout beau, où l'on est robuste et bien portant, où l'on ne doute de rien et où l'on commence la vie en ayant le cœur plein d'espoir.

L'Éducation nationale, 1893-1894

Nous l'avons vu, l'adolescence est souvent présentée comme une *perte* : perte de l'enfance, de la stabilité, etc. J'aimerais montrer ici qu'elle est au contraire un *gain* : la maturité, sexuelle avant tout, des capacités intellectuelles accrues, des désirs pour l'avenir appuyés sur des projets et des ambitions. L'adolescence, c'est une force qui progresse, c'est encore le mouvement, l'expérimentation, l'ouverture sur d'autres horizons que l'horizon familial ou scolaire, une plénitude de projets et une bonne dose d'audace. Retenons donc l'idée qu'en général, l'adolescence est moins un ensemble de problèmes qu'un ensemble d'opportunités.

C'est en effet un âge où le jeune est doté de capacités d'adaptation extraordinaires, de mobilité et de facilité à communiquer grâce à la technologie. C'est un âge d'intelligence sous de multiples formes, un âge « extra », pour reprendre le mot du chanteur Léo Ferré. C'est la période d'expression privilégiée de la personnalité où progressent tout à la fois la réflexion et le jugement. L'adolescent, pour reprendre le terme de Piaget, accède enfin à la pensée formelle, qui lui donne la capacité de formuler des hypothèses, de combiner divers éléments de la pensée, de développer de nouvelles formes de logique. Qu'il soit des « beaux quartiers » ou des « cités », il a des ressources personnelles qu'il ne soupçonne pas toujours lui-même. À nous de les lui révéler, en ayant à son égard ce que Carl Rogers nommait justement une « attitude de considération positive inconditionnelle ».

Voici quelques témoignages qui illustrent ce que les adolescents perçoivent des changements qui se produisent à cette période de leur vie (lien ajouté par moi) :

> Par rapport à l'enfance, il y a pas mal de choses qui ont changé. Je suis moins timide, j'ai plus confiance en moi.
>
> WINNIE, 15 ans

> C'est un âge passionnant, l'adolescence, où on découvre des tonnes de choses. Rien que me balader dans Paris, explorer des quartiers que je ne connais pas, j'adore !
>
> MATHILDE, 16 ans.

> Il y a des points positifs à être ado ; tu peux sortir comme tu veux, traîner avec les copains. C'est une période sympa où tu commences à rencontrer des filles. C'est aussi le moment où tu apprends le plus de choses.
>
> FLORIAN, 17 ans.

L'adolescent, un être beau et fort

On se souvient du discours convenu : l'adolescent ne s'aime pas ; son nouveau corps est pour lui une source d'angoisse et de préoccupations diverses, d'où cette idée de perte de repères du sujet vis-à-vis de son image corporelle. Tel est l'adolescent *abstrait* ou « cas clinique », que nous présente le point de vue pédo-psychiatr-analytique. Or l'adolescent *concret* se distingue de cet adolescent-là.

Contrairement à ce qui se dit habituellement, c'est plutôt l'enfant qui n'a pas une claire conscience de son corps ou qui n'en a qu'une conscience partielle. L'adolescent, lui, accède progressivement à une pleine conscience de ce qu'il est, et cela, non sans un grand plaisir. Avec l'avènement de la puberté, il découvre que son corps est un instrument formidable qui lui procure de nouvelles sensations, des sensations fortes, qu'il s'attache à explorer.

Quoiqu'on dise, par conséquent, l'adolescent aime son corps. Il sait d'ailleurs le pouvoir de séduction qu'il exerce sur les autres. Qui n'a pas en mémoire le bel Adonis de la mythologie grecque ? Aujourd'hui, via la publicité, la société marchande ne rend-elle pas ce corps désirable et désiré ? Et puis, plaire et déplaire ne participe-t-il pas au processus d'identité sociale ? Sans conteste, le corps donne à l'adolescent le sentiment de son existence et de sa force nouvelle.

Le corps pubère masculin est plus puissant (ce caractère sexuel secondaire est souvent oublié ou négligé !) ; on estime que la masse musculaire devient six à sept fois plus importante que celle de l'enfant (la force du poignet doublant par exemple entre l'âge 14 et 17 ans). Conséquence, l'adolescent cherche à mettre sa force à l'épreuve, ce qu'il fait dans le sport, qui peut être « extrême » quelquefois. Le corps féminin lui, devient plus gracieux grâce notamment à la poitrine qui se développe (caractère sexuel secondaire lui aussi insuffisamment souligné). L'adolescente a donc plaisir à montrer ce corps, à l'exhiber parfois. Comme il est loin à cet instant, le temps où le psychologue français Pierre Mendousse, évoquant la jeune fille, pouvait parler d'« âge de disgrâce » !

Le corps adolescent est de surcroît paré minutieusement : les vêtements et la coiffure font l'objet de la plus grande attention.

L'adolescent, garçon ou fille, fait du corps et du vêtement une seule entité ; on peut dire à cet égard que le vêtement est le prolongement de la personne. L'adolescent est donc, comme il a été dit, très attentif à son aspect extérieur, et c'est du mieux qu'il peut qu'il soigne sa parure, par quoi j'entends les vêtements portés et la manière de les porter ainsi que la décoration du corps proprement dite. Aux bijoux traditionnels tels que les colliers et les bracelets, s'ajoutent aujourd'hui des tatouages et des piercings. Rien n'est laissé au hasard. Chaque partie du corps est l'objet de soins minutieux.

En résumé, l'adolescent, garçon ou fille, est beau, et cela nous ennuie. Est-ce la raison pour laquelle il est toujours question pour nous de dévaloriser ce corps juvénile ? De parler des formes disgracieuses des jeunes filles, des disproportions marquées des garçons (sans compter leur épouvantable acné - que Dolto, fort opportunément, reliait plutôt à certaines conduites méprisantes des adultes) ?

Le corps, précieux pour chacun de nous, l'est aussi pour l'adolescent : il est le support de toutes ses identifications, il symbolise sa personnalité. Le corps, c'est en effet la première chose que l'autre voit, qui détermine le jugement des autres. Avec son corps, l'adolescent plaît ou déplaît (il faut ici redire combien la séduction fait partie du processus d'insertion sociale).

L'adolescent, un être pensant

Il y avait eu un âge où il avait éprouvé
pour ses parents un sentiment
de respect presque religieux, car il
lui semblait alors qu'ils étaient parfaits et
que cette perfection leur donnait
une autorité aimable et indiscutable.

ALBERT MORAVIA, *La Désobéissance*

Devenir adolescent, c'est prendre pleinement conscience de soi et des autres (avec leurs défauts et leurs insuffisances), c'est encore découvrir sa propre pensée. Jusqu'à l'âge de 9 ou 10 ans, l'enfant a seulement la capacité d'organiser ses connaissances, il n'est pas véritablement en mesure de s'interroger sur leur valeur : il admet donc, sans les discuter, les savoirs qu'on lui enseigne et qu'on lui transmet. À l'adolescence, il éprouve le besoin, et a désormais la capacité de soumettre à l'épreuve de son propre jugement les idées des autres, de ses aînés surtout. Jean-Paul Sartre a écrit une très belle page où il évoque ce moment crucial qu'est la sortie d'enfance : « Le drame commence lorsque l'enfant grandit, dépasse les parents de la tête et regarde par-dessus leur épaule. Or derrière eux il n'y a rien : en dépassant ses parents, en les jugeant peut-être, il fait l'expérience de sa propre transcendance. Son père et sa mère ont « rapetissé » ; les voilà minces et médiocres, injustifiables, injustifiés ; ces majestueuses pensées qui reflétaient l'univers tombent au rang d'opinions et d'humeurs[73]. » Les psychanalystes nomment cette attitude la « désacralisation » parentale. Si l'on admet cette idée, il faut ajouter que cette désacralisation n'est pas un projet en soi de l'adolescent, elle n'est qu'une conséquence de son nouveau pouvoir de jugement qui lui fait apparaître mieux, à cet instant, nos limites, nos faiblesses et nos plus infimes défauts d'adultes. Doté désormais de formidables capacités critiques, l'adolescent réinterroge ce qu'il sait et qu'on lui a appris à l'école ou en famille. Avec ce pouvoir, il est à présent capable de nous juger moins comme parents que comme personnes.

Il teste aussi ses propres idées, les met à l'épreuve du raisonnement, les affine au besoin, se met à l'écoute de soi et devient en quelque sorte curieux de lui-même. Capable de réfléchir, y compris sur la pensée elle-même, il juge de tout, essayant de dégager une position personnelle sur les questions qu'il soumet à son examen. Mais l'adolescent concret (celui dont je parle dans ce livre) vit dans son temps et, comme ce temps est vide de grandes pensées et de systèmes philosophiques, qu'il est plein, au contraire, d'objets et de « matériel », ses comportements évoluent en conséquence. L'adolescence n'est donc plus, comme on peut encore le lire couramment dans les livres « pédo-psychiatr-analytiques », le moment des « grandes constructions intellectuelles » ou des « grandes envolées philosophiques[74]. »

Il se produit en tout cas une véritable égalisation intellectuelle entre lui, l'adolescent, et nous, les adultes, ce qui donne moult occasions de conflits. De là cette pirouette qui consiste de notre part à nier ce « grandissement » de l'enfant en s'amusant de ses idées, en les tournant en ridicule. Comment l'adolescent ne se troublerait-il pas devant pareille conduite ? Assurément, la fragilité si souvent invoquée pour parler de l'adolescent et de son manque de confiance en lui, n'est que le résultat de nos pitoyables conduites à son égard.

Pourtant, je le redis, l'adolescent a grandi. Il voit plus de choses qu'auparavant, il les comprend mieux. À l'image de Julien, 16 ans, que j'ai interviewé dans le cadre de mon travail, il se pose, beaucoup de questions, des questions existentielles et cherche quelquefois désespérément des réponses. Il s'intéresse à beaucoup de choses. Selon la très imagée expression de ce jeune homme, il manifeste un véritable « désir d'intérêt ». C'est donc bien une « ouverture » d'esprit qui le caractérise. L'adolescent n'est ni instable ni indécis dans ses jugements. Il expérimente, essaie de trouver ce qui lui convient le mieux. Le mal-être de l'adolescent tient dans cette contradiction : avoir la faculté de penser et être dans l'incapacité de décider ; il n'échappera à personne que la question est politique.

L'adolescent, un être doté d'intelligence

Qui parle aujourd'hui de l'intelligence des adolescents ? Faut-il rappeler que, dans les années 1960, le CNRS (Centre national de la recherche scientifique), par exemple, n'engageait, dans sa section « mathématique », que de jeunes chercheurs, les grandes découvertes mathématiques étant censées être faites par des jeunes ? On chercherait en vain aujourd'hui dans les « manuels psys » à la mode un développement au sujet de l'intelligence des adolescents. Au mieux nous parle-t-on de leur « créativité » (non sans quelque soupçon sur sa nature). Prenons l'exemple des fresques murales, autrement nommées « graffs ». Il en existe de remarquables, et pourtant, ces petits chefs-d'œuvre d'art adolescent contemporain sont encore très souvent perçus comme des souillures urbaines.

Comme le « surdoué », le « créatif » fait en effet un peu (mauvaise) « tache » sur la palette adolescente. Prenons un dernier exemple, celui de la révolution numérique. Les adolescents et les jeunes en sont les fers de lance. Si l'on prend l'exemple français (somme toute assez représentatif de la situation dans la plupart des pays industrialisés), selon les chiffres du Centre inter-associatif enfance et médias de septembre 2007, 96 % des jeunes de 10 à 17 ans surfent presque tous les jours sur l'internet, 60 % des jeunes de 12 à 17 ans sont des utilisateurs de la messagerie instantanée et la France est championne du monde des blogs d'adolescents ! Plus impressionnant, 67,5 % des jeunes déclarent se servir de plusieurs médias en même temps.

Si l'on connaît assez bien le développement de l'intelligence durant la petite enfance, il n'en est pas de même à l'adolescence. Pourtant on assiste durant cette période à une croissance « quantitative » et surtout « qualitative » de cette intelligence.

Mais d'abord qu'est-ce que l'intelligence ?

L'intelligence est une énergie mentale qui s'exprime sous forme de multiples capacités : verbales, manuelles, rationnelles... Ces capacités ne se développent pas également chez tous. Certains ont une intelligence pratique, d'autres une intelligence abstraite ; d'aucuns excellent dans la dialectique, d'autres, enfin, dans la « gymnastique » mathématique.

Jean Piaget nous rappelle justement que l'intelligence représente le niveau le plus élevé de l'adaptation mentale, l'indispensable instrument des échanges entre un sujet et son milieu ; elle consiste en une somme d'opérations actives en complète transformation qui permettent à un individu de s'adapter à son environnement.

L'intelligence de l'enfant et celle de l'adolescent ne sont pas comparables. La caractéristique de l'activité intellectuelle de l'enfant est le réalisme et l'impossibilité de toute dialectique ; l'enfant ne peut se détacher de lui-même ; le monde est incorporé à son *moi.* Entièrement soumis à sa subjectivité, l'enfant est dominé par ses forces émotives.

Il paraît utile ici de reprendre l'analyse de Piaget qui distingue, en gros, trois formes successives d'intelligence :

- L'intelligence sensori-motrice qui ne comporte ni images ni concepts. L'expérimentation alors faite permet malgré tout de construire les premiers schémas de compréhension. Ce stade va de la naissance à 18 mois;
- L'intelligence pré-logique rendue possible par l'apparition de la fonction symbolique;
- L'intelligence logique, qui se constitue en deux temps: l'intelligence logique concrète de 7 à 11 ou 12 ans, puis l'intelligence logique abstraite avec palier d'équilibre vers 14 ou 15 ans.

C'est ce dernier stade qui correspond à l'adolescence, qui nous intéresse ici. Alors qu'au stade précédent, surtout vers 7 à 10 ans, l'enfant est encore incapable de résoudre un problème sans passer par l'expérience, la manipulation concrète et l'observation, l'adolescent de 10 à 15 ans peut manier des idées sans se référer à la réalité concrète. Il peut raisonner sur un problème comme sur une hypothèse et combiner les propositions dans l'abstrait. La pensée, pour reprendre l'expression du psychologue suisse, devient hypothético-déductive. L'adolescent peut en effet discuter à partir d'une hypothèse sans se préoccuper de son lien avec le réel; son intelligence est capable d'opérer sur des signes détachés de la réalité, de se rendre compte qu'une conclusion peut être valable, indépendamment de la vérité du point de départ.

Penser abstraitement représente une formidable avancée intellectuelle pour l'adolescent. Cela lui permet, par exemple, de penser la religion, et non plus telle ou telle religion, de penser la justice, et plus seulement les seules relations entre juges et justiciables, de penser l'éducation, et plus seulement les matières enseignées ou les rapports prof-élèves.

Il s'ensuit un formidable sentiment de liberté et de puissance: l'adolescent se sent désormais à la hauteur de l'adulte dans sa façon de raisonner; il est en mesure de discuter avec lui « à armes (plus) égales ». Avec le développement de la pensée progressive, on assiste à un élargissement de toutes ses facultés intellectuelles. La mémoire est désormais capable de retenir des idées, et plus seulement des mots. La pensée est capable maintenant de toutes les formes d'analyse et de synthèse.

En résumé, l'adolescent sait à présent induire et critiquer (y compris ses propres croyances), il sait ordonner sa pensée et la communiquer. Pour lui, faire l'expérience de son intelligence, c'est proprement magique. L'adolescent acquiert par là même une nouvelle estime de soi, que nous pouvons, hélas, briser net si nous n'acceptons pas qu'il puisse penser par lui-même et donc, par définition, différemment de nous.

L'adolescent, un être sexuel

Pour la psychologie classique anté-freudienne – qui ne reconnaît pas l'existence d'une sexualité infantile – la puberté signe véritablement le démarrage de l'activité sexuelle. Le mérite d'avoir découvert et reconnu l'existence de la sexualité infantile revient à Freud.

Je reviens sur cette question, mais très sommairement. Freud montre que l'enfant connaît d'abord une première phase sexuelle, dite « stade oral », qui se caractérise par la succion du sein de la mère ; c'est un premier plaisir en même temps que la satisfaction d'un besoin primaire : se nourrir. Cette phase dure jusqu'à l'âge d'un an environ. Suit une deuxième phase, appelée « stade anal », au cours de laquelle l'enfant tire une jouissance de l'évacuation des selles. Elle dure jusqu'à l'âge de trois ans. Ces deux phases sont dites « prégénitales ». À partir de trois ans, et jusqu'à six ans approximativement, l'enfant découvre une nouvelle zone érogène, ses parties génitales proprement dites : c'est le « stade phallique ».

Jusque-là, le raisonnement freudien est « raisonnable » et acceptable, puisqu'il confirme les réalités observées. La suite de l'analyse est en revanche plus sujette à caution. Freud nous explique que, précédant directement la phase pubertaire, entre 6 et 10-11 ans, il y a la période dite de « latence » (qui suivrait elle-même la résolution du « complexe d'Œdipe » sur lequel je reviendrai ultérieurement). Cette période est caractérisée par une décroissance des poussées instinctuelles, principalement sexuelles. L'enfant s'intéresse au monde extérieur et davantage à la morale qu'à la sexualité. Il est plus serein. En somme, pour employer le vocabulaire psychanalytique, l'enfant se « sublime » tout seul en s'intéressant à des activités sociales et intellectuelles et en se détournant par là même des choses du sexe.

Qu'est-ce qui autorise à soutenir pareille idée que « l'âge de latence » est un âge de calme et d'équilibre, un temps de répit pulsionnel et de désintérêt sexuel ? Le fait que l'enfant soit devenu plus sociable a-t-il jamais empêché qu'il soit moins violent et moins agité par la « chose sexuelle » ?

Période de latence, période du « détournement » de l'idée sexuelle, voilà donc un point de vue qui ne peut que laisser perplexe. Les observations sur le terrain montrent que l'« âge de latence » ne signifie aucunement un arrêt du processus sexuel chez l'enfant ; celui-ci poursuit sa maturation. Quant à son intérêt pour les questions du sexe, il ne faiblit aucunement. Cet intérêt est moins verbalisé peut-être, mais il n'est pas moins réel ; on observe ainsi dans les jeux mixtes des pratiques d'attouchement, y compris d'attouchement génital. Autant dire que le désintérêt, le dédain ou le dénigrement, principalement des garçons envers les filles, ne sont que des manières de réagir de ces derniers contre des sentiments amoureux dont ils ne veulent pas paraître victimes. Faut-il rappeler, au grand dam des éducateurs, qu'un élève français du primaire sur deux a déjà vu un film pornographique ?

Le désintérêt pour la chose sexuelle n'est donc qu'un leurre qui a valeur de protection pour chaque sexe qui essaie de s'inscrire plus résolument dans son identité masculine ou féminine. Parce qu'ils n'aiment pas ce qu'ils ne maîtrisent pas, les jeunes adolescents – les garçons en particulier – « s'emportent » contre les filles, mais c'est de leur part pure simulation.

L'avance de la puberté, accompagnée de la vue d'une multitude d'images érotiques ou érotisées, éveille assurément un désir sexuel qui est peut-être fantasmatique » avant d'être physiologique. Dès lors le statut de « grand adolescent » est réclamé à un âge où, dans la génération précédente, pareille question ne se serait pas posée.

La génitalité, c'est génial !

Venons-en donc à l'adolescence pubertaire proprement dite qui, pour la psychanalyse, développe une nouvelle sexualité. Françoise Dolto dit très justement que l'événement marquant au cours de cette période est moins la puberté que la première expérience sexuelle[75], parce que c'est elle qui signe résolument la mort de l'enfance.

Pour la psychanalyse classique, la sexualité adolescente n'est que la continuation de l'activité sexuelle antérieure. La vérité est que cette doctrine veut tout expliquer de l'adolescence par rapport à l'enfance, faisant oublier ainsi les forces dynamiques et créatives propres à cet âge.

Les psychanalystes français (et les spécialistes assimilés) qui abordent la question sexuelle chez les adolescents ont donc tôt fait d'évoquer le complexe d'Œdipe, qui prendrait à la puberté la forme d'un réveil des pulsions incestueuses. À leurs yeux, la puberté constituerait une sorte de « réédition » de ce fameux complexe. Avec la poussée pulsionnelle, se manifesterait de nouveau, chez le garçon, la peur de la castration et, par réaction de défense, une régression à un stade antérieur, c'est-à-dire au stade sadique-anal. Chez la jeune fille, au contraire, cette poussée pulsionnelle prendrait la forme soit d'une imitation des conduites masculines, soit au contraire d'une acceptation de sa féminité, jusqu'aux relations sexuelles complètes.

C'est l'occasion pour nous de rappeler comment l'on est passé du mythe de Sophocle à la « fable freudienne » (construite sur un magistral contresens du mythe, trop rarement signalé).

Freud, on s'en souvient, nomme « complexe d'Œdipe » l'attrait qu'éprouveraient les filles pour leur père, et les fils pour leur mère. Selon Freud, l'image du père apparaît au garçon comme un obstacle à son amour pour sa mère et pour lui-même ; il en résulte de l'agressivité à son égard. Le père est celui avec qui il faut partager l'amour de la mère : c'est le rival. Pour la fille qui cherche l'affection exclusive de son père, la mère est l'obstacle, d'où l'agressivité contre elle.

L'enfant d'un sexe donné admirerait chez le parent de l'autre sexe les qualités qu'on lui attribue habituellement. La fille reconnaîtrait ainsi dans son père l'« homme » avec ses qualités distinctives, comme la force physique ou l'esprit de décision, tandis que le fils trouverait chez sa mère les qualités attribuées à la « femme » comme la douceur ou la capacité de communiquer. Mais, on le sait, ces prétendues qualités distinctives de l'homme et de la femme ne sont que de pures définitions sociales qui expriment des convenances, des choix de pouvoir. Les différences sexuelles sont construites (par la société), elles ne sont pas données (par la nature) ; elles sont éminemment culturelles. Ce qui oppose les individus, c'est moins leur sexe que leur tempérament. Ainsi, les femmes ne présentent pas toutes les qualités qu'on leur prête traditionnellement, et il en est de même pour les hommes. Et quand bien même chaque sexe réunirait les qualités distinctives qu'on a décidées pour lui, celles-ci correspondent, je l'ai dit, à des convenances sociales et peuvent être changées. Imaginons qu'il soit décrété un jour, qu'à l'avenir, les hommes incarneront les valeurs de douceur et de communication et les femmes, celles de la force physique et de la décision. Les enfants auront-ils encore envie d'admirer les qualités du parent de l'autre sexe ? Et puis, sommes-nous certains que l'attrait d'un sexe pour le sexe opposé, tel que l'assure le schéma freudien, est fondé sur le goût des qualités qu'un sexe ne possède pas lui-même ?

Autre chose : qu'advient-il quand, d'ores et déjà, tel ou tel parent, concrètement, ne présente pas les qualités de son sexe ? Imaginons un père doux et communicatif et, au contraire, une mère directive dotée d'un fort esprit de décision. Que deviennent ici les enfants et leur prétendue admiration pour le parent de l'autre sexe (qui ne présente donc plus les qualités que la société a définies pour lui) ?

L'analyse freudienne est sans conteste terriblement réductrice et simplificatrice. Les identifications, comme les alliances (conjugales ou autres) et les aversions, sont avant tout et surtout dépendantes des comportements, liés eux-mêmes aux caractères des individus. C'est précisément là que le freudo-lacanisme pèche, faisant fi du caractère des individus.

Nous l'observons chaque jour, un enfant peut nouer des liens émotionnels avec le parent du même sexe, s'identifier étroitement à lui, sans pour cela manifester un trouble quelconque ; il a tout simplement plus d'affinités avec ce parent-là qu'avec le parent de l'autre sexe. Le jeune garçon qui, par exemple, aime faire des courses en montagne avec son père établit avec lui à cette occasion des liens de grande proximité et de complicité qu'il n'a pas avec sa mère, laquelle n'a pas ce même goût de la montagne. Il désavoue ainsi magistralement, par cette connivence, le conflit œdipien attendu.

Considérons enfin l'âge de l'enfant, un autre oubli fréquent de la psychanalyse (pas très rigoureuse sur ce point). On sait que, quel que soit son sexe, le petit enfant, au cours des 6 ou 7 premières années de sa vie, est plutôt fasciné par sa mère, qui est pour lui le « parent de proximité », celui qui lui prodigue les soins et la sécurité. Durant cette période, le fils est davantage dans la méconnaissance du père que dans la haine de celui-ci. Donc, le petit garçon aime sa maman, qui est le parent présent et réconfortant. Et puis, l'enfant atteint l'âge pubertaire ; pour pouvoir s'identifier aux mâles, il doit, décide-t-on, être séparé des femmes, donc de la mère : c'est la fonction des « rites de passage » dans les sociétés « premières ».

On voit par conséquent que, confrontée au « principe de réalité », la théorie freudienne apparaît comme une formidable fable. L'Œdipe, finalement, est une croyance au même titre que la foi religieuse : on y croit ou on n'y croit pas. Laissons le dernier mot au psychanalyste dissident Alfred Adler, pour qui le fameux complexe n'est qu'un mauvais produit artificiel des mères gâtant leurs enfants, l'une des manifestations de la vie de l'enfant trop choyé.

* * *

Puisque l'adolescent est un être sexuel, il a donc besoin d'aimer et de faire l'amour ; il a aussi besoin (mais n'est-ce pas également notre propre besoin ?) de séduire. La séduction est en effet chez lui quelque chose de très important, surtout quand la mésestime de soi est grande. Pour certains adolescents, le fait d'être apprécié comme « objet sexuel » est le seul moyen de se sentir « quelqu'un ». Il faut savoir qu'au Québec l'âge moyen de la première relation sexuelle (avec pénétration) est de 14,5 ans, tandis qu'il s'établit en France à 17,5 ans environ (ce dernier chiffre étant constant depuis plus de 20 ans).

Y a-t-il, à l'adolescence, une sexualité spécifique, masculine et féminine? On connaît les clichés qui poussent vers cette «originalité». Tandis que les garçons, par l'acte sexuel, manifesteraient une «volonté de puissance» (attestant aussi leur «capacité de faire»), ainsi qu'une recherche de plaisir, les filles traduiraient, par ce même acte, leur désir de tendresse et une quête d'amour. Sexualité distractive et technique pour les uns, sexualité sérieuse et sentimentale pour les autres.

Permettez-moi de vous livrer ici une petite anecdote. La scène se déroule à la campagne. Dans le car, un garçon de treize ans et demi raconte à ses copains comment une fille d'à peu près son âge a essayé de lui mettre la main sur le sexe.

On sait combien certaines jeunes filles peuvent avoir des attitudes ambiguës quant à la sexualité avec les garçons. Sans naturellement justifier le moins du monde les «tournantes» (viols collectifs) dont peuvent se rendre coupables certains garçons à l'encontre d'adolescentes souvent fragiles, force est de reconnaître que l'enchaînement des faits qui conduit à pareille sauvagerie n'est pas toujours très clair. Il peut y avoir en effet un certain consentement initial de l'adolescente, pour «faire plaisir» au ou aux garçons, avant que, légitimement elle ne se ravise devant la montée de la brutalité masculine.

Cet exemple n'avait pour but que de montrer qu'à l'adolescence le désir est masculin ET féminin. On observe en outre une égalisation des pensées et des conduites sexuelles des filles et des garçons, ainsi qu'une certaine outrance quelquefois, ce qui autorise à parler de «virilisation» des conduites féminines et de «machisme» des comportements masculins. Nous sommes ainsi parfois confrontés à une virilité masculine exacerbée et à une féminité qui, en même temps qu'elle se réaffirme sans complexe, se radicalise dans ses modes d'expression. Comme les garçons, face à une situation désagréable, les filles désormais «s'en battent les couilles» (qu'elles n'ont toujours pas, anatomiquement parlant). Et, si les garçons disent volontiers que telle ou telle fille est «bonne», les filles avouent craquer pour un «beau petit cul» de mec.

Nous verrons dans un instant l'influence de l'internet sur de tels comportements, quand les garçons cherchent à devenir des «bêtes de sexe» et que les filles acceptent de se transformer en bons «outils sexuels» pour satisfaire les garçons (et peut-être leurs propres désirs).

Les civilisations «primitives» ont toujours été très à l'aise avec la question sexuelle, faisant preuve à l'égard des jeunes de la plus grande tolérance. À l'exception de l'interdit de l'inceste, ces civilisations prescrivent en effet peu de restrictions pour les jeunes pubères. Dans certaines sociétés, comme les Hottentots Nama d'Afrique, ou la société polynésienne de Tikota, la masturbation, par exemple, est autorisée tant chez les filles que chez les garçons. Chez les Caribes d'Amérique du sud, les Aruntas d'Australie, les Masaïs d'Afrique, les Trobriandais de l'île de Trobrian, dans l'Océan pacifique, les jeux hétérosexuels sont même fortement conseillés.

La société occidentale moderne est au contraire très mal à l'aise avec la sexualité adolescente et «primo-juvénile»; elle ne sait trop qu'en faire en réalité. L'interdire? Pas question, nous n'avons tout de même pas fait Mai 68 pour conserver les vieux tabous d'antan! L'autoriser? Pas question non plus; un adolescent, c'est d'abord fait pour les études, le sport, la musique, et même parfois des «bêtises», mais l'amour, c'est une autre affaire. Notre bon ami Rousseau, voyant bien le problème, avait imaginé une solution qu'il jugeait raisonnable. «Quand l'âge critique approche (fait d'indiscipline et de rébellion), note-t-il dans son précieux *Émile,* il faut conduire les jeunes gens à des spectacles qui n'excitent point leurs sens». N'est-ce pas, reprenant cette idée, ce que Freud nommera plus tard la «sublimation»? Ce que nous traduisons au quotidien par des expressions du genre: «Il faut te concentrer sur ce qui est important, mon garçon» ou bien «Passe ton bac d'abord»!

Nous avons, me semble-t-il, tout un contentieux avec nos enfants à propos de leur sexualité. Nous aimerions tant (reconnaissons-le honnêtement) que nos chères ex-«têtes blondes» soient asexuées, car avoir un sexe, n'est-ce pas posséder un pouvoir, celui de procréation, comme toutes les «grandes personnes», être nos égaux par conséquent? Françoise Dolto concluait naguère, justement, que les adolescents ne pouvaient pas jouer la carte de la véritable maturité, la maturité sexuelle.

Après avoir longuement montré dans mes précédents ouvrages, et encore rappelé dans celui-ci combien il fallait tenir pour peu pertinente cette notion de «crise» associée à l'adolescence, j'aimerais toutefois indiquer ici, pour terminer, que cette idée semble cependant trouver de nos jours - exception oblige ! - une certaine réalité, précisément (mais uniquement) dans le domaine sexuel.

La société «pornocratique» actuelle paraît en effet favoriser une montée des pulsions sexuelles - avec parfois passage à l'acte - tandis que, traditionnellement, ces pulsions ne se manifestaient guère avant l'arrivée de la puberté. Internet joue ici un rôle essentiel. La pornographie mise en images n'est en effet pas sans conséquences sur les comportements. Ainsi a-t-on pu observer, au Canada, que la fellation devenait une pratique plus ordinaire chez les adolescents. Deux chiffres: tandis que 21% des jeunes canadiens de troisième secondaire (14 à 15 ans) ont eu un rapport sexuel complet, 30% d'entre eux reconnaissent avoir eu au moins un rapport sexuel oral.

Assurément, la précocité pubertaire pourrait être un facteur de déséquilibre, en ce sens qu'elle injecte dans le sujet des forces nouvelles alors que la maturation sociale n'est pas encore bien développée ou acceptée. L'immersion quotidienne des enfants et des adolescents dans le bain d'une sexualité débridée et caricaturale, conjuguée à une érotisation vestimentaire dont nous avons vu l'une des manifestations avec le phénomène des lolitas, peuvent avoir des effets plus redoutables encore, comme conduire certains sujets (de plus en plus jeunes) à commettre de véritables forfaits sexuels.

Cette affirmation de dérives comportementales illustre donc bien une véritable « crise sexuelle ». Que de très jeunes adolescents (11 à 12 ans) puissent commettre de graves agressions sur des camarades de leur âge, voire plus jeunes, donne un certain crédit à la thèse de l'influence des images de violence sur de jeunes esprits, du moins sur ceux qui présentent de graves carences psychologiques ou éducatives.

Cependant, le plus souvent, l'apprentissage amoureux continue d'obéir aux mêmes rythmes lents que par le passé. Il y a le premier baiser, le premier attouchement (celui-ci précède d'ailleurs peut-être celui-là aujourd'hui) et, plus tard, la première pénétration.

Donc, au-delà des mots libérés, il y a les réalités toujours aussi pesantes ; chacun doit prendre du temps, tâtonner et expérimenter. Sans doute est-ce la raison pour laquelle les filles sortent toujours avec des garçons un peu plus âgés qu'elles, les garçons de leur âge se révélant souvent moins « matures », à leurs yeux du moins.

Sexe et sentiments

De toute façon, contrairement à une croyance fort répandue, les adolescents sont beaucoup plus « fleur bleue » qu'on ne l'imagine. À cet égard, aucune distinction selon les milieux sociaux n'apparaît devoir être retenue. Les « jeunes des cités », souvent stigmatisés, se révèlent même redoutablement sentimentaux.

Résumant le sentiment général, Nicolas, issu d'un beau quartier, estime qu'il est préférable que sexe et sentiments soient liés : « C'est vrai, avoue-t-il, qu'on peut avoir une petite copine qu'on n'aime pas, ça arrive, notamment aux vacances, mais c'est pas génial, il vaut mieux avoir des sentiments pour elle. » Françoise Dolto parlait de « compagnonnage fidèle » plus que d'« amour érotique » pour caractériser les relations amoureuses des adolescents.

D'où l'importance d'une véritable éducation sexuelle. Une éducation qui n'associerait pas le sexe et le sentiment amoureux ne serait, selon André Berge, « qu'une mystification “castratrice”... L'éducation sexuelle réduite à un apprentissage “technique” entre dans le jeu d'une civilisation où l'abus des spécialistes fait perdre à l'homme toute vue générale sur le monde... et sur lui-même[76] ».

En résumé, la sexualité est le propre de tout être vivant. Comme l'animal, l'homme ayant l'instinct de conservation considère gravement cette question. C'est ainsi que, pour préserver la cohésion sociale, les pratiques sexuelles sont enfermées dans une série de codifications et de rituels plus ou moins contraignants. La sexualité ne démarre pas à la puberté. Freud a montré que l'enfant avait des pulsions sexuelles qui s'exprimaient par des manifestations somatiques comme l'érection et la masturbation, et même par des « simulacres de coït ». Il a montré également que les amours enfantines devaient être prises très au sérieux. « Lorsqu'un enfant de trois ans en bonne santé dit : "Je t'aime", il y a dans ces termes une signification comparable à l'amour éprouvé entre un homme et une femme qui sont amoureux. En fait, cela peut être sexuel au sens ordinaire, impliquant les parties sexuelles du corps et comprenant des idées semblables à celles des adolescents ou des adultes[77]. » Au cours de la période de latence, il n'y a donc pas, contrairement à l'idée reçue, « endormissement » de l'instinct sexuel. Il n'y a pas arrêt de l'activité sexuelle. Le dédain volontiers affiché par les garçons pour les filles (qui n'est pas partagé par ces dernières) n'est rappelons-le, qu'un leurre, un subterfuge pour masquer la difficulté à nouer ce contact affectif désiré. Petits baisers furtifs, tentatives maladroites de prendre la main de l'autre et petits attouchements montrent que le processus sexuel se poursuit. Quant aux mécanismes de séduction, ils se mettent progressivement en place. Cependant, la loi défendant aux prépubères de s'adonner à des pratiques sexuelles complètes, celles-ci sont « sublimées », selon l'expression freudienne, c'est-à-dire orientées vers des activités culturelles et, bien sûr, vers le travail scolaire.

Avec la puberté, tout change. L'intérêt sexuel se renforce, envahit même la pensée de l'adolescent. Mais cette sexualité demeure dotée d'un statut incertain. Différents concepts, correspondant à différents seuils d'âge se télescopent ; « majorité sexuelle », « maturité sexuelle » et « majorité civile » coïncident rarement. Quoi qu'on en dise, la sexualité adolescente demeure bien souvent balbutiante, timide. C'est pourquoi la première fois est d'abord « auto-érotique » (masturbatoire). Garçons et filles, dans des proportions qui restent ici inégales, s'adonnent à des pratiques solitaires ou collectives (on annonce un chiffre de 80 à 95 % chez les garçons et de 30 à 60 % chez les filles). Puis, suivent les premiers attouchements, qui vont être de plus en plus poussés avec le temps (mes amis québécois distinguant ici le haut et le bas de la ceinture), puis le premier baiser (sans, puis avec la langue). La première pénétration surviendra, en moyenne, entre 14 et 17 ans.

Tout pousse aujourd'hui les adolescents à engager leur carrière sexuelle de plus en plus tôt. Le désir sexuel est en effet exacerbé par la publicité, le cinéma, la télévision et l'internet. Aggravé par la pression des pairs, « il faudrait le faire » rapidement pour être dans la norme.

Mais, pour beaucoup d'adolescents; la sexualité reste de l'ordre de l'imaginaire ou du refoulement. On peut donc parler (aussi) de « misère sexuelle ».

CONSEIL AUX PARENTS
Ne faisons pas des comportements sexuels de nos enfants une obsession. Le fait qu'ils cachent ces conduites est plutôt un signe de bonne santé psychique.

L'adolescent, un être actif

Il n'y a pas de plus grand risque que le risque de n'avoir jamais été exposé à aucun risque.

Dr André Berge

L'adolescent, parce qu'il déborde d'énergie a besoin de bouger, d'être actif (c'est déjà ce qui le fait s'impliquer dans toutes sortes d'activités physiques et sportives). Autrefois, on disait de lui que c'était un explorateur-né, toujours en quête de nouvelles aventures. L'adolescent doit donc pouvoir agir à sa guise, chaque fois qu'il ne met personne en danger. Et puis, en agissant, il s'affirme. Agir, c'est en somme grandir. C'est pourquoi l'adolescent a besoin d'expérimenter. Bien sûr, en expérimentant, il commet des erreurs, mais c'est ainsi qu'il pourra progresser. Force est de reconnaître que la vie qui lui est imposée dans sa famille ou à l'école ne tient pas suffisamment compte de ce grand besoin de dépense énergétique ; l'une et l'autre ne lui fournissent pas la possibilité du mouvement et de l'action. Il ne peut qu'en être insatisfait.

Naturellement l'action suppose la motivation. S'il la possède, l'adolescent, comme l'enfant, est capable de redoubler d'efforts pour atteindre un but qui lui plaît, ou se mettre au service des autres. Parce qu'il se perçoit davantage comme une personne, qui plus est, une personne désireuse de donner davantage de sens à son existence, il se découvre soudain complètement apte à prendre des initiatives et à assumer des responsabilités. Pour ce faire, il dispose d'atouts et de qualités comme la souplesse de caractère, la disponibilité et l'adaptabilité.

Contrairement à l'enfant, qui est parfois hyperactif, l'adolescent est actif, mais il se contrôle mieux que l'enfant. Il aime s'engager dans des causes précises et concrètes dont il peut mesurer rapidement les résultats.

* * *

En résumé, on peut dire, reprenant ici le mot de Carl Rogers, que l'adolescent est une personne qui « fonctionne pleinement », qu'il est dans une période féconde de sa vie, qu'il connaît un moment unique, un « âge d'or », selon le mot de Stanley Hall, qui lui permet de développer de nouvelles capacités.

Une vie sociale et culturelle intense

Garçons et filles, adolescents, jeunes –
de quelque façon qu'on les nomme – ont,
comme on le disait autrefois, une « culture de jeunes »
– un monde à eux qui se distingue
de façon marquante de celui des adultes.

NORBERT ELIAS, *La société des individus*

L'enfant, nous le savons, est d'abord subordonné à notre autorité de parents dans le cadre d'une relation verticale et hiérarchique. Ses rencontres avec des enfants du même âge que lui sont fortuites, épisodiques et, de toute façon, superficielles. Elles n'impliquent en effet ni communication ni coopération, mais conduisent au contraire à nombre de querelles et de disputes : autant dire que le souci égalitaire n'effleure pas l'esprit des enfants.

S'il reste assujetti à notre autorité, l'adolescent développe en revanche vis-à-vis de ses camarades des relations de type horizontal marquées davantage par l'échange et la solidarité. La camaraderie procède ici de l'expérience d'une similitude, qui n'exclut naturellement pas l'instabilité des alliances. Le groupe est pour l'adolescent à la fois un refuge, une reconnaissance, un espoir et un mode de vie. Il comprend donc des individus unis par un lien affectif, qui pensent et sentent à peu près de la même manière, partagent les mêmes idées, les mêmes croyances et les mêmes attitudes et participent aux mêmes activités. Il est naturel, et donc nécessaire, pour un adolescent d'être en groupe, ce qui ne signifie pas que l'adolescent solitaire (qui est plus exceptionnel) soit un adolescent anormal. En effet, la rareté d'un comportement n'en fait pas pour autant un comportement pathologique.

Par exemple, Camille, âgée de 14 ans, apprécie être seule: « Quand je rentre du collège, j'aime bien passer du temps tranquille dans ma chambre. Je mets la musique à fond... ou alors, soit je joue de la guitare, soit je fais du dessin. Après j'ai la tête fraîche pour travailler. » Florent, qui est un peu plus âgé (16 ans), reconnaît être un solitaire et bien s'en porter: « Je ne fais partie d'aucun groupe, explique-t-il, je ne sors pas beaucoup, je n'ai pas de bande à potes. J'ai peu d'amis. Je préfère être seul que mal accompagné. »

Donc, pour se rassurer face à un mode adulte hostile ou incompréhensif, les adolescents se serrent les uns sur les autres, chacun adoptant ce qui est conforme aux normes de son groupe d'appartenance. On peut parler de « groupe-relais » de la famille.

Les groupes d'adolescents sont de plus en plus mixtes. En raison de l'obligation de mixité scolaire décrétée (en France) en 1975, les élèves des deux sexes sont désormais mélangés sur les bancs d'école. Il en résulte une plus grande proximité entre eux, ce qui ne veut pas dire nécessairement « complicité ». Avec la mixité, l'autre sexe est sans doute banalisé; il n'est plus nécessairement vu dans son altérité. Ce qui est certain, c'est que chacun, quand il est encore enfant, s'organise d'abord dans sa communauté de genre, les garçons avec les garçons, les filles avec les filles. C'est à partir du collège que les rapprochements s'opèrent, d'abord timides. Il est temps alors, tous ensemble, mais à chacun à sa façon, de plonger dans la culture adolescente.

L'adolescence est en effet un univers culturel à nul autre pareil, à multiples facettes, avec une forte dominance de l'image et du son. La culture adolescente, véritable mode de vie, transcende les clivages sociaux ; dans toutes les activités, elle concurrence les parents et l'école pour ce qui est de l'apprentissage des valeurs, des connaissances et de la représentation du monde. Ce faisant, elle bouleverse l'acquisition du savoir. Par la télévision et par l'internet, elle donne d'emblée des informations et des explications que l'enfant et l'adolescent acquéraient autrefois selon un parcours gradué, par la lecture, les programmes scolaires et l'éducation familiale. Ce temps est révolu.

Il se dit parfois que les adolescents *ont* une culture et on entend par là toute une gamme de pratiques ludiques, musicales et sportives qui s'exerceraient pendant les temps libres. Tout ceci est inexact ou plutôt incomplet. Les adolescents *sont* une culture, forment un « autre monde » pour reprendre le mot de Cocteau, un monde à part du monde des adultes, un monde qu'ils se sont patiemment forgé au fil des années. Les jeunes – et c'est le fait le plus remarquable de ces deux ou trois dernières décennies – se sont approprié la fabrication et la gestion de leurs activités culturelles (par exemple, ce ne sont plus systématiquement les adultes qui dessinent pour eux leurs BD).

Cette culture, comme toutes les cultures, comporte des manifestations à la fois matérielles et spirituelles. Reprenant la définition d'Edgar Morin, dans *L'Esprit du temps,* publié en 1962, on peut avancer l'idée qu'une culture constitue un corps complexe de normes, de symboles, de mythes et d'images qui pénètrent l'individu dans son intimité, structurent les instincts, orientent les émotions.

La culture adolescente est en somme une totalité faite de diversité, celle des objets et des biens de consommation, mais aussi des croyances, des valeurs, des habitudes, des règles et des représentations des autres et du monde. Munis de cette « totalité multiple » qui forme pour eux comme une « seconde nature » (une seconde peau), les adolescents s'adonnent volontiers à « l'entre soi ».

Il y a plus de quarante ans, le même Morin observait encore que l'absence d'intérêt des parents pour les intérêts des adolescents était remarquable (soulignant que l'inverse était aussi vrai[78]).

Il est donc ici de notre responsabilité de savoir décoder les langages, les postures et les pratiques des adolescents pour ouvrir le dialogue avec eux, et le faire sans exclusion. Je me rappelle ce jeune qui, un jour, a demandé à son éducateur (de justice) s'il pouvait aller voir un concert de rap et ce dernier de répondre : « Pas question, moi, ma culture, c'est le rock ! » Fin de l'échange !

Voici bien l'exemple de ce qu'il ne faut pas faire. Nul ne nous demande en tant que parents et éducateurs d'aimer ce qu'aiment les adolescents ; il faut en revanche que nous ayons envie et fassions l'effort de comprendre ce qu'ils aiment.

Une organisation spécifique du temps

Au cœur du temps adolescent, il y a la musique. Depuis le rock'n'roll, popularisé aux États-Unis au milieu des années 1950 par le légendaire Elvis Presley, d'autres genres musicaux ont surgi, comme le reggae, le raï (musique populaire d'Algérie), le rap ou la musique techno. Au fil des ans, ces genres musicaux se sont démultipliés en de nombreux sous-genres : hard-rock, tektonic, etc.

Dans l'univers adolescent, c'est donc la « fête » de la musique tous les jours. La musique est assurément la première forme de communication de l'adolescent, et avant tout avec lui-même ; elle s'accroche – grâce à ses écouteurs – à toutes ses activités : ludiques, sportives, mais aussi à son travail scolaire ou autre. Il y a une véritable immersion dans cet univers du son. On pourrait assimiler la musique à une « injection » de jouissance dans les couches les plus profondes de l'appareil psychique.

Chaque adolescent, dans l'immense palette des genres et sous-genres musicaux, trouve aujourd'hui une musique à son goût. Ces musiques (et on pense ici spontanément au rap) sont gorgées de messages que nous autres, adultes, ne pouvons ou ne voulons pas déchiffrer. Qu'elles reflètent l'état de nos sociétés, ses richesses ou son mal-être, elles valent cependant, pour cette raison, d'être entendues sans préjugés.

La musique donne aux adolescents le sentiment de ne pas être seuls et apaise leurs angoisses. C'est à la fois une détente, une évasion et un plaisir. C'est aussi ce qui leur permet de se distinguer des autres. Les adolescents ont une véritable culture musicale; ils sont capables de discriminer au sein d'un genre musical ce qu'ils préfèrent, de marquer leur préférence pour tel ou tel chanteur, tel ou tel groupe.

* * *

Il est bien certain que la communication des adolescents avec autrui passe de prime abord, et de plus en plus, via la communication technologique, qui occupe une part essentielle de leur temps. En effet, MSN, MMS (messages multimédia), messages SMS et blogs rythment leur vie quotidienne. Avec ces nouveaux outils, c'est à une autre configuration de la vie à laquelle l'on assiste. En tant qu'éducateurs, les heures que les adolescents passent à bavarder en ligne, à s'occuper d'un ou de plusieurs blogs, à envoyer des SMS ou à consulter Internet nous paraissent toujours excessives.

Quelques chiffres québécois pour commencer. Selon l'enquête NetAdos publiée en 2003, réalisée par le CEFRIO (Centre francophone d'information des organisations), en collaboration avec Léger Marketing, 99 % des jeunes québécois de 12 à 17 ans utilisent Internet à raison, en moyenne, de 8 heures par semaine.

Quelques chiffres français à présent. Selon une enquête récente[79], 45 % des 6 à 11 ans consacrent plus de la moitié de leurs loisirs aux écrans; 30 % ont un poste de télévision dans leur chambre; 300 000 d'entre eux passent plus de 4 heures par jour devant le petit écran et le temps quotidien augmente de 2 à 3 minutes chaque année. Les deux tiers des 4 à 14 ans regardent des émissions qui ne leur sont pas destinées.

Pour terminer, une enquête belge, intitulée *Les jeunes et le commerce électronique,* réalisée en juin 2008 auprès de 2662 garçons et filles néerlandophones et francophones par le CRIOC (Centre de Recherche et d'Information des Organisations de Consommateurs), confirme que les enfants et les adolescents vivent dans un univers dominé par les médias. Leurs foyers sont suréquipés en matériel divers : télévision, radio, lecteur de DVD, connexion Internet, consoles de jeux. Plus d'un jeune sur trois dispose d'un équipement média dans sa propre chambre, presque un jeune sur deux d'un téléviseur, et 8 jeunes sur 10 d'une radio. Enfin, plus d'un tiers ont leur propre connexion Internet.

Cette culture numérique est fondamentalement ludique. Le livre ou le journal paraissent bien austères en regard des nouvelles technologies qui favorisent le jeu et l'interactivité, mais aussi l'expression de l'intimité. Dans l'enquête belge précitée, il apparaît qu'Internet est utilisé d'abord pour bavarder en ligne (82 %), pour jouer (73 %), envoyer des courriels (73 %), télécharger de la musique (69 %) et télécharger des images (37 %). Les sites préférés sont les sites de jeux (Casino, jeux vidéo) surtout à partir de 10 ans. Les sites commerciaux concernent 10 % des jeunes. Dans l'étude québécoise mentionnée plus haut, il apparaît également que l'usage d'Internet est d'abord ludique (5,7 heures) puis scolaire (2,3 heures). Les garçons naviguent sur le Net un peu plus que les filles (9,2 heures contre 6,8) ; ils préfèrent les jeux en ligne et les sites sportifs tandis que les filles s'adonnent plus volontiers aux échanges de courriels et au bavardage en ligne.

Ne nous étonnons donc pas que les adolescents lisent de moins en moins, exception faite des bandes dessinées. En revanche, ils écoutent beaucoup la radio, surtout de la musique, et jouent aux jeux vidéo.

Arrêtons-nous un instant sur cette dernière activité[80]. Les jeux vidéo sont apparus avec l'avènement des nouvelles technologies informatiques. Définis quelquefois comme le dixième art, ils font appel à des domaines aussi variés que la sociabilité, l'éthique, les loisirs et le commerce... Ces derniers sont à l'origine de fédérations de joueurs qui partagent un même univers.

Les jeux vidéo peuvent être divisés en sept catégories : les jeux de simulation, empruntés à la formation des pilotes de l'armée de l'air ou aux sports, les jeux d'arcade, des jeux électriques installés dans des salles ouvertes au public, les jeux de stratégie, plus intellectuels, qui consistent à combattre un système de civilisation, les jeux Doom-Like, des jeux en réseau que l'on voit dans les cybercafés, les jeux de plateau, dits « classiques », qui font référence aux jeux traditionnels comme les échecs, les dames ou le backgammon, les jeux de gestion, qui proposent aux joueurs d'organiser et de diriger une entreprise, enfin les jeux de rôle, avec un joueur qui dirige une équipe, et une mission : retrouver un objet volé, se débarrasser d'un maître du mal. Ajoutons, avec l'experte Marie Cipriani-Crauste, les jeux dérivés du cinéma qui permettent aux joueurs de revivre de grands moments de cinéma en incarnant un héros, comme Indiana Jones ou Harry Potter.

Nous devons comprendre que tous ces jeux mobilisent des compétences et des habiletés particulières. Ils stimulent les facultés intellectuelles, favorisent le développement psychomoteur, notamment des tout-petits, qui se familiarisent ainsi avec le monde informatisé dans lequel ils auront à évoluer. Ils apportent ainsi une récompense psychologique. Ils offrent également l'intérêt de briser la solitude, car ils favorisent le développement d'un réseau social solide et permettent d'acquérir de grandes habiletés sociales. Si l'on prend l'exemple du joueur en réseau, il est en interaction permanente avec d'autres passionnés avec qui il échange et s'informe. En incarnant des rôles, les joueurs sont réunis autour d'objectifs communs : créer un ordre de chevaliers, par exemple, ou prêcher la non-violence. Ils constituent de véritables clans, des communautés que l'on désigne à l'aide d'un terme ancien : guildes. Des sites proposent de nombreuses informations sur ces communautés : charte à respecter, histoire de leur création, blasons, généalogie, biographie des héros...

Les jeux vidéo présentent un monde virtuel très organisé où plaisir intellectuel et plaisir des sens se conjuguent dans un spectacle à la mise en scène séduisante. Ils auraient même des effets thérapeutiques : une séance de jeu vidéo stimulerait la sécrétion de dopamine, un neurotransmetteur lié au plaisir. On utilise aussi certains jeux dans le traitement des phobies. La « réalité virtuelle » permettrait au patient de surmonter son angoisse en se projetant dans le jeu en qualité d'acteur.

Cependant, la question des risques liés aux jeux vidéo est posée par suite de pratiques intensives. Bien entendu, l'utilisateur peut développer une dépendance à ces jeux; de véritables conduites addictives peuvent s'installer (voir annexe). Soit dit en passant, ces conduites ne sont pas l'apanage des jeunes. En effet, des adultes, deviennent accros à certains jeux comme le poker, par exemple, ou les machines à sous dans les casinos. On parle désormais d'« addiction technologique » ou « comportementale » et, bien sûr, de cyberdépendance. Pour qu'il y ait dépendance, les médecins considèrent que le joueur doit passer plus de 10 heures par jour devant son écran, le jeu devenant irrésistiblement le centre de sa vie, au détriment d'autres investissements. Les principales affections occasionnées par une pratique de jeu intensive sont des symptômes physiques, des troubles de comportement et des crises d'épilepsie.

Les adolescents, surtout vers l'âge de 13 ou 14 ans, fréquentent aussi pas mal les salles de cinéma; c'est pour eux une occasion d'être entre amis. Je n'insiste pas sur cette question, de nombreux travaux existent sur ce sujet et j'invite le lecteur à les consulter.

LE CONSEIL AUX PARENTS

Prenons garde à ne pas rendre les jeux électroniques responsables de tous les maux de nos adolescents. Si certains peuvent être dangereux, la plupart offrent les avantages rappelés plus haut. Prenons garde encore à ne pas vouer aux gémonies tous les fabricants de jeux. Si certains peuvent être peu soucieux des risques qu'ils font courir à leur jeune clientèle, beaucoup ont pour seule mission d'apporter du plaisir à leur jeune public (et, de plus en plus, au public adulte).

Bien entendu, nous nous inquiétons du temps que nos enfants passent à ces jeux, que nous jugeons excessif. Nous craignons la cyberdépendance. Sachons tempérer nos craintes en rappelant que seuls 5 à 20 % des joueurs (les chiffres varient selon les études) sont cyberdépendants. Cela n'exclut pas la vigilance de notre part, mais demandons-nous si notre vie familiale est suffisamment intéressante pour que nos enfants aient envie de passer tout ce temps (ou plus de temps) avec nous. En effet, la dépendance au jeu est parfois le symptôme d'une vie familiale perturbée et morne. Il est vrai que les conditions stressantes de la vie moderne ne nous poussent guère à libérer encore un peu d'énergie pour amuser nos enfants, les sortir, voire s'adonner à un jeu vidéo avec eux.

Négocions avec notre adolescent ce qui, pour lui comme pour nous, serait une période de temps raisonnable consacrée quotidiennement aux jeux vidéos et passons un contrat avec lui.

* * *

Dans le cadre d'une société qui consacre autant de temps aux loisirs qu'au travail (scolaire ou salarié), qui survalorise les nouveaux outils de communication et les nouvelles technologies, l'adolescent ne peut être, d'abord, que totalement immergé dans le présent; rien de ce point de vue ne le distingue plus de l'enfant. Bien sûr, contrairement à l'enfant qui n'a pas la notion du futur, l'adolescent a cette capacité de se projeter dans l'avenir, de faire des projets, mais ça ne l'intéresse pas trop aujourd'hui. Notre société, à coups de publicité et de vente à crédit, favorise la jouissance immédiate de l'objet de nos désirs, rendant d'autant plus insupportable toute frustration. L'homme moderne, et plus encore l'adolescent, peine donc à différer une satisfaction; il ne peut désormais supporter la moindre tension.

Une occupation particulière de l'espace, le temps des bandes

L'adolescence, faut-il le rappeler, est le temps des regroupements qui portent des noms multiples: groupes, bandes, tribus... Être ensemble à n'importe quel prix, pour le meilleur et quelquefois pour le pire, est très rassurant. Chacun se fond en quelque sorte dans cette « personne collective » qui lui permet de tout oser, de tout entreprendre, sans ressentir la responsabilité individuelle. À l'intérieur de la bande, on est soi avec d'autres qui vous ressemblent. C'est un lieu de socialité où l'on parle, échange, dialogue et expose des idées. Plus l'adolescent grandit, plus le groupe prend de l'importance, au point de concurrencer le pôle familial. Quand on interroge des adolescents, ou note qu'à 12 ou 13 ans, c'est la famille qu'ils citent comme lieu de vie le plus important, mais à 15 ans, le groupe de pairs se hisse au même niveau que la famille[81].

Le groupe est, surtout chez les garçons, une espèce de nécessité quasi biologique ; il permet de satisfaire nombre de besoins comme l'autonomie ou la considération. Il est à noter que l'autonomie est toute relative, le groupe exerçant une pression permanente sur ses membres, attendant d'eux un conformisme constant. La bande est utile, car elle permet de prendre des initiatives et des risques, ce qui donne à l'adolescent le sentiment de son pouvoir.

On voit donc les garçons déambuler par petits groupes, mais parfois en groupes assez larges (5 ou 6, voire plus), les jeunes filles, surtout celles des cités, sortent également en petits groupes, mais cela semble moins vrai pour les filles des classes moyennes et supérieures, davantage soudées autour de leur meilleure amie. Le « privilège » autrefois réservé aux filles de quitter la maison pour aller « faire les boutiques » semble être tombé peu à peu ; les garçons également aiment la fréquentation des magasins, surtout ceux qui offrent des articles sportifs et technologiques et des vêtements. On les retrouve aussi dans les grandes salles de jeux vidéo.

Qu'en est-il des adolescents et de leur supposée propension à prendre des risques extrêmes ? Cette association est largement exagérée, nombre d'adolescents, qu'ils soient fille ou garçon, n'ont aucun goût pour le risque et n'en éprouvent pas le besoin. D'autres, il est vrai, ressentent ce besoin de se mettre en danger (ou d'être mis en danger), d'abord pour évacuer leur trop-plein d'énergie, ou pour se sentir pleinement des « hommes ». On sait que dans certains rites d'initiation anciens, notamment dans des tribus amérindiennes d'Amérique du Nord, les initiés étaient conduits jusqu'aux frontières de la mort. Les épreuves étaient violentes, comportant des mutilations, l'immersion dans l'eau glacée, l'exposition aux bêtes sauvages et la privation de nourriture. Au terme de ces épreuves, un animal magique était censé apparaître aux initiés et leur révéler le nom qu'ils porteraient désormais, ainsi que le rang que leur esprit gardien leur attribuerait dans la tribu. Dans d'autres tribus, comme chez les Iatmuls décrits par Margaret Mead, les cérémonies initiatiques s'accompagnaient d'humiliations et de tortures. C'est pourquoi on a pu parler, à propos de ces rites, de « naissance sociale ». On peut retrouver aujourd'hui dans les cérémonies de bizutages d'étudiants (pourtant interdites par la loi, en France) un substitut de ces pratiques anciennes destinées à faciliter, en le marquant fortement (au sens propre du terme), le passage à l'âge adulte.

Des langages singuliers

Les relations au sein du groupe passent d'abord par le langage ORAL. Ce langage, qui a longtemps emprunté à l'argot (qui n'est toujours pas démodé) puis au verlan, et même aujourd'hui au tzigane, est une composition permanente. Les mots se font et se défont sans cesse. Ils sont parfois détournés de leur sens. Ou bien des phrases entières sont construites avec une modification de l'ordre des mots. Ainsi l'adverbe passe-t-il à la fin, ce qui donne par exemple : « Il a lâché l'affaire carrément ». L'appellation « mon frère » est aussi un tic de langage qui ponctue nombre de phrases, mais qui n'a pas de signification particulière ; c'est un simple signe de reconnaissance qui instaure une complicité immédiate entre les interlocuteurs.

Ce langage, qui est né dans les banlieues défavorisées et qui y est toujours très vivant, s'est introduit au fil des années dans les milieux bourgeois et aisés, mais aussi dans l'écrit scolaire, comme en témoignent ces quelques lignes de Julien, élève de troisième, à propos d'une œuvre de Maupassant : « Je suis vraiment d'accord avec le narrateur qui dit à la meuf de reprendre son mec, car il le saoule grave. Je ne voudrais pas être à sa place, car il fait des trucs de ouf[82]. »

Le tableau suivant donne à titre d'exemples un aperçu du vocabulaire en usage chez les jeunes Français.

QUELQUES MOTS OU EXPRESSIONS DES ADOLESCENTS	
Sérieux ?	C'est vrai ?
Vas-y ! vas-y !	a) S'il te plaît b) Laisse-moi tranquille c) Je te déteste, je vais te tuer
Moi, ça me saoule tout ça !	Moi, ça m'ennuie tout ça !
Tranquille ?	Ça va ?
Ouf	Fou
Relou	Lourd
Chouraver	Voler
Ils sont tous maqués	Ils ont tous une fille
Tu taffes en ce moment ?	Tu travailles actuellement ?
J'm'en bats les couilles !	Je m'en moque !
Je vais péter un câble dans ma tête !	Je vais devenir fou !
Ferme ta bouche !	Tais-toi !
J'ai accroché deux meufs	J'ai noué une relation avec deux filles
J'ai grave de contrôles à apprendre	J'ai beaucoup de contrôles à apprendre
Daron	Père
Daronne	Mère
Sur la vie de ma mère !	Sur la tête de ma mère !
Faire quelque chose à donf	Faire quelque chose à fond

Les adolescents ont d'autres langages que le langage oral, ils ont des langages écrits qui sont des langages électroniques, comme les SMS et les blogs dont j'ai parlé plus haut. La messagerie MSN Messenger remplit au Québec une fonction analogue à celle des messages-textes (SMS) chez les jeunes Français.

Un mot sur les blogs. Le mot « blog » signifie « journal en ligne ». Il s'agit d'un journal personnel où chacun peut faire partager aux autres, et d'abord à ses amis ou à ses proches, ses idées, ses rêves et ses inquiétudes. La majorité des cinq millions de blogueurs français sont des adolescents qui se retrouvent, pour certains d'entre eux, sur la radio Skyrock. Si l'on en croit une étude du cabinet Forrester, publiée en novembre 2007, les jeunes internautes français, âgés de 12 à 24 ans, sont les champions blogueurs en Europe. Selon cette étude réalisée auprès de 1000 jeunes de cette tranche d'âge issus de sept pays d'Europe, 72 % des jeunes internautes français lisent des blogs « une fois par mois ou plus », contre 68 % des jeunes Italiens, 54 % des jeunes Espagnols... et seulement 33 % des jeunes Allemands et des jeunes Néerlandais, et 51 % les commentent « une fois par mois ou plus » (contre 50 % des jeunes italiens, 40 % des jeunes Espagnols... et 19 % des jeunes Allemands et des jeunes Néerlandais). En France, la lecture des blogs représente la deuxième activité des jeunes sur le Net après l'envoi de courriels.

Ce langage écrit peut être dangereux s'il ne respecte pas la vie privée d'autrui. Ainsi, montrer des photos d'une personne sans son consentement, constitue désormais une infraction punie, en France, d'une peine d'un an d'emprisonnement et de 45 000 EUR d'amende. De même, tenir des propos injurieux ou diffamatoires à l'encontre de quelqu'un est punissable par la loi. Dans tous les cas, les parents sont responsables des agissements de leurs enfants mineurs.

Parures et modes

On fait parfois de la parure un signe distinctif de l'adolescence, ce en quoi on exagère beaucoup. Les adolescents n'ont pas le privilège du mimétisme vestimentaire, les adultes ne sont pas en reste de ce point de vue. Tous les âges désormais soignent leur *look* : n'est-ce pas le propre des sociétés qui jugent d'abord leurs membres sur les apparences ? Il est vrai que les adolescents, dont le besoin d'affirmation est essentiel, accordent une grande attention à leur « présentation ». Le *look* reflète ainsi leur détermination à prendre le contrôle de leur vie et à se « posséder ». Il est donc important pour beaucoup d'entre eux d'être à la mode, un souci que partagent de plus en plus les enfants (nous avons vu que, dans leur désir de devenir adolescent, le vêtement joue un rôle capital).

Le concept de mode apparaît aux XVIIe et XVIIIe siècles dans les classes aisées, mais on trouve déjà des traces de ce souci de l'apparence chez les Gaulois. Si l'on en croit Rimbaud, ces vaillants guerriers se beurraient la chevelure. D'ailleurs cette pratique était fort populaire en France dans les années 1950. C'est ainsi que le romancier Roger Nimier parle, dans *Les enfants tristes,* d'« adolescents aux cheveux cirés ». Les enfants sont aussi concernés que les adultes. Victor Hugo, dans une page des *Misérables,* nous rappelle qu'en 1817 « la mode engloutissait les petits garçons de quatre à six ans sous de vastes casquettes en cuir maroquiné à oreillons assez semblables à des mitres d'Esquimaux[83]. »

C'est certain, il faut être à la mode. Dans *Jeunesse,* Tolstoï confesse : « Tous mes vêtements, y compris mon linge et mes bas, étaient du dernier cri et de la meilleure qualité[84]. »

Chacun s'habille pour se montrer et, en même temps, pour montrer qui il est et à quel groupe il appartient. D'un simple coup d'œil, les autres doivent savoir où vous vous situez. L'important est de trouver peu à peu son style personnel.

LE CONSEIL AUX PARENTS

Nos enfants qui veulent sortir pour rejoindre leurs amis éprouvent parfois un fort sentiment de culpabilité. Il est pourtant tout à fait normal qu'ils ressentent ce besoin de quitter momentanément la maison et de prendre une certaine distance avec nous. Acceptons-le de bonne grâce.

Faisons plus. Intéressons-nous aux passions de nos enfants, soyons attentifs à leurs centres d'intérêt. Il ne nous est pas demandé, encore une fois, d'adhérer à ce qu'ils aiment, juste de comprendre l'importance que tel ou tel investissement représente pour eux.

L'ESSENTIEL

L'adolescence est une période charnière pour l'ensemble de la famille. Elle suppose de la part des parents un **réajustement radical** de leurs relations avec leurs enfants qui, n'étant plus des (petits) sujets, ne peuvent plus être traités comme tels.

L'enjeu du nécessaire changement parental est d'éviter les tensions avec des « enfants » devenus pleinement pensants, pleinement capables, sur le plan sexuel notamment.

Grands principes à retenir

1. L'adolescent est une *personne,* avec ses carences et ses faiblesses, mais aussi ses forces, son dynamisme et sa créativité.
2. L'adolescent est une personne *à multiples personnalités :* individuelle, sociale, culturelle, politique..., qui sont mêlées, inextricables.
3. L'adolescent est une personne *bien portante,* mais qui a, du fait de la société, beaucoup de soucis et de problèmes.
4. L'adolescent est une personne *bien-pensante,* qui a d'incontestables capacités.
5. L'adolescent est une *ressource,* pas un problème.
6. L'adolescent est une personne *heureuse.*

Chapitre 2

COMPRENDRE

Ni la Bible, ni les prophètes, ni Freud,
ni les révélations émanant de Dieu ou des hommes
ne sauraient prendre le pas sur mon expérience
directe et personnelle.

CARL ROGERS, *Le développement de la personne*

Deux thèses, ici, s'affrontent radicalement. La première affirme que les enfants (et les adolescents) doivent obéir et la seconde, au contraire, privilégie la compréhension. Un adepte de l'obéissance affirme: « Maintenant, les malheureux parents croient qu'ils doivent comprendre: ils sont foutus[85] ! » Ce débat renvoie à la conception que l'on se fait de l'éducation: « éducation-prison » ou « éducation-libération ».

L'adolescence appelle nécessairement la mise en place de la seconde conception. « La vraie éducation commence par celle de l'éducateur, rappelle Krishnamurti. Il doit se comprendre lui-même et être affranchi des façons de penser stéréotypées[86]. » Il importe peu ici de savoir si la nature humaine est foncièrement bonne ou foncièrement mauvaise; serait-elle mauvaise, l'éducation a pour finalité première de développer une vision *positive* de l'Homme et l'éducateur, animé d'un optimisme inébranlable, a pour tâche de faire surgir chez celui qu'on éduque ce que Abraham Maslow a appelé ses « possibilités supérieures ».

Avant de chercher à comprendre nos adolescents, nous devons chercher à nous comprendre nous-mêmes et tenter d'évaluer notre part de responsabilité dans les dysfonctionnements de notre relation avec eux. En effet, « changer soi-même avant de vouloir changer les autres est assurément le plus court chemin vers la réussite[87] ». Il s'agit de changer soi-même quand on ne va pas bien, car, n'oublions pas, il n'est point de lésion avec soi-même qui ne lèse notre relation avec autrui.

Comprendre vient de *cum-prendere,* prendre avec soi. L'éducateur doit avoir vis-à-vis celui qu'on éduque ce que Carl Rogers nommait une « considération positive inconditionnelle ». Comprendre n'est pas adhérer, c'est reconnaître l'autre dans sa singularité - pour ce qu'il est. La compréhension ou l'effort pour comprendre passe par la reformulation de ce que l'autre a dit; on lui signifie ainsi que l'on a pris son propos au sérieux. Comprendre, c'est admettre que l'autre n'est pas rien, qu'il a une compétence, qu'il peut même être de bon conseil, en raison de son expérience et de ses connaissances. Comprendre est toujours un acte de réciprocité. Comprendre, c'est aussi se dégager de soi, se distancier de sa propre souffrance.

La compréhension est une technique qui s'enseigne dans certaines écoles. Comprendre consiste à saisir correctement ce que l'autre dit, car toute parole a un sens précis. Il ne faut donc pas hésiter à demander à l'autre de reformuler quelque chose qui demeure obscur ou imprécis. Les mots dissimulent parfois les vrais messages. Après avoir repris dans nos mots ce que l'autre a dit, il faut vérifier auprès de l'interlocuteur si ce qu'on a compris correspond bien à ce qu'il voulait dire.

Enfin, le moins que l'on puisse attendre de la communication entre parents et adolescents c'est qu'elle soit basée sur l'empathie, l'affection et la sincérité. N'oublions pas que la première condition du dialogue est de parler *à l'autre et pour l'autre*, en se rappelant que celui à qui l'on s'adresse sait des choses. Celui qui parle se borne en réalité à lui présenter des informations et de nouvelles idées qui nourrissent le dialogue. Il s'agit donc de se traiter d'égal à égal. Or, nous aurons l'occasion de le voir bientôt, le problème est que les parents ne considèrent pas les adolescents comme leurs égaux. Notre plus grande erreur, c'est de les croire petits et dépendants, alors qu'ils ont plus que jamais besoin de liberté et de considération, et d'être traités comme des personnes à part entière.

Parent d'enfant et parent d'adolescent, ce n'est pas du tout le même métier

Avec mes enfants, j'ai vécu comme avec des amis.

Montesquieu

Lorsque nous avons pris très tôt l'habitude de prendre nos enfants au sérieux, de faire des efforts pour les comprendre (au sens précédemment défini), nous avons du même coup développé chez eux un sentiment de confiance et d'estime de soi. Si, au contraire, nous n'avons pas adopté une telle attitude, nous avons installé chez eux une impression durable de rejet et de distance. En tant que parent d'adolescent, nous risquons donc d'être plus « efficaces » si nous avons été un « bon » parent d'enfant au sens que je viens de rappeler.

Il n'empêche que parent d'enfant et parent d'adolescent, ce n'est pas le même métier et cela ne mobilise pas les mêmes ressources. Plus encore qu'être parent d'un enfant, être parent d'un adolescent» requiert un apprentissage. En effet, ce n'est pas en improvisant que l'on peut être adéquat comme parent d'adolescent; il faut quelques outils pour y parvenir. Je n'irai pas par quatre chemins: si nous avons des problèmes de communication avec nos adolescents, très souvent, nous ne pouvons nous en prendre qu'à nous-mêmes.

Rappelons qu'être parent d'un enfant est affaire d'*éducation,* alors qu'être parent d'un adolescent est affaire de *relation*[88]. Tout d'abord, qu'est-ce au juste qu'une relation ? Il existe plusieurs types de relations : hiérarchique, autoritaire, égalitaire, stable, intermittente... Toutes s'accompagnent de divers sentiments, qui peuvent être positifs, comme l'amour ou la générosité, ou négatifs, comme la haine ou l'égoïsme.

Et puis, qu'est-ce qu'une bonne relation ? Il s'agit d'une relation où les deux acteurs sont égaux et aussi importants l'un que l'autre, car ce qui affecte l'un affecte du même coup l'autre. Ainsi, quand nous sommes anxieux, nous transmettons cette anxiété à nos enfants à notre insu. Naturellement, en tant que parents, nous cherchons à établir une bonne relation avec nos enfants ; nous entendons par là une relation faite de tolérance, de chaleur, de sécurité, de compréhension et de respect...

La relation entre parents et adolescents est (ou devrait être), comme toute autre, de type égalitaire. À l'adolescence, il est important de sortir du cadre hiérarchique et autoritaire de la petite enfance. Le statut et la hiérarchie occupent de moins en moins de place, qu'il s'agisse de différence d'âge ou de connaissances. Quand une relation est réellement et concrètement de type égalitaire, la relation nourrit, de préférence, des sentiments positifs, puisqu'elle exclut toute prise de pouvoir par l'une des parties, la plupart du temps par les parents, et parce que « la validation consensuelle, ou réflexion commune, donne lieu à une production dans laquelle chacun se reconnaît sans avoir peur de reconnaître l'autre[89]. »

Bien entendu, le processus *relationnel* est toujours délicat. Permettre à un adolescent de devenir un être humain responsable, capable de trouver sa place dans la société, est une tâche ambitieuse. Il est néanmoins important de rappeler que toute relation induit toujours le meilleur et le pire, le pire étant constitué de tensions et de désaccords divers. La relation avec « nos » adolescents ne peut donc échapper à ces difficultés ; c'est ainsi que l'on a pu montrer, il y a une dizaine d'années, qu'une adolescente avait en moyenne un conflit léger avec ses parents (la mère dans les trois quarts des cas) tous les deux jours et demi, et un adolescent, tous les quatre jours[90].

Éduquer, ce n'est pas imposer mais « exemplariser »

Rien ne pénètre aussi doucement et aussi profondément dans l'âme que l'influence de l'exemple.

JOHN LOCKE, *Pensées sur l'éducation*

L'on constate souvent que, lorsqu'on nous demande, à nous parents, de préciser quels sont nos buts éducatifs, nous sommes soudainement plongés dans la perplexité. Un grand nombre de parents ne semblent pas avoir une idée très claire de ceux qu'ils poursuivent en éduquant leurs enfants. Peut-être nous apparaît-il tellement naturel qu'il faille élever les enfants que nous ne réfléchissons guère aux finalités de cette activité. Les adolescents sont conscients du problème, à l'image du philosophe Alain, qui note : « Il y a des gens pour qui avoir des enfants c'est l'aventure, qui gèrent le présent, rien de plus. » Or éduquer sans savoir dans quel but on agit devient rapidement une source de problèmes.

On a tout de même pensé, et pendant longtemps, que l'éducation était une forme de contrainte plus ou moins organisée que les parents imposaient à leurs enfants, afin qu'ils en viennent à adopter un certain nombre d'idées et de conduites souhaitables dans leur vie future d'homme et de citoyen. Spontanément, c'est donc l'idée d'« autorité » qui nous vient à l'esprit. Disons d'ores et déjà qu'exercer son autorité et éduquer ne riment qu'inopportunément, car ils n'ont vraiment aucun lien entre eux. L'autorité n'est pas un projet éducatif.

Après l'abandon des systèmes éducatifs autoritaires, on a considéré qu'éduquer, c'était « s'effacer » devant l'enfant – au nom de sa prétendue liberté et pour lui éviter tout désagrément de type traumatique –, lui laisser faire ce qu'il voulait, comme il le voulait et quand il le voulait – ce qu'on a pu appeler le « libertarisme ».

Le premier type d'éducation a produit le « tyrannisme », le second, le laxisme.

Où en sommes-nous aujourd'hui ?

L'éducation de l'enfant n'est généralement plus ce que le sociologue français Durkheim disait qu'elle était (ou devait être) au tournant des XIXe et XXe siècles, à savoir un « effort continu » pour imposer à l'enfant des manières de voir, de penser et de sentir auxquelles il ne serait pas spontanément arrivé et que réclame de lui la société. Cette définition en effet est aujourd'hui complètement obsolète. La conception autoritaire de l'éducation renvoie de fait à une conception de l'enfant considéré comme un être inférieur et inachevé.

Pourtant, concrètement, malgré les années libérales-libertaires (les années 1960 en France), l'« éducation-contrainte » demeure. En effet, « dans son application concrète, l'éducation a souvent pour objectif d'adapter l'enfant à la convenance de l'adulte en restreignant son caractère perturbateur et turbulent[91] ». L'on continue de dire (et même de plus en plus - effet de mode) que l'autorité est nécessaire pour assurer l'évolution normale de l'enfant, qu'il faut lui imposer des règles, sinon il développera des attitudes complètement anarchiques. C'est faux et dangereux. Les « autoritaristes » n'ont toujours pas compris qu'à l'imposition brutale des règles, correspond toujours une réaction brutale en termes de comportements. Vouloir changer une conduite indisciplinée par la sévérité et la brutalité ne fait que renforcer cette conduite indisciplinée, l'exagérer même. Au contraire, quoiqu'on dise, un enfant livré à lui-même ne sombre pas dans l'anarchie, il se donne rapidement des règles, et d'abord quand il joue : il sait en effet que s'il ne le faisait pas, il serait à la merci des interprétations les plus fantaisistes des joueurs. Dans les écoles actives à pédagogie participante, les élèves eux-mêmes, laissés en liberté, bâtissent progressivement un corpus de règles qui les rassurent.

L'éducation-contrainte n'est en réalité qu'une manipulation des enfants de notre part, nous les adultes, qui nous permet d'échapper à notre propre insécurité. Il existe à cet égard un divorce entre la représentation de l'enfance et les situations concrètes des enfants. Dire que l'on ne peut plus rien imposer à l'enfant (idée à la mode de « l'enfant-roi ») est faux, car l'enfant n'a même jamais été aussi dominé qu'aujourd'hui : en famille, à l'école... Rappelons donc que si être parent c'est avoir des droits sur les enfants, c'est aussi avoir des devoirs.

Nous oublions avec ces vilaines idées que l'éducation moderne réclame la participation de l'enfant - même très jeune - et que, graduellement, suivant ses dispositions et ses capacités, elle le prépare à l'autonomie. Si l'on force l'enfant à accepter l'autorité (en réalité, le pouvoir), on ne fait que brimer son intelligence et sa spontanéité ; on l'oblige à rétrécir son jugement.

Il s'agit donc, de préférence, de connaître l'enfant, quel que soit son âge, de le guider sans le brimer et de favoriser sa structuration et sa maturation ; il s'agit de le conduire peu à peu à l'autonomie, c'est-à-dire à la capacité d'assumer des responsabilités. Il s'agit finalement de le préparer, par étapes, à s'*e-ducare* (à sortir du cercle familial), à en faire un sujet, tout gardant notre confiance en lui. En réalité, toute éducation est « personnaliste », qu'on le veuille ou non. Bien sûr, il y a dans la vie de l'enfant une période où il n'a pas encore l'« âge de raison ». À ce moment-là, il faut lui indiquer les règles à suivre afin qu'il acquière une série d'habitudes qui en feront un être sociable. Il faut préciser que, contrairement à une idée reçue, l'enfant ne refuse pas ces règles, mais qu'il veut en comprendre l'esprit pour mieux s'y soumettre. Ce qui est certain, c'est qu'il s'agit moins de le « dresser » que de lui permettre de « se dresser » (au sens propre), de « s'élever » vers le meilleur de lui-même. L'important est qu'il parvienne ainsi à se diriger par ses propres moyens. Abraham Maslow a affirmé : « Une éducation plus positive favorise davantage la croissance et l'accomplissement de soi à venir de l'enfant. Que savons-nous de l'art d'apprendre aux enfants à être forts, à avoir du respect pour eux-mêmes, à éprouver une indignation vertueuse, à résister à la domination et à l'exploitation, à la propagande, à la suggestion et à la mode et, de façon générale, à l'acculturation aveugle réalisée par des firmes qui ont pour mission d'imposer à tous, et d'abord aux plus jeunes, de façon presque subliminale, un nouveau dieu, celui de la consommation à outrance[92]. » L'art de l'éducation, en somme, consiste à conduire tous les enfants - mais sans en disqualifier aucun - à la découverte du meilleur de lui-même. Le but, en ce qui nous concerne, est moins de faire de nous des parents « parfaits » que des parents « efficaces ».

Je propose donc ici une « troisième voie éducative », que j'appelle, en conformité avec l'idée « personnaliste » indiquée plus haut, l'« exemplarisation ». Celle-ci est exigeante. Les enfants, on le sait, nous imitent et s'inspirent de nos comportements plus que nous le pensons. Ils adoptent aussi (au moins jusqu'à l'âge de raison) les idées que nous défendons. De cette manière, ils se montrent rapidement aptes à prendre des initiatives. Ainsi, prenons garde d'avoir toujours les bons comportements, les bonnes paroles. Plus que jamais, nous devons nous efforcer de donner l'exemple des valeurs et des principes que nous prêchons. L'esprit critique, très développé chez l'adolescent, se plaît en effet à souligner les contradictions qui existent entre nos paroles et nos actes. Soyons donc cohérents.

Naturellement, l'« exemplarisation » ne supprime pas tout devoir de transmission. Ce devoir doit porter en priorité sur les valeurs moralement et socialement utiles, comme l'autonomie, la capacité d'échange et de coopération, la tolérance et l'esprit de justice (des valeurs que l'on doit nommer pour les voir appliquées). De la même manière, il faut souligner que l'enfant a bien évidemment besoin de connaître ce qui est « bien » et ce qui est « mal », ce qui est permis et ce qui ne l'est pas ; nous devons l'en informer aussi clairement que possible. C'est pourquoi nous estimons nécessaire de lui expliquer ce qu'on attend de lui, de commenter avec lui ses comportements.

Il n'est point utile de recourir à des blâmes et à des sanctions plus ou moins compliqués et toujours arbitraires, qui ne peuvent que démotiver l'enfant ou le rendre agressif. Il n'est point besoin de discipline transformée en but éducatif. La discipline n'est au mieux qu'un moyen qui paraît de toute façon très imparfait. Ce que nous devons viser pour nos enfants puis nos adolescents, c'est une *discipline de vie,* et il n'est point de meilleur moyen de leur inculquer qu'en leur donnant l'exemple. Naturellement, on peut à cet égard valoriser les bonnes conduites, qui ont tendance à se fixer, plus que souligner les mauvaises, qui risquent de se répéter.

Enfin, le « bon » éducateur ne doit pas se substituer à l'enfant, mais le guider et le soutenir : on ne peut pas apprendre pour un autre, à la place d'un autre ; c'est l'enfant qui doit apprendre et faire ses expériences. Les psys d'obédience autoritaire parlent ici de « prises de risques » pour aussitôt les condamner. Aurait-on oublié tous les risques utiles qui permettent de grandir, comme s'engager dans un projet, défendre une cause sociale ou politique difficile ? Le « bon » éducateur est celui qui sait s'adapter à la personnalité de ceux qu'il éduque. L'adolescent doit tenter des expériences avec le désir (qu'il faut encourager) de les réussir. Les jeunes de demain auront en effet à découvrir et à vivre dans un monde différent du nôtre. L'éducation ne peut dès lors plus consister à transmettre aux enfants ce que d'autres ont appris et fait avant eux, mais à leur apprendre à faire ce que les autres n'ont pas encore fait. L'enfant n'a pas à nous ressembler mais à devenir « lui-même », et notre rôle de parents consiste à l'y aider.

Les parents ne sont plus (tout à fait) les parents !

A priori, nous sommes animés des meilleures intentions envers nos enfants ; nous voulons leur transmettre, dans cet ordre, la confiance en soi, le sens des responsabilités et l'autonomie[93]. Concrètement pourtant, nous réduisons souvent l'adolescent à une fonction de subordonné. Pourtant, cet adolescent est bel et bien une personne à part entière au même titre que nous, parents ; comme nous, il fait des expériences, a des aspirations et éprouve des satisfactions et des inquiétudes qui lui sont propres. Désormais, nous vivons en effet sous le régime de la « démocratie familiale », où sont mieux affirmés les droits de l'individu et l'idée d'égalité et où les prérogatives des femmes et des enfants, sont mieux reconnues. Il en résulte que, comme parents, nous ne sommes plus – en théorie du moins – que les *primus inter pares,* les premiers entre les égaux que sont devenus nos enfants. Fini le temps de la « puissance paternelle » où l'image du père symbolisait l'autorité, la loi, la règle, la société, et où le rôle de la mère se résumait à entretenir la maison, à s'occuper des enfants et à servir son époux. Nous, parents de la modernité démocratique, père ou mère, devons en permanence démontrer notre valeur aux enfants et prouver nos qualités personnelles : ainsi le veut la logique démocratique que nous avons choisie... pour le meilleur et pour le pire.

Il fut un temps pas si lointain (dans les années 1990 encore) où l'on se plaisait à distinguer différents styles éducatifs : autoritaire et libéral, désengagé et permissif, démocratique. J'ai moi-même fait pareille distinction[94], mais j'y ai renoncé devant l'émergence puis la consécration du style démocratique, devenu hyper-dominant.

La famille a changé de statut : elle n'est plus une institution forte et elle ne repose plus aujourd'hui uniquement sur des liens biologiques. Elle est devenue, avec la modernité démocratique, une association qui privilégie la liberté de choix de ses membres, de tous ses membres et inclut en son sein des sujets qui ne sont plus réunis par les seuls liens du sang. Aujourd'hui, l'identité personnelle n'est plus donnée par la famille, elle est construite par chacun, par des espèces de « bricolages » incertains et provisoires. Avec le primat de la personne dans la sphère familiale, celle-ci ressemble désormais à un réseau de complexités et d'expérimentations. Au final, comme parents, il faut admettre que nous n'aurons vraiment réussi notre éducation que si nous avons appris à notre enfant à se passer de nous.

La société d'aujourd'hui n'est plus (tout à fait) la société d'hier

À l'ère de la démocratie familiale, l'éducation ne peut donc être que suggestions et explications. Elle implique et suppose que l'enfant et même le petit enfant participent au projet éducatif. En tant qu'« éduqué », celui-ci doit adhérer aux comportements que l'on attend de lui. Comme je l'ai dit auparavant, nous ne sommes plus au temps de l'éducation autoritaire mais au temps de l'éducation démocratique, ce qui, à bien y réfléchir, aurait toujours dû être. Rappelons que le mot « éduquer » vient du latin *educare,* qui signifie non pas contraindre une personne à faire quelque chose, mais la préparer à prendre son envol et à quitter le nid familial dotée, naturellement, de tout le bagage intellectuel et social nécessaire à sa future vie d'homme et de citoyen. La famille ne nous appartient pas en tant que parents ; c'est une communauté où tous les partenaires, nos enfants et nous, sont co-créateurs et co-responsables de la qualité de la vie familiale.

Une famille qui tenterait d'ignorer ce mouvement démocratique ne parviendrait pas de toute façon à empêcher que l'air du temps n'entre au cœur de son foyer. J'ai dit naguère que les parents d'aujourd'hui n'ont pas vraiment d'autre choix que d'être démocrates, que ce soit par conviction ou par nécessité raisonnable ou réfléchie, car chacun de nous, qu'il le veuille ou non, est imprégné des mœurs de son époque et doit s'aligner sur ces mœurs, plus ou moins s'entend. La télévision hier et Internet aujourd'hui contribuent pour beaucoup à l'ouverture des familles sur le monde. Ne faut-il donc pas en finir, une fois pour toutes avec l'absolutisme parental, avec cette monarchie paternelle, (bi)parentale ou monoparentale, que l'on nomme plus communément « l'autorité familiale » ? Peut-on être dupe plus longtemps et ne pas nous rendre compte qu'avoir de l'autorité sur l'enfant, ce n'est que chercher à le maîtriser puis à le soumettre ? Qu'est-ce que l'autorité en effet, sinon un appel à l'obéissance, qui passe par la discipline, c'est-à-dire le dressage ?

Entre autorité et autonomie, pouvoir et respect de la personne, il faut donc savoir choisir. Dans un monde fait désormais de personnes autonomes, l'enfant veut comprendre ce qu'on lui demande. Il attend qu'on lui explique le sens de l'ordre ou du commandement afin qu'il se l'approprie et l'exécute de son propre chef, pourrait-on dire. Le rapport d'autorité a vécu. Vive le rapport démocratique !

Pour qu'un rapport soit réellement démocratique, il faut, principalement à l'adolescence, affaiblir la fonction parentale qui a engendré le rapport autoritaire. Dans la famille démocratique, il n'y a plus « ni parents ni enfants » mais des éducateurs réciproques. À tour de rôle, chacun enseigne à l'autre (et donc apprend de l'autre) un certain savoir. L'intérêt essentiel de la double qualité de l'éducateur – qui est à la fois enseignant et apprenant – est de faire disparaître le caractère univoque du rapport liant, c'est-à-dire opposant le parent à l'adolescent. L'acte d'éducation est un acte de grandissement et de compétences croisées. Marc Oraison, dans *Savoir aimer,* dit pertinemment : « Imaginons la mère d'un enfant de quatre ans. Cette mère veut pour son enfant un avenir d'homme dont lui ne peut encore avoir la moindre idée nette, bien entendu. Il faut qu'il se laisse guider, conseiller par sa mère. Mais d'autre part, celle-ci estime que son fils doit apprendre peu à peu à prendre des initiatives, elle le considère comme fondamentalement *libre,* c'est-à-dire destiné à agir par lui-même, ayant fait siens les découvertes faites et les enseignements reçus[95]. »

On voit à partir de cet extrait que le projet de la mère consiste à «éduquer la liberté de son enfant», pour reprendre la formule d'Oraison. Ce n'est évidemment pas sans risques. Quoique la mère défende à son enfant de se mettre les doigts dans une prise de courant, lui indiquant que, s'il le fait, il va avoir mal, celui-ci désobéit et reçoit, bien entendu, une petite décharge électrique. C'est alors que la mère, consciente malgré tout de l'utilité de l'expérience faite par son enfant, qui lui a permis d'assumer une responsabilité, choisit de ne pas le gronder mais, au contraire, de le réconforter du mieux qu'elle peut.

J'entends de tous les côtés: «Assez de dialogues et d'explications». Nous n'aurions pas, nous, les parents, à nous expliquer (ce que mes contradicteurs traduisent par «se justifier»); les enfants doivent obéir dans tous les cas. Et des voix de plus en plus nombreuses, dans le sillage du pédiatre Aldo Naouri, de réclamer plus d'autorité à leur égard. Erreur, fausse route, je le redis. Faut-il rappeler une dernière fois qu'*auctoritas* ne signifie pas exercer un pouvoir sur quelqu'un, ce qu'est la *potestas,* mais «autoriser», voire «favoriser», la liberté de cette personne, en lui fournissant naturellement un bagage de valeurs et de principes? Faut-il redire que l'exercice de l'autorité au temps jadis n'a jamais été qu'un «exercice de pouvoir», qui avait pour lui la légitimité? Les parents et les enseignants qui nous ont précédés n'avaient pas plus d'autorité que les éducateurs actuels, ils avaient, dans le cadre d'une société plus verticale et hiérarchisée, plus de pouvoir et de reconnaissance sociale, c'est la différence avec notre temps.

L'autorité, la fausse bonne réponse

Ce qu'on appelle autorité n'est, en soi,
qu'un mot vide, il n'est rien et ne peut rien.
Il n'y a d'autorité efficace que celle que crée
la volonté commune et que soutient cette volonté.

ALBERT SOREL, *Nouveaux essais d'histoire et de critique*

Aujourd'hui donc, si chacun convient qu'il faut apprendre à l'enfant les règles du comportement social, nous autres, spécialistes ou non, ne partageons pas encore tous l'idée qu'il faille le faire de la manière la plus adaptée à son comportement, c'est-à-dire dans l'échange et la coopération. Je l'ai dit, la « tentation autoritaire » rôde à nouveau. Écoutons ce propos très révélateur : « Quand les pères doivent redevenir pères avec toute l'autorité que cela suppose, ils sont en difficulté... Un père incompétent à l'adolescence, un père qui ne pose pas de limites, c'est un handicap[96]. » Sinistre et dangereux point de vue. « La dévalorisation, le dressage autoritaire de l'enfant, puis de l'adolescent, la soumission passive obtenue par la contrainte, le chantage ou la moquerie ont pour effet de briser le moi, de l'empêcher de se constituer[97]. »

Seul le dialogue prépare réellement l'enfant à l'autonomie. S'il a été correctement établi, viendra le temps, à l'adolescence précisément, où l'éducation devra se faire plus discrète. Rien de plus dévalorisant que l'imposition brutale de la contrainte ; rien ne compromet davantage l'épanouissement de la personnalité. On sait que si, de manière générale, « la personnalité implique la coopération[98] », c'est encore plus vrai pour la personnalité adolescente. On sait également que, bien comprise, c'est-à-dire respectueuse d'autrui, la liberté favorise l'ordre, qui est d'autant plus accepté que l'on a travaillé à sa réalisation. Voilà une réalité sur laquelle tous les « autoritaristes » seraient avisés de méditer, eux qui, au nom de la discipline, sont prêts à sacrifier la liberté de l'enfant, condition pourtant de son épanouissement. Victimes d'une illusion, les « autoritaristes » n'obtiennent de l'ordre que l'apparence extérieure, dont le prix est chèrement payé par l'agressivité ou la rébellion des assujettis.

Il n'y a finalement pas d'autorité qui vaille désormais. Qu'est-elle cette autorité, en somme, sinon le « pouvoir d'un seul », père ou mère, ou des deux à la fois, qui forment bloc contre l'enfant ? L'autorité, n'est-ce pas seulement l'art de se faire obéir par n'importe quel moyen ? Peut-elle donc, cette autorité, se traduire autrement que par le refus adressé à l'enfant de la moindre initiative personnelle, de toute autonomie de pensée et d'action ? La grande peur du parent « autoritaire », n'est-ce pas en réalité de voir son enfant « triompher » de lui ? Et puis, ne soyons pas dupes, il existe aussi « des éducateurs qui se servent de leur autorité uniquement pour interdire et pour garder l'enfant sous leur aile, sans lui accorder la moindre chance d'épanouissement. Le garçon ne fera pas de sport parce que "ça le fatiguerait"... Il n'invitera pas d'amis chez lui, parce qu'on n'a pas besoin d'étranger chez soi... et il n'acceptera pas les invitations des autres, parce qu'on serait obligé de les rendre ; et tout à l'avenant[99] ? »

Peut-être, mais vraiment à l'extrême limite, nous admettons qu'il n'y a d'autorité convenable que morale, celle de l'homme qui par le prestige qu'il possède s'impose à l'autre, qu'il n'y a d'autorité qu'attachée à la personne, comme synthèse de la valeur personnelle, en quelque sorte. L'autorité n'est pas une méthode, mais une consécration. Elle n'est pas un outil éducatif, mais un couronnement. De la même façon, la discipline n'est pas un mode de gestion des enfants, c'est un résultat que l'on appelle alors « discipline de vie » ou « discipline intérieure ».

Éduquer un enfant, ce n'est pas réaliser un « exercice de pouvoir » à son encontre mais, par « un exercice de dialogue » permanent, réaliser le but ultime de l'éducation : l'accession à la liberté. Il s'agit pour l'éducateur d'aider celui que l'on éduque à se réaliser pleinement, en accord avec sa nature propre et ses aptitudes particulières. Éduquer un enfant, c'est lui montrer un chemin (en le tenant d'abord par la main), mais plus encore, lui « montrer l'exemple ». C'est par nos paroles et surtout par nos actes – Jean Cocteau disait que les paroles étaient inutiles – que l'enfant se construit aussi une idée de lui-même et de ses relations avec les autres, par la signification qu'il leur donne. C'est pourquoi nous devons constamment évaluer leur pertinence. J'ai dit maintes et maintes fois qu'avec les adolescents, puisque *tout est joué à 10 ans,* il s'agit moins d'éduquer que d'avoir une bonne relation, basée sur la confiance et le respect mutuel ; il s'agit de s'inscrire dans la **parence,** c'est-à-dire établir une relation personnelle ce qu'est au demeurant toute relation, fondée sur la parité des individus. Cette idée est incluse dans le néologisme « parence ». Permettez-moi ici de rappeler ce que le grand poète et comique latin Terence (194-159 av. J.-C.) a rapporté dans l'une de ses pièces (dont j'ai oublié le nom) où il relate la profession de foi d'un père très compréhensif. Celui-ci, estime l'auteur, ne croit d'abord pas nécessaire d'user de tous ses droits envers son fils. Il croit ensuite qu'il est bon d'apprendre aux enfants à ne pas cacher de choses à leurs parents, donc de leur faire confiance plutôt que de leur inspirer la crainte.

Les parents d'adolescents ont surtout besoin de disposer de compétences relationnelles. Or toute relation est imprégnée d'affectivité ; elle évolue en permanence entre confiance, inquiétude ou crainte, sympathie, indifférence ou antipathie, amour et haine parfois. Il faut, le plus possible, se débarrasser de tous ces affects.

Lorsque j'affirme que *tout est joué à 10 ans*, je veux dire par là qu'un certain nombre d'apprentissages doivent obligatoirement se faire dans les premières années de la vie de l'enfant, sans quoi les acquisitions ultérieures seront plus difficiles à réaliser. En effet, le degré de construction du psychisme, qui détermine aussi bien la possibilité d'appréhension des expériences que la possibilité de faire des innovations comportementales, suppose une édification progressive des facultés mentales et des conduites sociales et morales. Il est aisé d'imaginer que l'absence de certains apprentissages qui structurent la personnalité puisse conduire à des lacunes et à des déficiences à l'adolescence. Le goût de l'effort, le sens des responsabilités et de la justice, la tolérance et l'esprit d'initiative sont des choses qui s'apprennent durant l'enfance et s'affirment au cours de l'adolescence.

La **parence,** dont nous venons de parler, c'est l'esprit de la relation parent-adolescent. C'est un processus par lequel des individus nommés « parents » posent une série d'actes relationnels et de communication à l'égard d'individus nommés « adolescents ». La « parence », ainsi définie, est un art, l'art de mettre en relation des personnes désormais égales en droits et en devoirs, douées d'intelligence et disposant de capacités et de talents à faire valoir. Ces personnes, quoique conservant leur statut de parent et d'enfant, cheminent à présent de concert. Ce processus, cet art, je l'ai dit, se situe *au-delà* de l'éducation proprement dite. Nous supposons en effet que le « bloc » éducatif est déjà posé. À l'adolescence, il s'agit exclusivement d'un *jeu* relationnel. Jeu compliqué avec des partenaires-adversaires ayant des visées antagonistes : autorité d'un côté (parents), autonomie de l'autre (adolescents). Nous sommes bel et bien les garants de l'autonomie de nos enfants, qui sont plus que jamais les sujets actifs de leur développement.

L'instauration de cette nouvelle relation suppose un double *deuil de l'enfance,* pour employer la phraséologie psychanalytique : un de la part de l'adolescent et un de la part des parents. Pour le premier, la chose est aisée et pour nous, parents, l'opération est plus délicate. Ce que l'on nomme « crise » chez l'adolescent apparaît alors, je le souligne de nouveau, comme le refus énergique et parfois désespéré des parents de « lâcher prise ». Pas facile pour nous en effet d'« effacer » l'enfant, d'accepter un être qui revendique sa propre liberté, qui aspire à faire ses propres choix et qui entend analyser seul les situations qui se présentent à lui. Parfois, nous trouvons même cela proprement inacceptable. Ces avancées d'autonomie ne sont-elles pas perçues comme autant de défaites personnelles pour nous ? D'où notre crispation, notre mauvaise humeur et la fameuse et périlleuse « tentation autoritaire » évoquée plus haut. Lorsque nous cédons à cette tentation, nous subissons en retour, évidement, les rébellions et les mouvements d'humeur de nos enfants. Cycle infernal !

Plusieurs d'entre nous, plus nombreux qu'on ne l'imagine, sont cependant capables de faire preuve d'ouverture d'esprit. Ainsi, Nicolas, 15 ans, reconnaît-il s'entendre très bien avec son père, qu'il définit comme tolérant et généreux et avec qui il parle de tout : de ses copains et copines, de politique, de ce qui se passe dans le monde, des rapports entre les hommes... Alain, 17 ans, évoque cette même ouverture d'esprit chez ses propres parents.

Mais attention, cependant ! Nous le savons à présent, une bonne relation ne signifie pas une relation exempte de tensions. Toute relation humaine est par nature potentiellement conflictuelle, ce qui ne signifie pas qu'être en relation implique que les conflits sont nécessairement inévitables, mais qu'ils sont possibles. C'est le lot de toute relation qui met en contact différences : âge, fonctions, capacités, etc. Il n'est donc pas de rapports humains qui ne s'accompagnent de désaccords, d'incompréhension et de malentendus. Je reviendrai sur cette question au chapitre suivant.

Résumons sous forme de tableau les deux grands systèmes éducatifs en présence. Je laisse de côté le « laisser-faire éducatif », qui est une pure « non-éducation ».

SYSTÈME TRADITIONNEL (Autoritariste)	SYSTÈME NOUVEAU (Personnaliste)
La méthode Autorite Discipline Ordre Domination Punition	 Démocratie Dialogue Coopération Respect Réparation
La visée Obéissance Soumission Conformisme Devoirs/Obligations	 Respect Distinction Responsabilité Respect de la loi (civile, pénale, religieuse, etc.)

L'ESSENTIEL

La famille, comme tout groupe, a besoin de règles: celles-ci visent à la fois le maintien de l'entente et de la convivialité entre tous les membres. La famille doit apprendre à l'enfant les lois et les réalités sociales. Pour le reste, elle doit lui enseigner à se gouverner lui-même. Ne l'oublions pas, la liberté est le but ultime et unique de l'éducation.

Nous l'avons vu, le débat fait rage aujourd'hui entre les défenseurs de la règle en famille et les adversaires de toute prescription. La réalité des choses montre qu'il s'agit d'un faux débat. Tous les éducateurs savent et reconnaissent que les enfants ont besoin de règles. Certes, les uns disent que c'est pour les faire obéir, les autres pour leur permettre de s'épanouir, mais là s'arrête souvent la différence (qui est tout de même d'importance) entre les éducateurs.

Le débat essentiel, en fait, est celui qui porte sur le mode d'élaboration de la règle, que je préfère nommer «repère» ou «référence». Imposition ou concertation, tel est l'enjeu. L'enfant, et même l'adolescent, ne rejette pas la règle, mais cette règle, il veut qu'elle obéisse à deux conditions: premièrement, elle doit l'aider à se surpasser, à grandir. Piaget disait que l'enfant accepte la règle «si elle le supériorise[100] »; deuxièmement, à partir de l'âge de raison, il veut participer à l'élaboration de cette règle. C'est le stade que Piaget nomme le «consentement mutuel[101] ».

L'« âge ingrat » des parents

Ou comment les adolescents pourraient entendre ce que nous, parents, ne leur disons pas

Pauvres adultes que nous sommes ! Il n'est pas facile d'avoir 40 ou 50 ans (et plus encore) : le temps a passé si vite ! Comme elle nous semble loin l'époque de nos 20 ans que nous regardons avec nostalgie. L'âge du « milieu de la vie » est bien celui où se pose d'abord le problème biologique du vieillissement et la crainte de la mort, d'où la tentation parfois de refuser cette double perspective, d'oublier la seconde et de contourner la première en adoptant notamment une attitude « jeuniste ». L'obsession est alors de paraître jeune, voire plus jeune que les jeunes eux-mêmes. Alors, à grands renforts de parures « ados » comme nos filles, si nous sommes mères, et de joutes sportives avec nos fils, si nous sommes pères, voire à coups de bistouris ou de jogging endiablé quelquefois, nous nous efforçons de compenser au mieux les morsures physiques et intellectuelles de l'« âge du mitan ».

Et puis, 40 ou 50 ans, c'est, hélas, l'âge des grosses difficultés conjugales qui nous conduisent quelquefois à de brutales séparations, l'âge des incertitudes professionnelles qui nous mènent à d'implacables licenciements, des difficultés monétaires qui nous conduisent parfois sous le seuil de la pauvreté.

Les conditions de la vie moderne liées aux effets accumulés de l'urbanisation, des transformations sociales et économiques sont ainsi pour beaucoup d'entre nous très éprouvantes. Elles exigent de notre part un effort qui dépasse celui qui nous a jamais été demandé précédemment, ou celui que la plupart d'entre nous sont capables de fournir sans être aidés et rassurés. Les préoccupations quotidiennes, la menace du chômage, la vie chère, tous ces facteurs exercent évidemment une vilaine influence et sont propices à l'anxiété. C'est ainsi que nous nous retrouvons soudainement :

- désemparés ;
- désabusés ;
- déprimés ;
- désespérés ;
- désarmés.

Dur d'être parent. Plus dur encore dans un monde brutal

L'anxiété parentale, bien légitime dans ce monde où règnent la compétition et l'exclusion, ne peut hélas qu'avoir des répercussions négatives sur la vie de nos enfants. Cette influence néfaste n'est plus à démontrer ; elle est en grande partie proportionnelle aux inquiétudes et aux incertitudes que nous exprimons, explicitement ou non. Lorsque nous vivons dans des logements exigus et inconfortables, que nous sommes plongés dans l'incertitude liée aux difficultés du présent et aux menaces pour l'avenir, il est rare qu'il nous suffise de suivre les préceptes tirés de la « médecine » psychanalytique ou de quelque autre thérapie pour garantir l'équilibre de nos enfants.

Voici quelques témoignages d'adolescents qui révèlent combien l'angoisse parentale se transmet aux enfants :

À force d'avoir peur de tout, les parents nous empêchent de vivre.

CAMILLE, 14 ans

Je trouve qu'ils me mettent une grosse pression pour le travail scolaire et je leur demande sans arrêt de me laisser tranquille. Ils sont obsédés par mon avenir et ma réussite. Ils me parlent de ça plusieurs fois par jour.

FLORENT, 16 ans.

Par rapport à mes parents, on n'est plus sur la même longueur d'ondes, on ne se comprend plus. Je suis un peu déprimée, mais je n'en parle pas trop. Mes parents m'engueulent, mais ils ne comprennent pas que je souffre de tout ça.

MARINE, 16 ans.

La détérioration du climat familial n'est plus très loin. Le couple est alors directement concerné : l'heure de la dispute avec notre conjoint ou de la déprime qui frappe l'un ou l'autre sonne tristement ! Et cet état de fait a les conséquences malheureuses que l'on imagine sur la vie des enfants et des adolescents qui se trouvent plongés, malgré eux, dans une atmosphère d'insécurité. Les études démontrent en effet avec une remarquable constance que la mésentente conjugale constitue l'une des premières causes du mal-être psychologique des jeunes ; le spectacle continuel des disputes, des « scènes » et quelquefois des coups est en effet particulièrement éprouvant pour les plus jeunes, qui sont souvent eux-mêmes en butte à de multiples problèmes dans leur existence quotidienne (problèmes scolaires, déceptions amoureuses, etc.). Nous en reparlerons.

Bien entendu, à condition d'être capables, grâce à un comportement calme et volontaire, de rassurer nos enfants et de répondre à leurs besoins affectifs (y compris dans les circonstances les plus fâcheuses ou les plus délicates), la recherche montre encore que même l'extrême dénuement ne suffit pas à pourrir la vie familiale. Inversement, quand bien même il n'existerait aucune cause réelle d'inquiétude, nous ne nous rendons pas toujours compte des craintes que nos paroles peuvent susciter chez nos enfants.

Autres signes de notre « ingratitude » parentale : l'instabilité, autrement dit, le manque de constance dans notre comportement et l'incohérence dans nos décisions. Voilà deux attitudes observées dans l'exercice de l'autorité parentale. Par exemple, certains parents se montrent alternativement « cool » puis sévères, inflexibles puis « coulants ». Ces attitudes en « douche écossaise » et ces changements d'humeur sont lourds à supporter pour des enfants qui cherchent avant tout, je le répète, le confort moral et la sécurité.

On ne saurait non plus oublier la préférence d'un parent pour l'un de ses enfants. Si cette attitude est « compréhensible », elle n'est cependant pas acceptable dans le champ éducatif si nous traitons nos enfants inégalement. Or la distribution inégale de l'affection est toujours dommageable pour les « oubliés de l'amour » ; des jalousies naissent chez les enfants lorsque l'un d'eux jouit de privilèges refusés à tous les autres.

Autant dire avec le psychologue Pierre Marc qu'il ne serait pas superflu que toute personne institutionnellement détentrice d'un pouvoir s'astreigne régulièrement à l'exercice suivant : répertorier et analyser ses comportements et ses attitudes face aux gens et voir en quoi ils diffèrent selon qu'elle s'adresse à des jeunes ou à des adultes.

* * *

En résumé, on sait maintenant que les mauvaises relations familiales, les problèmes de communication et notre passivité face à des situations stressantes sont à l'origine des « conduites à risques » des adolescents ou les favorisent (consommation de produits toxiques, conduites délinquantes, etc.) et on sait, au contraire, qu'un climat familial où le jeune reçoit de l'affection et du soutien *diminue* ce risque.

LE CONSEIL AUX PARENTS
N'hésitons pas à dire à nos enfants ce qui nous chagrine, trouble notre sommeil et nous préoccupe. C'est moins faire preuve de faiblesse que d'humanité.

La crise d'opposition des parents : sévère !

Ou comment nous rendons fous « nos » adolescents

Certains parmi nous acceptent difficilement de voir grandir leurs enfants. Nous, les pères, par exemple, nous voyons souvent d'un mauvais œil notre fille sortir avec un garçon, et plus encore s'il est « beau gosse ». Nous, les mères, nous redoutons la beauté de nos filles, toujours plus séduisantes chaque jour, et l'intérêt de nos fils pour telle ou telle jeune fille. Après tout, ne possédons-nous pas nos enfants depuis leur naissance ? Pleinement dépendants, ne nous sont-ils pas complètement assujettis affectivement ? Quand le changement pubertaire se produit, nombre de parents semblent comme pris au dépourvu. Cette évolution de l'enfant vient perturber tout l'édifice familial et remettre surtout en cause le pouvoir que nous avions sur eux. Nous savons par ailleurs que tous ces changements constituent un pas de plus vers l'indépendance future et signifient notre proche dépossession affective. Mais c'est plus fort que nous, nous voulons conserver notre « monopole » affectif.

C'est pourquoi, nous nous OPPOSONS, pas toujours consciemment, à cette autonomie naissante et sommes prêts à tout faire, pas toujours consciemment encore, pour contrarier la volonté émancipatrice de nos enfants, la briser quelquefois. On connaît les discours que nous tenons alors : « Tu es trop jeune pour partir en vacances seul, pour sortir tard le soir, pour faire l'amour », « Nous ne voulons pas que tu fréquentes un tel ou un tel... », « Tu sors bien souvent en ce moment », et ainsi de suite. On constate par ailleurs que nous traitons plus facilement en égal les adolescents de nos amis ou connaissances.

Il y a une autre raison à cette opposition: l'envie, la jalousie quelquefois. Je le rappelle: l'adolescent n'est-il pas plus beau et plus fort – en sport par exemple? N'est-ce pas là un domaine où s'établit, sans contestation possible, sa supériorité sur nous autres, adultes? Et que dire de son exceptionnelle habileté dans le maniement des nouvelles technologies?

Bref, quand la beauté de l'adolescent s'épanouit, que sa vigueur s'accentue, que son intelligence mûrit, il en est parmi nous qui ne le supportent pas, qui se remémorent douloureusement leurs espoirs et leurs ambitions déçus et qui le perçoivent comme une menace directe à leur suprématie.

C'est pourquoi, jadis, dans l'Antiquité, au Moyen Âge, on mettait radicalement en valeur les qualités morales supérieures des «hommes faits», pour mieux masquer leur infériorité physique. Puisque le jeune grec (l'éphèbe) était beau, on décrétait qu'il ne serait pas sage. Voilà l'une des clés de la philosophie de Socrate, un homme particulièrement laid qui, se reconnaissant le plus sage d'entre tous les sages, n'eut de cesse de mettre dans l'embarras ses interlocuteurs, surtout les plus jeunes.

Décidément, il n'est pas facile à vivre, notre «âge ingrat»! Moins encore pour nous les femmes touchées par la ménopause, le fameux «âge critique» d'antan, encore nommé: «retour d'âge». À cet instant, les menstruations disparaissent et nous ne fabriquons plus d'ovules, nous ne pouvons plus avoir d'enfants.

Décidément, pas facile à vivre cet âge du mitan! Pas facile de garder son sang-froid devant des adolescents revendicatifs de liberté!

Parfois, il est vrai que, soit nous ne comprenons pas les changements qui se produisent chez nos enfants, soit nous ne nous rendons pas compte de leur «métamorphose». Autant dire qu'alors, c'est moins l'adolescent qui ne se reconnaît pas dans son adolescence que nous qui ne reconnaissons pas l'enfant d'avant: celui-ci semble avoir complètement disparu; à sa place, c'est comme un étranger qui paraît s'être installé à la maison. Il n'empêche, nous continuons à traiter le «nouveau venu» comme un jeune enfant. En somme, nous refusons de faire notre «sevrage psychologique». Maladresse! Maladresse compréhensible. Renoncer à la toute-puissance c'est, du même coup, perdre nos repères et notre stabilité.

Une chose est sûre, que nous soyons rebelles au changement ou que nous ne le comprenions pas, nous entravons à coup sûr le processus qui mène à la maturité de notre enfant, car plus l'adolescent reste un (petit) enfant par soumission à ses parents ou pour ne pas leur déplaire, plus il est contraint de renoncer en tout ou en partie à son autonomie. Ainsi, nous provoquons des attitudes d'opposition et de rébellion de sa part, car l'adolescent dont l'évolution et la croissance ne sont pas reconnues n'a, soulignons-le, d'autre choix que de s'opposer.

LE CONSEIL AUX PARENTS

Ne concevons plus l'adolescent comme un «objet» sur lequel s'exerce notre autorité, mais comme une personne qui doit jouir de droits et libertés nouveaux. Rappelons-nous aussi qu'il n'est de «bonne» autorité que morale, c'est-à-dire qui repose sur nos capacités et nos savoir faire personnels qui finissent par «forcer» pacifiquement le respect de nos enfants.

L'ESSENTIEL

Un parent est un «éducateur» qui «élève» l'enfant (au sens propre de le faire grandir).

Un parent d'adolescent est un «communicateur» qui développe le dialogue et l'échange avec ses enfants.

Éduquer consiste à rendre l'enfant progressivement autonome, c'est-à-dire responsable de lui-même. Celui-ci se heurte à la «résistance» de ses parents qui entrent en «crise d'opposition», en refusant d'abandonner leur pouvoir sur lui ou en ignorant les changements qui s'opèrent chez lui. À leur décharge, l'«ingratitude» de leur âge: conscience du temps qui passe, du vieillissement à venir, des difficultés du présent, etc.

Chapitre 3

COMMUNIQUER ET RECONNAÎTRE

Quel ennui toutes ces rengaines sur
la non-communication ! Si on tient à communiquer
on y réussit tant bien que mal. Pas avec tout le monde
bien sûr, mais avec deux ou trois personnes.

SIMONE DE BEAUVOIR, *La femme rompue*

Nous croyons communiquer avec les adolescents ; en réalité, nous passons notre temps à les juger. Nous les jugeons en les punissant, et même encore en les récompensant. Et lorsque finalement nous nous risquons à les condamner, nous faisons la déplorable économie de les comprendre.

On devrait se poser un certain nombre de questions. Pouvons-nous modifier nos attitudes et nos principes pour obtenir de meilleures relations avec les adolescents ? Sommes-nous capables de les accepter et de nous adapter aux changements ?

La communication est un art difficile. Le psychiatre américain Eric Berne, fondateur de l'analyse transactionnelle, dit que 90 % de nos échanges sont piégés et on peut penser qu'avec certains adolescents ce pourcentage est encore plus élevé. Savoir discuter, avancer des arguments, convaincre, c'est pourtant cela, la démocratie familiale. Échanger et discuter son point de vue, c'est apprendre l'exercice des relations sociales. Le parent qui sait écouter et défendre ses convictions est un parent réellement utile.

La communication est d'abord une disposition de l'esprit ; il faut VOULOIR communiquer et ensuite, espérer réussir cet exercice. Communiquer, je l'ai dit, c'est comprendre, et comprendre, c'est chercher le sens que l'autre donne à ses conduites ; le sociologue allemand Max Weber appelait cette démarche la « sociologie compréhensive ». Communiquer c'est mettre en commun, dit quelque part Albert Jacquard. En cas de désaccord avec l'adolescent, communiquer c'est d'abord reconnaître ce désaccord. C'est aussi reconnaître son altérité, qu'il est lui, avec sa personnalité et avec ses besoins spécifiques, qu'il faut savoir entendre. Avec le dialogue, nous exprimons notre désir sincère d'échanger avec l'autre ses idées, ses projets et ses expériences.

Parfois, il est vrai, nous ne comprenons pas comment nous pouvons agir aussi mal avec « nos » adolescents. N'avons-nous pas été adolescents nous-mêmes ? N'avons-nous pas vécu les mêmes joies et les mêmes épreuves qu'eux ? Certes, mais comme les souvenirs de notre propre adolescence portent davantage sur les événements qui s'y sont produits que sur les états d'âme que nous éprouvions à l'époque, cet âge semble définitivement perdu pour nous. Et puis, toujours à notre décharge, les soucis de notre vie d'adulte semblent nous faire oublier nos inquiétudes d'adolescents, lorsque nous les avons gardées en mémoire. Il y a cependant une autre explication, moins glorieuse, à cette amnésie adulte : le sentiment, indicible naturellement, que nos enfants vivent décidément un bel âge, pour nous-mêmes définitivement révolu. De la nostalgie à la rancœur, il n'y a plus alors qu'un tout petit pas que nous franchissons, consciemment ou non !

Comme pour les besoins essentiels des adolescents, dont je parlerai dans un instant, il est certain que plus la communication avec nos enfants a commencé tôt, plus elle s'est établie dans les premières années de leur vie, plus elle a de chances d'être de bonne qualité à l'adolescence.

Renoncer à notre complexe de supériorité

J'ai raison parce que je suis ton père.

VIEILLE DEVISE PATERNELLE

Le complexe de supériorité de l'adulte, voilà l'ennemi. Voici le témoignage de Nicolas, 16 ans :

> Mon père, quand il dit quelque chose, il a vraiment le sentiment que c'est vrai. Il ne peut pas admettre pratiquement que ce soit faux. Moi, c'est la même chose, quand je pense que quelque chose est juste, ça me paraît tellement évident. Je ne comprends pas, ça m'énerve que l'autre ne comprenne pas.

Le psychanalyste dissident Alfred Adler parlait d'une « tendance infatigable de l'homme à la supériorité ». L'esprit de supériorité se traduit par le désir de dominer, de faire reconnaître aux autres (ici à ses enfants) que l'on est le plus fort, par la volonté d'imposer des contraintes, même inutiles, juste pour jouir du sentiment de puissance. Ainsi célébrons-nous en permanence notre « supériorité », au nom de notre supposé « achèvement » d'adulte.

Dans cet esprit, il est courant de prendre les supposés mauvais comportements de nos enfants, ou leurs comportements singuliers comme une attaque personnelle. Nous croyons par exemple qu'en adoptant telle ou telle coiffure, qu'en portant tel ou tel vêtement de leur âge, ou bien en se tatouant, nos adolescents cherchent à nous « embêter ». Ou bien, nous pensons qu'en se comportant désagréablement, ils obéissent au désir de tester notre résistance et notre fermeté. Rien n'est plus inexact. Il y a fort longtemps que les adolescents se situent dans l'indifférence face à leurs aînés, non dans le conflit avec eux.

Surtout, beaucoup d'entre nous considèrent qu'un plus jeune, surtout un beaucoup plus jeune que soi, ne saurait émettre un avis fondé ou une idée raisonnable sur quelque sujet que ce soit. Sur quoi repose donc un pareil sentiment? Sur nos plus grandes connaissances et compétences? À nouveau, beaucoup d'entre nous le pensent, sans le dire toujours aussi clairement. Sur notre expérience? Julien, 16 ans, poursuivant son témoignage, en doute: «pas sur l'expérience de points très précis» en tout cas, affirme-t-il. Peut-être sur «l'expérience d'une vie entière», mais le jeune homme n'en est pas sûr non plus. Alors, sur notre statut, sur la mission éducative que nous assignent les pouvoirs publics? Nous sommes encore plus nombreux à le penser et à le dire, cette fois, très clairement. Nous n'en doutons pas en effet, c'est bien en vertu de notre qualité de «premier éducateur» de nos enfants - avec les responsabilités qui accompagnent cette qualité - que nous justifions l'idée que nous sommes au-dessus d'eux, ce qui nous conduit à installer cette relation dialectique de l'*inférieur* et du *supérieur.*

Redisons-le ici, le parent n'est pas supérieur à l'enfant. S'il l'est parfois, c'est une simple question de fait et non de droit. Le parent a seulement la possibilité que n'a pas l'enfant de se mettre en valeur. Une chose est sûre encore, une relation de supérieur à inférieur est tout à fait inadéquate avec les adolescents, qui sont personnes à part entière. Cette «vision positive» nous oblige, ou doit nous obliger à faire tomber la barrière du statut parent/enfant, pour permettre à ce dernier de trouver ses propres ressources et de libérer ses forces positives qui lui apporteront l'estime de soi. Nous ne devons pas traiter nos enfants de haut ou avec condescendance. De ce point de vue, Alain, âgé de 17 ans et dont les parents sont pharmaciens, a beaucoup de chance: «Avec mon père, dit-il, si j'argumente bien mes idées - et même si elles sont contraires aux siennes - il les accepte sans problème.»

Répétons-le une dernière fois, dans une relation authentique entre parents et adolescents, il ne doit y avoir ni supérieur ni inférieur, mais une collaboration sincère basée sur la confiance et le respect (de ce que l'autre *est* ou *sait*). Si nous considérons l'autre comme une personne à part entière, nous apprenons autant d'elle qu'elle apprend de nous. Notre relation avec nos adolescents, ne l'oublions pas, est un échange de vues permanent. L'éducateur doit être sans cesse dans l'humilité, seule manière pour lui de conserver son ouverture d'esprit. La communication suppose bel et bien que nous devons sortir de nos habitudes et de nos « tics de langage ». N'est-ce pas fou de voir à quel point nous sommes enfermés dans des stéréotypes et des préjugés, en résumé, dans notre supériorité ?

Adolescents, osez nous dire non !

Nous sommes des *opposants* naturels à l'autonomie de nos enfants ; c'est pourquoi les adolescents deviennent de grands *résistants* à nos conduites, ce qui les contraint parfois à se transformer à leur tour en de virulents opposants. Ainsi contrarié dans son désir de s'affirmer, « notre » adolescent se rebelle, mais ne le fait-il pas en état de « légitime défense » ? A-t-il d'autre choix ?

La « parence », par quoi, nous l'avons vu, j'entends la relation égalitaire avec l'adolescent, réclame la participation et la collaboration. Adler, maintes fois cité, défendait jadis l'idée d'un enfant collaborateur qui, pour grandir, avait besoin de droits égaux aux autres. L'adolescent, plus encore, a besoin d'être le « collaborateur » de ses parents. Il a désormais besoin d'être reconnu comme « personne ». Cette exigence suppose de notre part une « actualisation » de nos relations avec lui dans le sens d'une plus grande égalité. Néanmoins, nous devons rester à notre place, jouer notre propre rôle ; nous devons constamment nous rappeler que nous sommes des adultes qui échangent avec des personnes qui se rapprochent de plus en plus de l'état d'adulte.

La situation particulière de l'adolescent étranger

« Qu'il soit Haïtien à Montréal, Coréen à Québec, Marocain à Paris, Algérien à Marseille ou Québécois à Toronto, l'adolescent doit construire son identité en combinant à son avantage les valeurs de son peuple d'origine et celles de la société majoritaire[102]. »

L'adolescent « étranger », surtout celui qui est nouvellement arrivé dans le pays d'accueil, est confronté à de nombreuses difficultés, qui sont autant de défis pour lui. Dans son pays, il n'a pas toujours connu de conflits avec sa famille.

Une adolescente vietnamienne installée en Suisse témoigne du changement: «Dans mon pays, explique-t-elle, on n'exprime pas ses sentiments, on les garde à l'intérieur.»

L'adolescent étranger doit gérer une double appartenance culturelle, il doit changer ses repères: habitat, école, climat, régime alimentaire. Cela l'oblige fréquemment à prendre quelque distance par rapport à sa famille d'origine pour être mieux accepté par la société d'accueil: il lui faut se construire en quelque sorte une nouvelle personnalité. Il existe de nombreux ouvrages sur ce sujet et j'y renvoie le lecteur intéressé.

La situation difficile de l'adolescent homosexuel

La découverte par un adolescent de son homosexualité est souvent une source d'anxiété et de conflits intérieurs très importants, surtout dans des sociétés qui condamnent soit juridiquement, soit moralement, cette pratique. Si l'homosexualité - du moins en Occident - n'est plus considérée comme un désordre psychiatrique ou une perversion, elle continue d'inspirer, sinon de l'hostilité, du moins de l'inquiétude et un malaise, et elle suscite toujours la réprobation sociale. Les parents, le père principalement, accueillent souvent mal l'homosexualité de leur enfant, et ils s'en sentent souvent responsables. Les pères, atteints dans leur virilité, se sentent trahis. Le dialogue est pourtant ici plus nécessaire que jamais. Nous devons, en tant que parents, rester proches de notre enfant, lui dire que son orientation sexuelle ne change rien à l'amour que nous lui portons.

L'adolescent homosexuel souffre d'une situation qu'il n'a pas choisie. En effet, on estime, qu'entre 1 et 6% jeunes de 12 à 18 ans sont homosexuels. On a longtemps pensé que cette «inversion», comme on la nomme encore quelquefois, était une conduite «perverse» qu'il fallait réprouver. On sait aujourd'hui qu'il n'en est rien, que l'homosexualité n'est pas une maladie, que le jeune homme ou la jeune fille doit accepter cette orientation sexuelle différente qu'il ou elle n'a pas choisie.

La découverte de son homosexualité reste pour l'adolescent une épreuve délicate. Rappelons-nous qu'un adolescent homosexuel court 13 fois plus de risques de faire une tentative de suicide qu'un adolescent hétérosexuel. Il passe par toute une gamme d'émotions et de sentiments : honte de soi, peur de la réaction familiale, crainte d'être tourné en ridicule ou rejeté par ses pairs. C'est pourquoi le gouvernement français vient de décider que l'homophobie serait fermement sanctionnée en milieu scolaire. Il reste à apaiser la situation familiale, mais c'est une autre affaire !

L'adolescent soldat

Ce cas est intéressant en ce qu'il montre le passage d'une dépendance familiale à une dépendance militaire pour l'adolescent. En quittant ses parents, le jeune garçon n'acquiert pas pour autant une autonomie réelle, mais se trouve au contraire projeté dans un nouvel esclavage.

Nous connaissions, en Afrique noire notamment, le cas des enfants-soldats. Nous découvrons aujourd'hui l'existence des « adolescents-soldats ». L'actualité nous révèle qu'en Algérie, des adolescents sont la proie de recruteurs d'Al-Qaida. En septembre 2007, 13 collégiens âgés de 14 à 16 ans ont ainsi été condamnés à 3 ans de prison avec sursis. Ils recevaient un entraînement au maniement des armes et des explosifs dans le maquis algérien. Selon l'enquête policière, ces adolescents auraient également servi d'informateurs pour le mouvement islamiste : ils étaient chargés de collecter des informations sur les mouvements des policiers, des militaires et des entrepreneurs, moyennant des récompenses allant de 2000 à 3000 dinars (20 à 30 euros). Les appréhensions des autorités algériennes au sujet de l'enrôlement de jeunes ont d'ailleurs reçu une confirmation le 8 septembre, lors de l'attaque-suicide lancée contre une caserne des garde-côtes à Dellys, sur le littoral est de l'Algérois, qui a fait 30 victimes. L'auteur de l'attentat n'avait que 15 ans. Un responsable de la police a lancé alors un appel aux parents pour qu'ils surveillent mieux les fréquentations de leurs enfants. Il semble qu'en réalité l'absence de perspectives d'avenir de ces adolescents soit à l'origine de tels choix. Cet engagement leur donne le sentiment d'être utile.

Nous aurions tort de croire que le cas de « l'adolescent soldat » ne se produit que dans les pays pauvres ou en proie à de sombres dictatures. Le mensuel *In These Times*, résolument opposé à la guerre en Irak, nous apprend en mai 2007 que, sur un million de militaires américains dans l'armée active ou de réserve, près de 600 000 se sont engagés à l'adolescence. Au 31 mars 2007, l'armée américaine comptait ainsi 81 000 jeunes de moins de 20 ans, dont 7 350 étaient âgés de 17 ans seulement. Il est à noter que ces derniers ont tout de même eu besoin de l'autorisation de leurs parents pour s'engager ! Ajoutons que près de la moitié du célèbre corps des marines est composée de jeunes gens de 17 ou 18 ans (chiffres de 2002). Il semble même que l'armée américaine vise de plus jeunes encore. Par des films multimédias, des interventions dans les écoles et en faisant du démarchage téléphonique à domicile et sur téléphone portable, l'armée vise des adolescents âgés d'à peine plus de 13 ans. Les recruteurs discutent avec les mères, les accompagnent à l'église. Ils convainquent aussi certains parents non-anglophones de signer l'autorisation d'engagement en leur faisant croire que le service militaire est obligatoire ou que le document qui leur est présenté n'est qu'une autorisation de procéder à des tests sanguins. Ils s'efforcent enfin de convaincre les conseillers d'orientation des écoles secondaires en proposant des visites guidées, des voyages VIP ou des ateliers. Les mobiles des responsables militaires sont d'ailleurs énoncés sans scrupule. Selon une étude réalisée par le Pentagone, chez les hommes comme chez les femmes, la propension à s'engager est la plus forte chez les individus âgés de 16 et 17 ans[103]. Alors, vive les ados !

L'adolescent errant

De plus en plus d'adolescents choisissent de vivre dans la rue. On connaît depuis longtemps ce phénomène au Québec où des programmes pour ces jeunes commencent dès l'âge de 12 ans. Ils seraient aujourd'hui 50 000 en France contre 10 000 en 1995 ; autant dire que l'on assiste à une explosion du phénomène. De moins en moins en rupture familiale, ces jeunes « zonards » sont issus de tous les milieux sociaux. Beaucoup pourraient encore être dans leur famille s'ils le désiraient.

Ce que recherchent ces jeunes, c'est de jouir de la plus grande la liberté possible, d'être en dehors des normes sociales, à l'écart d'une collectivité qui, disent-ils, ne peut rien leur apporter. Ces errants sont majoritairement des garçons, mais il y a de plus en plus de filles, parfois âgées seulement de 14 ou 15 ans. Très mobiles, ces adolescents échappent pour la plupart aux mesures sociales classiques.

Linda, qui a aujourd'hui 27 ans et qui a quitté sa famille il y a 10 ans, raconte son histoire au quotidien *Métro*[104]. Ce dimanche matin, elle boit des bières en compagnie d'amis de passage, dans le quartier des Halles, à Paris, où elle séjourne depuis un mois et demi. La semaine prochaine, elle va rejoindre des copines en Espagne. « Moi, dit-elle, mes parents n'ont pas réussi à me retenir. J'aime être libre, vivre des choses intenses, m'éclater au maximum. » Kevin, 17 ans, est pour sa part un semi-errant. Officiellement, il vit toujours chez ses parents, mais il n'y dort que de temps en temps. Sa préférence va à la sociabilité de rue, aux voyages. Jennifer, âgée de 16 ans, qui découche souvent, sait qu'elle reviendra un jour à une vie ordinaire. Pour l'heure, elle fait ce qu'elle veut dehors.

Comment survit-on dans la rue ? Linda répond qu'être une fille, une fille de « bourges » par-dessus le marché, ça aide. « C'est plus facile pour aller vers les gens et faire la manche (mendier) » Pour les autres, c'est beaucoup plus compliqué ; il y a les pièges de l'alcool, de la drogue, des maladies et de la prostitution.

En résumé, on peut dire que l'errance, que le Dr Berge nommait jadis le « mirage de l'ailleurs », exprime bel et bien la volonté de s'échapper de la banalité du quotidien insipide et ennuyant. « Ailleurs, c'est le pays imprécis où tous les désirs sont satisfaits, avant même d'être pleinement conscients ; c'est le pays dont on attend une extraordinaire révélation, sans savoir laquelle. Un pays sans contrainte et sans interdits, mais aussi sans conséquences trop redoutables pour celui qui cède à son attrait, avec tout juste la quantité de risques capable de griser et de donner du piment à l'aventure. Car il s'y mêle un besoin d'aventure qui correspond à la phobie de l'immobilisme et du déjà vu[105]. »

L'adolescent handicapé

Voici un adolescent qui éprouve les mêmes difficultés que les autres adolescents, mais qui, de plus, rencontre des difficultés spécifiques. D'abord sur le plan scolaire, il n'est pas toujours simple de maintenir un adolescent handicapé dans le système éducatif commun, encore mal adapté à ce type de clientèle. Il ne reste alors bien souvent que le placement dans une institution spécialisée. Au plan sexuel ensuite, les choses ne sont pas simples non plus. Comme tout adolescent, l'adolescent handicapé éprouve du désir, a besoin de séduire, d'être aimé et d'exprimer ses émotions. La recherche montre que les parents d'un tel adolescent éprouvent une plus grande difficulté que les autres parents, d'une part, à accepter le principe même que leur enfant puisse éprouver du désir et, d'autre part, qu'il ait la capacité d'accéder à l'échange sexuel. Alors est énoncée la crainte de l'abus ou de l'agression sexuelle.

Bien entendu, nous aurions pu parler de plusieurs autres types d'adolescents, entre autres, l'adolescent délinquant et le redoublant. Juste un mot sur ce dernier. Voici un adolescent plus malheureux qu'on ne le croit. Toujours au dernier rang de la classe, toujours à s'amuser quand le prof parle, à défaut d'être performant sur le plan scolaire (le redoublement le transforme rarement en « bon » élève), il se doit de se rendre intéressant d'une autre façon. Souvent plus fort, et plus âgé que les autres, il se comporte en « caïd » dans la cour de récréation. Toute l'énergie qu'il n'accorde pas à son travail scolaire, il la mobilise pour montrer sa supériorité physique.

Renoncer au conflit

Parents, ne provoquez pas vos fils à la colère !

Saint Paul, *Ep 6, 1-4*

Lorsque nous sommes en désaccord avec nos adolescents sur un point de vue, un projet ou toute autre question, cela risque de tourner au conflit. Celui-ci n'est jamais premier, il est la conséquence d'un désaccord, d'une opposition, d'une divergence d'opinions ou d'appréciation d'une situation et prend généralement la forme d'un choc, d'un heurt.

Que n'a-t-on dit et écrit sur le conflit « structurant », « nécessaire à la vie », facteur de progrès même ! On en arriverait à souhaiter le conflit pour le conflit, pour les prétendues vertus qu'on lui prête. Pour les tenants de l'analyse traditionnelle, tout semble devoir se passer selon un enchaînement élémentaire :

LIMITES (nécessaires) → TRANSGRESSION (inévitable) → CONFLIT (nécessaire)

Cette vision est contestable. Si une limite est transgressée, c'est qu'il ne s'agissait pas d'une bonne limite. Les limites ne sont pas faites pour être transgressées mais respectées. Le conflit qui ne fait que sanctionner un dysfonctionnement relationnel exacerbe les tensions et les oppositions.

Par conséquent, une valorisation abusive du conflit a pour première conséquence de diminuer notre faculté d'écoute, et c'est très regrettable quand on sait que l'affrontement est source de dommages parfois irréparables. Le conflit, sachons-le, n'est jamais un moyen « normal » d'entrer en relation avec autrui ; c'est un symptôme pathologique. L'adolescent a moins besoin d'opposition à l'autorité que d'« affrontation », c'est-à-dire de « frotter » ses idées à celles d'autrui, parents et professeurs.

Avant toute chose, il nous faut dédramatiser les petits désaccords quotidiens et éviter de les qualifier de « crise d'adolescence » ou de « besoin d'opposition ». Demandons-nous si, par hasard, nos enfants n'ont pas raison de se manifester comme ils le font et si nous, de notre côté, nous avons toujours le bon droit pour nous. N'oublions pas non plus que les adolescents, surtout les plus jeunes, ont quelquefois encore du mal à s'exprimer. Songeons à Nicolas, ce personnage d'un roman de Roger Ikor. Ce jeune homme de 17 ans est le fils de Raymond, un professeur de lycée. « Je ne sais pas encore bien m'exprimer, confie-t-il, tandis que vous, les adultes, vous êtes forts, vous nous mettez malignement dans l'embarras[106]. » Souvent, en effet, les adolescents doivent combattre pour s'affirmer. D'où l'apparition de conflits.

Christophe Carré, dont je reprends ici en partie l'analyse, distingue trois grandes familles de conflits : les conflits de besoins ou d'intérêts, les conflits de valeurs et les conflits de rôles. Je laisse de côté, provisoirement, les conflits de besoins pour examiner les conflits de valeurs. Une valeur, on le sait, est un principe fort, ce que nous jugeons important, qui a de l'intérêt à nos yeux, qui nous sert de ligne de conduite, nous aide à vivre. Ici, des divergences profondes peuvent se révéler entre les jeunes et nous. « Nos » adolescents sont sans doute particulièrement attachés à des valeurs comme l'amitié, la sincérité et la morale (au sens de ce qui est juste).

Les conflits de rôles, à présent, sont ce que je nomme plus loin les « conflits statutaires » ; nous attendons que l'adolescent agisse comme un enfant et l'adolescent espère de son côté que nous agissions, non comme des parents, mais comme des adultes.

Le conflit, contrairement à une croyance populaire ou pseudo-savante, est toujours évitable ; et il n'est jamais nécessaire. Si une relation génère des désaccords, ceux-ci ne débouchent pas toujours sur l'affrontement. Enfin, contrairement à une autre idée reçue, un conflit n'est jamais souhaitable et ne fait que nous enfermer dans nos certitudes et nos vanités.

Derrière les conflits que nous avons avec nos adolescents, il y a bien souvent une lutte de pouvoir, un choc des volontés. Il s'agit de ce que j'appelle un « conflit statutaire ». Nous estimant supérieurs à nos enfants (nous disons, hypocritement, « responsables »), nous ne supportons pas la contradiction et c'est le *clash*. La méthode autoritaire, très en vogue actuellement, a souvent notre préférence ; après tout, ne savons-nous pas ce qui est bon pour nos enfants ?

Les conflits, quand nous les provoquons, permettent d'évaluer notre degré d'ouverture d'esprit, de tolérance et de respect envers nos enfants.

À ces conflits statutaires s'ajoutent quelquefois des conflits personnels : tel d'entre nous ne s'entend pas avec l'un de ses enfants ;

alors, pour nous justifier, nous disons qu'il ne nous ressemble en rien, que nous n'avons aucune affinité avec lui.

Nous devons donc prévenir les conflits. Prévenir un conflit, c'est savoir faire preuve d'écoute et de respect, savoir parler à l'autre, prendre du recul par rapport à la situation conflictuelle, afin de trouver un terrain d'entente puis un compromis.

Savoir écouter

Sachons nous taire de temps en temps.

Communiquer suppose savoir écouter. N'oublions jamais que notre silence a souvent plus d'effet que nos mots et nos sermons dépassés. Il faut savoir écouter dans un contexte de confiance mutuelle, avec calme, avec un sentiment de confiance en soi, en ce que l'on sent, ressent et sait. Communiquer c'est prendre l'autre au sérieux, le considérer a priori comme un égal, ce qui est, on le sait, une attente fondamentale de l'adolescent, attente qui est bien rarement satisfaite.

L'écoute suppose le détachement de soi et l'attachement à l'autre – ce que je nomme l'écoute *active*. C'est une sorte de recueillement qui implique a priori une absence de direction. L'« écoutant » (nous en l'occurrence) ne cherche pas à amener l'autre dans son camp ; il suit le cheminement du « discutant » (l'adolescent ici) qui, lui, ne s'en va pas nécessairement quelque part non plus. L'écoute suppose encore, plus que de la sympathie pour l'interlocuteur, le désir sincère d'être empathique, cela restant naturellement de l'ordre de l'idéal, d'un but que l'on cherche à atteindre.

Le terme « empathie » a été créé par la psychologie clinique pour indiquer la capacité d'une personne à entrer dans l'univers d'une autre personne et de participer à son expérience. Le mot « empathie » est plus fort que le mot « sympathie » – surtout quand ce dernier est employé dans le sens dérivé de « plaindre », « compatir ». Avoir de la sympathie pour quelqu'un n'est pas nécessairement glorieux ni souhaitable. Cette expression peut même cacher du mépris. L'empathie est une attitude plus noble et plus ambitieuse. Elle implique le désir et la capacité de vibrer à l'unisson d'une personne ou de quelque chose, de ressentir ce que l'autre ressent. Autrement dit, l'empathie est la capacité de se mettre à la place de l'autre et de voir le monde à sa façon. Bien sûr, il est plus facile d'éprouver de l'empathie pour une personne qui présente avec nous des points communs : même âge, même culture, même profession, mêmes intérêts. C'est plus difficile avec une personne différente.

Le psychologue américain Carl Rogers place l'empathie au centre de son approche thérapeutique. L'empathie est une nécessité dans les relations, elle précède la compréhension. L'empathie est donc socialement positive. Mais, je le répète, celle-ci doit être considérée non comme un objectif concret mais comme un idéal à atteindre : je ne crois pas, en effet, que l'on puisse jamais ressentir ce que l'autre ressent vraiment. Faire preuve d'empathie, c'est donc, peut-être plus modestement, mettre en œuvre notre imagination pour prendre conscience de la réalité de l'autre. Nous devons nous efforcer de nous placer de son point de vue, de ses intérêts – ici il s'agit bien sûr des intérêts de l'adolescent. C'est un « devoir d'intelligence » pour reprendre un mot d'André Gide. Le bon communicateur sait ainsi se rapprocher de son interlocuteur tout en restant à sa place. Communiquer c'est en effet chercher à comprendre l'autre, s'intéresser sincèrement à lui, c'est aussi faire en sorte qu'il comprenne les mots que je prononce, qu'il voie les choses comme je les vois. Ainsi entre-t-on vraiment en relation avec lui. Il nous faut encore, s'agissant des adolescents, savoir partir de leurs émotions, de leurs interrogations, de leurs inquiétudes et de leurs centres d'intérêt, et ne pas hésiter à nous faire expliquer au besoin les activités dans lesquelles ils sont engagés et la passion qui les anime.

Savoir parler

Sachons user des bons mots.

Parfois, nous ne nous « entendons pas » avec nos adolescents, dans le sens où nous n'avons, a priori, rien à leur dire (et réciproquement), parce que (mais c'est une croyance) nous savons à l'avance que nous ne sommes et ne serons d'accord sur rien, d'où de l'amertume de notre part et de l'agressivité de leur part (à moins que ça ne soit l'inverse). Or, si rien ne change, la relation reste figée et le soupçon demeure permanent entre nous et eux. Dès lors, nous sommes dans une logique où nous nous refermons chacun sur nous-mêmes, jouant indéfiniment le registre de l'incompréhension.

Il faut donc parler de la manière qui convient. Le bon éducateur, quand il s'exprime, doit posséder le calme intérieur pour le communiquer à son tour. Nous devons parler avec douceur et modération et, si la colère surgit, savoir exprimer nos regrets, car selon le dicton populaire, la colère n'est jamais bonne conseillère. Nous ne devons pas redouter d'évoquer avec nos grands enfants ce que nous éprouvions nous-mêmes à leur âge: voilà une transmission utile qui ne nous place plus en situation de supériorité. Rappelons-nous de nouveau que l'adolescent est un être humain, tout comme nous, mais qu'il est différent parce qu'il n'a pas le même vécu. Nous devons aussi lui parler chaleureusement, en étant attentifs à lui et, mieux encore, nous montrer intéressés par ce qu'il a à dire.

Puisque, comme parents, nous possédons désormais les « bonnes idées » sur les adolescents (voir chapitre 1 : Connaître), nous devons user de « bons mots » à leur égard. Des mots qui ne seront ni *négatifs* ni *stigmatisants* mais, au contraire, *positifs* et *valorisants.*

Plaçons, dans la colonne de gauche les mots *négatifs* (langage inapproprié) et dans celle de droite, les mots *positifs* et *valorisants* (langage adéquat).

MOTS NÉGATIFS	MOTS POSITIFS ET VALORISANTS
«Crise» (d'adolescence)	Désaccord
Besoin d'opposition	Besoin d'affirmation
Violence pubertaire	Modification pubertaire
Prescrire des limites	Poser des références, des repères
Responsabiliser	Donner des responsabilités
Exercer l'autorité	Assurer l'autonomie

Les sept besoins capitaux des adolescents

Pour comprendre les adolescents, et donc bien communiquer avec eux, il faut avant tout se faire une idée exacte de la façon dont l'équilibre et la structure de leur caractère changent par suite de l'entrée en jeu des nouveaux facteurs biologiques et environnementaux. Toute nouvelle étape physique et sociale détermine chez l'être humain des besoins nouveaux correspondant à de nouveaux équilibres, sans que l'on puisse pour autant parler de rupture entre les âges. L'existence humaine est un tout, ce qui veut dire qu'il n'y a aucune interruption dans le processus. Adieu définitivement à la « seconde naissance rousseauiste » !

L'homme a une multitude de besoins à satisfaire. Les besoins de l'enfant sont d'abord physiques : ils concernent le maintien de l'équilibre de l'organisme. Ce sont des besoins primaires comme manger, dormir, être soigné. Puis, à ces besoins, s'ajoutent ou plutôt se superposent des besoins psychiques de valorisation, de sécurité, de confiance et d'initiative, sans oublier le besoin de grandir, c'est-à-dire d'être considéré comme une vraie personne. Même s'il n'en a pas toujours une claire conscience, l'enfant veut dépasser son infantilisme, exprimer son existence propre, confirmer ses capacités par des performances, des réalisations et des projets.

Le psychologue américain Abraham Maslow, spécialiste du comportement (voir bibliographie), montre que la satisfaction de nos besoins fondamentaux motive l'essentiel de nos actes et de nos comportements. L'auteur identifie cinq besoins, qui constituent les paliers d'une pyramide : les besoins vitaux précédemment évoqués ainsi que les besoins de sécurité, d'appartenance, de reconnaissance et d'épanouissement personnel ou de réalisation de soi. En synthétisant, je parlerai, pour ma part, de besoin d'identité qui permet à chacun de quitter l'anonymat.

Il s'agit ensuite de satisfaire les besoins psychologiques et sociaux des enfants et des adolescents ; c'est le moment, à l'adolescence, de leur permettre de devenir pleinement adultes. Ces besoins, ne l'oublions pas, sont d'autant plus intenses qu'ils n'ont pas (ou peu) été satisfaits durant la petite enfance. Inversement, si les parents ont commencé à y répondre dès la petite enfance, il sera plus facile de les satisfaire à l'adolescence.

Qu'en pensons-nous en tant que parents ? Quel genre d'adultes voulons-nous que nos enfants soient ? Quand on nous interroge à ce sujet, nous faisons preuve d'une incontestable bonne volonté. Des chercheurs suisses ont demandé il y a quelques années quels traits de caractère nous souhaitions pour nos enfants : 63 % ont répondu la confiance en soi, 41 % la responsabilité et 32 % l'autonomie[107]. Beau programme, hélas souvent démenti par les faits.

Une chose est sûre, l'adolescent ne veut plus subir sa vie, faire docilement ce qu'on lui demande ; il ne veut surtout pas que l'on se substitue à lui dans les décisions qu'il a à prendre. Tout adolescent a besoin de grandir, de « s'élever » ; tout adolescent est en quête d'identité et d'autonomie. Méfions-nous ici de la tendance à tirer les motivations vers le bas. Car l'adolescent est aspiré par le haut ; il souhaite réaliser ses « possibilités supérieures », pour parler comme Maslow. Par ses paroles, mais aussi par les risques qu'il prend, il cherche l'accomplissement de soi.

Chez l'adolescent, on le sait, c'est le besoin de s'affirmer qui est essentiel, pas le besoin de s'opposer. Il est important de ne pas confondre les deux. Si nous retenions en effet le besoin d'opposition comme un besoin capital de l'adolescent, cela signifierait que celui-ci est moins en quête de dialogue que de conflits. Or ce n'est pas ce besoin « oppositionnel » qui est présent chez lui, mais j'insiste, le besoin de s'affirmer (déjà manifeste chez l'enfant) qui vise la coopération avec l'autre et les échanges avec lui. C'est en s'affirmant que l'adolescent acquiert réellement le sentiment d'être une personne. Ce besoin « affirmatif » est un besoin qui se retrouve en réalité chez tous les êtres vivants de la planète, depuis la plante et l'animal qui combattent pour assurer leur subsistance et acquérir un territoire, jusqu'à l'homme qui se bat pour assurer son autonomie et ses droits. C'est donc l'un des moteurs les plus puissants de la vie humaine et l'un des ressorts principaux de l'adolescent. Il lui faut se détacher pour grandir, s'affirmer pour son propre compte, ce qui suppose de sa part une certaine solitude et une certaine distance.

C'est en ce sens que la satisfaction de ses besoins essentiels apparaît aux yeux de l'adolescent comme un « impératif catégorique ». J'en retiens sept que j'ai nommés LES SEPT BESOINS CAPITAUX (Voir *L'adolescent est une personne,* Le Seuil, 2006). Ces besoins ne sont pas présentés dans un ordre hiérarchique ; ils sont inextricablement liés les uns aux autres et sont en interaction permanente. Chacun a « besoin » des autres. Ainsi la satisfaction affective favorise le développement des capacités intellectuelles, le besoin d'autonomie s'accompagne du besoin de sécurité, etc. Il est également entendu que tous les adolescents n'ont pas besoin de satisfaire tous ces besoins en même temps ; chacun établit des priorités en fonction de ses manques personnels. Pour l'un, le besoin d'affection primera sur le besoin de sécurité, pour l'autre ce sera le contraire. Abraham Maslow a bien montré que lorsqu'un individu est frustré de deux besoins, c'est le plus fondamental des deux qu'il cherche à satisfaire.

Le besoin de confiance

Je commencerai par deux témoignages de jeunes sortis récemment de l'adolescence :

> La confiance avec les parents, c'est difficile, car ils ont peur. Ils disent : « On fait confiance », mais pensent : « Attention, il va faire des blagues ». Ils donnent d'une main et reprennent de l'autre, car ils redoutent pour nous des expériences qu'eux-mêmes ont vécues ou craignent que l'on vive. Cette confiance accordée sous condition, reprise en cas d'échec, nous rend méfiants. On prend l'habitude de se libérer : en cachette, les premières cigarettes, les premières sorties, et pour avoir davantage, il faut forcer la main.
>
> DANIEL, 19 ans

> La méfiance qui existe entre nos parents et nous vient de ce que la plupart des adultes jouent un double jeu : « Fais ce que je te dis, mais n'agis pas comme je fais ». Leur mode de vie est en désaccord permanent avec le système des valeurs

qu'ils proposent. S'ils ne nous font pas confiance, c'est qu'ils doutent d'eux-mêmes, ne veulent pas voir la vérité en face.

BRIGITTE, 20 ans

Tout enfant aborde la vie avec un sentiment d'infériorité face aux « grandes personnes » (parents et maîtres). Il nous appartient de lui donner confiance en lui-même. Bien sûr, la confiance est nécessaire tout au long du processus éducatif, mais elle l'est plus encore durant l'adolescence. La confiance, *cum fides,* comme la foi, est une croyance : celle de la capacité de l'autre à décider. Elle suppose de notre part que l'on s'abandonne et que l'on renonce à nos propres croyances. Autrement dit, pour aider les adolescents à grandir et à réaliser leurs projets, il faut croire en eux, ce qui suppose de les aimer beaucoup.

Naturellement, la liberté de nos enfants nous fait peur, d'autant plus que nous avons souvent entendu dire qu'elle conduisait au laisser-faire, à l'abandon de nos responsabilités. Et puis, ne pensons-nous pas souvent qu'un enfant que l'on ne contraint pas ne peut avoir qu'un désir, celui de ne rien faire, et que, dans le meilleur des cas, s'il fait quelque chose, il le fera mal ou, du moins, il ne fera pas ce que nous voulons ? Alors, « avides de lui donner le maximum de preuves d'amour, nous sommes enclins à intervenir à chaque instant dans sa vie, à prendre en quelque sorte sa place sous prétexte de lui épargner soucis et difficultés[108]. »

Nous sommes alors sur la mauvaise route. Une relation de qualité, en effet, repose sur la confiance initiale, une confiance *sans conditions*. La confiance se donne, elle ne se marchande pas. Naturellement, notre comportement doit être adapté à l'âge de l'enfant : la confiance n'exclut ni la prudence ni la vigilance (qui ne doivent cependant pas se transformer en surveillance tatillonne), mais une chose est certaine, celui qui accorde sa confiance renonce du même coup à vouloir contrôler les comportements de celui en qui il a confiance ; il accepte que l'autre puisse ne pas agir comme il l'aurait souhaité.

Il ne faut pas se leurrer, la confiance n'est pas le résultat d'une bonne relation avec l'autre, elle en est la cause. C'est pourquoi nous devons créer des conditions familiales qui favorisent l'éclosion de cette confiance. N'oublions pas que la confiance tisse des liens plus forts que la suspicion et l'autoritarisme. Malheureusement, il est clair qu'il est plus facile d'interdire et de sanctionner que d'encourager et de stimuler, c'est-à-dire, en somme, de faire confiance. Pourtant, les adolescents, souvenons-nous, ont besoin que l'on s'intéresse à eux, pas qu'on les surveille constamment, où qu'ils soient.

L'adolescent a besoin d'être valorisé dans ce qu'il entreprend et dans les habiletés qu'il acquiert. C'est ainsi que son sentiment de compétence grandira. S'il a confiance en lui, il aura confiance en son expérience et en son propre jugement et deviendra capable de tirer parti et profit de ses attitudes, de ses choix et de ses actes. Il sera rassuré et libéré de ses complexes (s'il en a). Il appartient donc à l'éducateur de permettre à l'adolescent d'acquérir cette confiance en soi nécessaire, qui donne le goût de l'action et le sens des responsabilités. Concrètement, cela signifie que nous devons lui permettre de résoudre lui-même ses problèmes. Quelle satisfaction quand il y parvient ! Le succès renforce toujours l'estime de soi. Ajoutons que traiter quelqu'un avec confiance et respect, c'est du même coup créer un environnement pacifié et, finalement, créatif.

L'idée que je défends donc est que l'adolescent est par nature « digne de confiance » et que cette confiance est le moteur de son action. L'autre idée, c'est qu'un éducateur qui ne fait pas confiance est un éducateur qui n'a pas confiance en lui.

Rappelons-nous que pour espérer transmettre quelque chose à quelqu'un, il faut créer certaines conditions qui rendent cette transmission possible. Ces conditions sont au nombre de deux : l'écoute attentive et, justement, la confiance *inconditionnelle.* La confiance ne se gagne pas, elle se donne.

La confiance se consolide aussi dans la façon dont nous nous adressons à l'adolescent.

Ce qui nous empêche souvent d'accorder notre confiance à l'autre (l'adolescent ici), c'est la peur de l'échec (son échec). Mais, quand bien même il échouerait, c'est ainsi qu'il capitalise de l'expérience.

Pas de confiance enfin sans respect. Le respect est une notion centrale : respect de soi et de sa parole, respect des autres et de leurs idées, respect des erreurs et des tâtonnements, les nôtres et ceux des autres.

Pour ouvrir toutes grandes les voies de la communication, il nous faut donc nous remettre en question. Cela exige de l'audace, beaucoup d'audace. De la patience, beaucoup de patience. Voici le témoignage de Michel, 59 ans, cadre administratif, père d'un fils de 18 ans :

> Avec lui, comme avec l'aîné qui a 25 ans, c'est super. Il est épanoui, rêve de devenir ingénieur du son. L'important avec les adolescents, c'est de leur faire confiance. Mes fils me racontent leurs peines, et parfois me parlent de leurs relations avec leur petite copine. L'été dernier, quand il a eu le bac, je lui ai demandé de choisir un voyage : on a passé tous ensemble sept semaines aux États-Unis.

Le besoin de dialogue

Il se pourrait d'ailleurs que toute vérité humaine fût la vérité d'un dialogue.

Georges Gusdorf, *Pourquoi des professeurs ?*

Rien n'est pire pour un enfant que l'indifférence de ses parents. Un sondage de l'IFOP sur la maltraitance, paru dans le *Sélection du Reader's Digest* du 28 août 2008, indique que pour 20 % des Français, l'indifférence des parents est presque aussi condamnable que les coups (23 %). Par indifférence, on entend soit l'indisponibilité, soit une absence d'empathie vis-à-vis de l'enfant, soit la difficulté de percevoir ses besoins. Enfin, pour 25 % des sondés, la violence commence avec l'insulte. Comment se comporter à cet instant ?

J'énonce ici un préalable. **Ni punitions, ni récompenses...** Déjà, chez le jeune enfant, la punition (surtout physique) ne produit pas l'effet escompté, voire débouche souvent sur l'effet contraire. Nous voulons plus d'obéissance, nous n'obtenons que plus d'indiscipline, sans compter que la punition renforce fréquemment l'angoisse du puni et, bien évidemment, facilite toujours nos abus de pouvoir, quand elle ne nous sert pas tout simplement à pourchasser nos propres défauts, que nous percevons chez l'enfant. L'adolescence est de surcroît un âge où les sanctions brutales sont particulièrement inadéquates ; celles-ci, en effet, par leur aspect humiliant, infériorisant, entrent violemment en contradiction avec le besoin profond d'affirmation de soi.

La punition est une « solution de facilité », souvent prise dans l'urgence, quand on est énervé ou qu'on se sent dépassé par une situation que l'on n'arrive plus à contrôler. On ne peut donc qu'être évidemment, et déjà pour cette première raison, hostile à tout châtiment corporel, y compris à la fessée qui est, pour le parent, un geste de colère et d'impatience et, pour l'enfant qui la reçoit, une humiliation insupportable.

La punition corporelle est-elle alors totalement à proscrire ? Certains auteurs disent qu'elle peut être « bénéfique, mais seulement dans les cas où, justifiée, motivée et clairement expliquée, elle rapproche l'enfant de l'état adulte en lui permettant de réparer sa faute, de liquider sa culpabilité, de réfléchir aux conséquences de ses actes, de prendre des résolutions positives[109]. » C'est, hélas, une pure vue de l'esprit : la punition ne fait qu'engendrer rancœur, rancune, haine et découragement.

Je prends un exemple extrait de l'actualité. C'est une histoire dramatique, que *Le Parisien* relate le 11 avril 2008 sous le titre, « Puni, il tente de tuer ses parents ». Voici en quels termes le drame est raconté :

> C'est un enfant « calme et froid », « sans aucun remord », qui a été présenté hier au parquet des mineurs d'Evry. Thinh, un ado de 13 ans, a été mis en examen pour « tentative de meurtre sur ascendant ». Dans la nuit de mardi à mercredi (10 avril), ce collégien d'Epinay-sous-Sénard (Essonne) a poignardé son père et attaqué sa mère parce qu'il estimait être injustement puni... Pour ceux qui fréquentaient ce garçon d'origine vietnamienne, Thinh n'était pas violent... Très intelligent, ces derniers temps, ses profs s'étaient plaints de son manque de travail. Ses parents

> avaient décidé de le punir : privé de sport pendant une semaine, téléphone portable confisqué et accès à l'ordinateur limité. Des sanctions que l'ado jugeait trop sévères. Au point d'échafauder le projet d'éliminer père et mère.
>
> Mardi soir, après s'être fait gronder par son père parce qu'il monopolisait le téléphone de la maison, Thinh s'est couché sans faire d'histoires. Mais il s'est relevé au milieu de la nuit, est allé chercher un couteau dans la cuisine avant de frapper son père qui dormait seul dans son lit. Touché au dos, à la main et à la tempe, le quinquagénaire a pu se réfugier dans la chambre où dormaient sa femme et leur autre fils de neuf ans. Tous les trois se sont enfermés tandis que Thinh, très énervé, continuait à les menacer. Avec le sang de son mari, la mère a barbouillé un SOS sur la fenêtre tandis que le petit frère appelait au secours. Les cris ont fini par réveiller les voisins. À leur arrivée, les policiers ont découvert l'adolescent dans la salle de bains. Le psychiatre a estimé qu'il n'était pas « dément au moment des faits ». Le garçon a expliqué qu'il voulait « supprimer ses deux parents » parce qu'ils étaient « trop sévères ».

La récompense n'a pas toutes les vertus qu'on lui prête, surtout la récompense monétaire ou matérielle : « Si tu fais ceci ou cela, tu auras ceci ou cela. » C'est encourager l'enfant dans le sentiment que tout service entraîne redevance et rétribution, qu'il est impossible de rien faire sans recevoir de gratification. Il est plus important de remarquer un bon comportement et à habilement l'encourager que de le rétribuer. Encourageons donc beaucoup mais félicitons peu.

Nous avons bien sûr le droit d'éprouver de la fierté pour « notre » adolescent victorieux, après une réussite à un examen réputé difficile, par exemple. Gardons-nous cependant de lui témoigner cette joie sans retenue. Contenons notre exubérance. Rappelons-nous que les félicitations, comme les récompenses, demeurent des « jugements de valeur » que nous nous permettons d'autorité. Alors, plutôt que de nous lancer dans un pathétique : « Nous te félicitons », disons-lui, avec une émotion sincère : « Nous ressentons, ta mère et moi, une grande fierté devant ce succès, nous en sommes très honorés et t'en remercions.»

Puisque le régime des punitions et des récompenses est rejeté, la **discipline** doit l'être tout autant. À la discipline, qui est un acte de pouvoir s'exprimant sur le mode militaire, préférons en effet le dialogue, qui est un acte de courage. Tentons d'offrir à nos enfants une *discipline de vie* par l'échange et l'exemple.

Dialogue et échange toujours, et tout de suite. Finalement, le dialogue et l'échange permettent, mieux que l'autorité et la discipline, mieux que la punition et la récompense, de socialiser l'enfant et de l'amener à cette «discipline de vie» que je viens d'évoquer, à l'estime de soi. Le dialogue permet enfin de diminuer les sources de conflits.

Qu'est-ce que le dialogue? Le dialogue est un partage d'idées et d'expériences – donc de désaccords, finalement. Il est certain qu'il ne permet pas toujours de trouver des solutions, car il se situe moins au niveau de la connaissance et de l'ignorance qu'au niveau de l'écoute, telle que définie précédemment. Son but est de permettre à chacun, d'abord de se connaître, ensuite de reconnaître l'autre, à la fois semblable et différent. Il n'est pas «un exercice de pouvoir». Dans un contexte de «démocratie familiale», le dialogue est même plus nécessaire que jamais. Entre nos «enfants» et nous, le dialogue doit avoir lieu dans une posture *égalitaire,* d'homme à homme, de femme à femme. Tocqueville, enquêtant sur l'Amérique du premier tiers du XIXe siècle, l'avait fort bien vu. Lorsque, notait-il dans son maître-livre *De la démocratie en Amérique*, il y a entre le parent et l'enfant un consentement mutuel à ce qu'il évolue intellectuellement, et donc l'acceptation par l'adulte de l'aspect «adulte» de l'adolescent, il n'y a pas de heurts entre les générations. Chacun se trouve donc sur le même pied d'égalité et peut faire valoir sa position personnelle et ses besoins, développer ses arguments, faire des propositions à l'autre. «Chacun, quel que soit son âge, son sexe et même son savoir, peut transmettre à l'autre ce qu'il détient de science de la vie[110].» C'est l'idée à la base de l'enseignement mutuel.

Attention à la manipulation de ceux d'entre nous qui parlent volontiers de «bonnes relations» avec leurs enfants, par quoi ils entendent qu'après discussion, ces derniers finissent légitimement par se ranger à leurs vœux, par accepter de faire ce qu'on leur demande, c'est-à-dire, finalement, d'obéir. Il s'agit ici moins de « bonnes » relations que de relations « manipulées », nous confortant dans notre opinion d'adulte. Bien communiquer avec un adolescent, ce n'est pas cela, c'est au contraire accepter de renoncer à notre point de vue. Puisqu'il s'agit d'être tolérant avec l'adolescent, il faut lui reconnaître, chaque fois que nécessaire, la justesse de ses opinions.

Le bénéfice pour l'adolescent d'un authentique dialogue, c'est qu'à son issue, il en arrive à se voir différemment et avoir davantage confiance en ses capacités. Bien entendu, la discussion ne saurait porter sur les seuls sujets que nous lui imposons, à savoir l'école, ce sujet omniprésent dont nous avons l'obsession, ou les problèmes réels ou que nous redoutons, et souvent que les adolescents redoutent autant que nous, comme la drogue, la violence ou le sida. Dans le dialogue, chacun doit pouvoir parler de soi. Par exemple, nous ne devons pas hésiter à parler de notre propre adolescence, à raconter des anecdotes à ce sujet. Nous devons aussi parler de notre situation présente pour en montrer quelquefois la délicatesse ou les incertitudes. Nous ne devons pas craindre, ce faisant, de recevoir des encouragements ou du réconfort de la part de notre enfant : il n'y a pas d'âge pour recevoir ou donner un conseil avisé ! Toutes les études, qu'elles soient françaises ou québécoises, indiquent que c'est surtout avec la mère que le dialogue s'établit, tant pour les garçons que pour les filles. J'ai moi-même observé cette situation à de nombreuses reprises dans le cadre de mes enquêtes. Il convient donc d'aider les pères à nouer ou à développer leurs relations avec leurs enfants, principalement leurs fils.

Le dialogue passe encore par certaines activités communes entre nos adolescents et nous. Si, comme mères, nous partageons souvent le goût pour le shopping avec nos filles, ce qui maintient avec elles une certaine complicité, comme pères nous semblons avoir renoncé à partager des moments de connivence avec nos fils, par exemple, faire un voyage ensemble ou assister à un événement sportif ou musical. C'est regrettable, car il s'agit là de vrais moments privilégiés pour encourager le dialogue et l'enrichir.

À une époque où, pour combattre la violence et l'indiscipline, on réclame un retour à l'autoritarisme et l'imposition de limites, j'engage au contraire les familles à dialoguer, à échanger et à se concerter davantage, et cela, sur tous les sujets qui intéressent tant les parents que les adolescents. Pour affirmer sa personnalité, l'adolescent a besoin de rencontres, d'échanges, de compréhension et d'admiration. Ainsi, Véronique, une étudiante âgée de 20 ans, reconnaît qu'elle a énormément confiance en sa mère et qu'elle lui parle librement. C'est aussi le cas de Florence, 18 ans, qui parle de tout et de rien avec sa mère : de l'école, des vacances, des petits copains, de la politique et de la religion...

LE CONSEIL AUX PARENTS

Ne dirigeons pas la discussion comme si nous voulions imposer notre opinion; n'intervenons pas à tout propos pour faire prévaloir notre point de vue ou rectifier ce qui nous paraît faux; laissons parler nos enfants, permettons-leur (en les aidant au besoin) d'exprimer leurs idées, sans critiquer ce qui est dit, mais demandons-leur des explications si nécessaire.

En acceptant les désaccords (ce que nous devons faire), nous accepterons fort justement la différence entre nous et notre adolescent, nous accepterons l'idée d'avoir à changer notre mode de relation avec lui, de repartir sur de nouvelles bases.

Le besoin d'autonomie

Il est vraiment dommage qu'il n'existe pas de possibilité pour tous les adolescents d'aller vivre ailleurs que dans leur famille.

FRANÇOISE DOLTO, *La cause des adolescents*

Prenons les choses à partir du début. L'enfant a grandi. Nous sommes peinés de voir qu'il semble éprouver de moins en moins d'affection à notre égard. Nous sommes même décontenancés devant ce changement; nous le prenons pour un désintérêt à notre égard, voire un abandon. Notre enfant, si affectueux il y a seulement quelques mois, que l'on prenait sur les genoux et qui n'allait jamais se coucher sans nous embrasser, s'y refuse désormais.

L'explication est simple pourtant. Tout être humain éprouve dès sa naissance un formidable besoin d'autonomie. Il doit devenir lui-même, quoiqu'il lui en coûte. L'adolescence se présente à cet égard, plus encore que l'enfance, comme un formidable effort pour échapper enfin à la dépendance affective et intellectuelle du milieu familial. L'adolescent veut se « libérer » de nous qui l'avons étroitement protégé jusqu'alors; il souhaite s'évader d'un cadre de vie qui lui paraît dorénavant trop étroit. On disait naguère qu'étant « mi-enfant, mi-adulte », il désirait et craignait en même temps cette autonomie, mais, comme le présupposé du « mi-mi » était erroné, la conclusion l'était tout autant. L'adolescent, à toutes les époques, songeons au jeune Rimbaud, a rêvé de liberté, et cela reste toujours vrai aujourd'hui. Et, bien entendu, s'il veut prendre ses distances, « le large », ce n'est pas en raison d'une perception de nous, ses parents, comme des objets incestueux, mais plus simplement comme des « objets de pouvoir », ce qu'il refuse désormais.

L'adolescent ne veut plus de loisirs réglés et imposés d'« en haut » par les adultes, surtout si l'écart d'âge est trop grand et la façon de penser trop différente. Il a plutôt besoin d'avoir des relations avec ceux de son âge et d'établir des liens d'amitié avec eux. Il vit à travers le groupe des expériences sociales qu'il choisit lui-même et prend confiance en lui. Ses succès le valorisent. Mais on le sait bien, avec les autres, c'est en réalité toujours de soi qu'il s'agit. L'« entre soi », comme je l'ai nommé naguère[111], n'est jamais qu'un prétexte à l'affirmation de soi. Le groupe n'est jamais que le chemin de soi à soi, par le détour des autres ; il permet de se conforter dans son moi. On peut dire que l'appartenance à un groupe est la première forme d'autonomie de l'adolescent : je parlerai ici d'« autonomie collective » pour souligner combien le groupe impose à chacun des membres ses propres règles, mettant de côté l'autonomie personnelle qui viendra plus tard, entre 15 et 18 ans. Le besoin d'autonomie personnelle se traduit encore par le retrait des pratiques sportives institutionnalisées, « encadrées ». À l'exception peut-être du football, les disciplines sportives enregistrent une désertion de leurs membres, l'adolescence venue. Quoi qu'il en soit, cette situation nous incommode plus ou moins consciemment, et c'est pourquoi nous savons à l'occasion nous montrer si désagréables avec les nouveaux amis de nos enfants.

Besoin d'autonomie donc, mais attention, il ne s'agit pas d'une revendication d'indépendance. On ne trouve plus guère de jeunes filles qui, à l'image de Marie-Christine, une étudiante 19 ans interrogée en 1969, souhaitent absolument, malgré les libertés dont elles jouissent, quitter au plus vite leurs parents. « J'ai envie d'être moi ailleurs, dit Marie-Christine. J'ai l'impression que, dans un cadre où on a passé son enfance et son adolescence, on ne peut être soi-même totalement. Ca pèse un peu comme un fardeau. Bien que mes parents comprennent et me considèrent comme une adulte, je me sens gênée. Un jour ou l'autre, il faut partir ».

Aujourd'hui, le monde est trop dur et la vie trop chère pour que, raisonnablement, les jeunes puissent assumer ce désir de départ.

* * *

Mais, revenons un peu en arrière. Qu'on le veuille ou non, qu'on le baptise « roi » ou même « tyran » quelquefois, l'enfant moderne continue d'être « dressé » : c'est – et cela reste – l'axe principal de son éducation. Il y a donc un formidable écart entre les représentations courantes de l'enfant, qui en font un être tout puissant, réglant tout chez lui, et la réalité de l'enfant concret, qui reste, lui, un être soumis. À l'école, en famille, durant ses loisirs, tout est encadré pour lui, tout obéit à la même logique de la contrainte et du commandement. L'enfant n'a pas le choix, il doit faire ce qu'on lui demande: ne l'oublions pas, le monde social existe *pour* et *par* l'adulte. C'est lui qui détient la puissance et l'argent, qui définit les règles, détermine ce qui est permis et ce qui est interdit. Or l'enfant veut être « pris au sérieux », pour réaliser sa nature propre et exprimer ses qualités.

On reproche parfois à l'adolescent de ne plus obéir, de vouloir décider seul de ce qui est bien et de ce qui est mal et on considère cette attitude comme un défaut. C'est au contraire une qualité. L'adolescent a non seulement le droit mais le devoir d'être autonome, de décider lui-même de ses loisirs et de ses choix professionnels. Il se doit de « secouer » notre pouvoir parental lorsque nous lui refusons ces choix. C'est bien notre opposition à ce désir qui est l'une des principales sources des conflits familiaux.

L'autonomie est donc une exigence à la fois pour nous, parents, qui devons renoncer à notre domination, et pour les adolescents qui doivent accepter d'assumer leurs choix et leurs responsabilités. Car on ne devient autonome qu'en se fixant soi-même les objectifs que l'on veut atteindre et en déterminant librement les moyens pour y parvenir. Devenir autonome signifie pouvoir se situer en tant que personne distincte, avec ses goûts et ses valeurs. Pour être une personne à part entière, on doit en effet se distinguer d'autrui ainsi que se considérer comme une entité formée de savoir-être et de savoir-faire. Être autonome, c'est décider de ses activités et de ses conduites en fonction du sens que l'on veut donner à sa vie. Le père de Nicolas, 15 ans, l'a compris. Il prend aujourd'hui l'engagement de laisser son fils faire ce qu'il voudra lorsqu'il aura 16 ans.

C'est l'autonomie qui est au cœur du processus qui permet à l'adolescent de se développer sainement et non l'autorité qui, au contraire, le freine dans son évolution. L'une et l'autre sont donc incompatibles. Pour l'adolescent, le temps des ordres et des commandements est bien révolu, c'est tout juste si nous pouvons l'influencer. Il est donc naturel qu'il recherche cette autonomie et désire expérimenter des rôles qui mettent à contribution et en valeur ses nouvelles capacités physiques, sexuelles et cognitives. Car l'autonomie ne s'enseigne pas : il faut en faire l'expérience.

Le principal obstacle à l'autonomie de l'adolescent est que rien ne change vraiment entre lui et nous : que nous continuons de le traiter comme un enfant, même s'il est passé à une autre étape. Finie même l'ancienne représentation du « mi-adulte » : nous ne reconnaissons même plus à l'adolescent cette moitié « supérieure » ! Il demeure à nos yeux l'enfant-élève dont nous continuons à surveiller les sorties et les résultats scolaires et nous lui faisons les mêmes reproches que lorsqu'il était enfant si ses résultats laissent à désirer. Or, si nous continuons à le contrôler de la même façon que lorsqu'il était petit, si nous refusons de le laisser prendre des initiatives, de faire des choix, il ne pourra que s'en irriter et en viendra à s'opposer à nous.

Plus « mûr », l'adolescent n'est pas pour autant réellement plus autonome et, comme ses études se prolongent, il reste financièrement très dépendant de nous. Bien sûr, il dispose aujourd'hui d'une certaine autonomie *commerciale,* celle des achats, qui fait de lui un gros consommateur, mais c'est là que s'arrêtent les avancées modernes. L'adolescent a de l'argent mais il n'a pas de revenus. C'est pourquoi, près de la moitié des adolescents français aimeraient, par exemple, travailler l'été (sondage TSN Sofres de septembre 2003).

L'éducation familiale apparaît donc ici dans toute sa contradiction : elle se veut à la fois préparation à l'autonomie et négation de l'autonomie, car nous craignons secrètement la rupture des liens avec nos enfants. Mais, soulignons-le, les liens ne sont jamais rompus ; ils sont seulement « mis entre parenthèses », « endormis ». Après la dé-liaison adolescente viendra nécessairement le temps (à l'âge adulte) de la re-liaison. Et puis, n'oublions pas – et cela vaut tant pour les jeunes Français que pour les jeunes Canadiens, et d'autres jeunes encore –, en cas de difficultés sérieuses, c'est vers nous, les parents, que les enfants se tournent.

Les trois types d'autonomie

On distingue généralement trois types d'autonomie : l'autonomie émotionnelle, c'est-à-dire la maîtrise de ses pulsions et de ses sentiments ; l'autonomie comportementale, c'est-à-dire la maîtrise de ses actions et l'acceptation de leurs conséquences ; et l'autonomie idéologique, c'est-à-dire la maîtrise et l'affirmation de ses valeurs et de ses idées.

Du point de vue émotionnel, l'adolescent doit avoir la possibilité de se distancier des émotions de ses parents pour affirmer les siennes propres : c'est de son identité qu'il s'agit ici. Cette démarche ne passe pas nécessairement par l'affrontement avec nous. Il nous appartient seulement d'avoir pleinement conscience de ce qui se joue : l'adolescent a besoin de prendre ses distances d'avec sa famille, ce qui ne signifie nullement une perte d'amour. Redisons-le, des adolescents détachés ne sont pas des adolescents moins aimants.

Du point de vue comportemental, l'adolescent entend désormais décider par lui-même de ce qu'il veut faire sans notre supervision ; il évalue mieux qu'auparavant les risques et les conséquences de ses actes, et il résiste davantage aux influences qui s'exercent sur lui.

Du point de vue « idéologique », c'est-à-dire des valeurs et des idées, l'adolescent est en mesure d'exprimer les siennes propres – qui ne sont plus obligatoirement les nôtres –, d'où ces nombreux désaccords qui peuvent émailler nos relations.

L'autonomie revendiquée par « nos » adolescents est bien entendu *matérielle.* Dans ce monde où les tentations sont permanentes, l'adolescent a besoin d'argent pour s'adonner aux délices (capricieux) de la consommation. Depuis qu'il est enfant, nous lui donnons de l'argent de poche. C'est même pour lui une sorte de droit non-écrit qu'il ne viendrait à l'esprit d'aucun d'entre nous de lui contester sérieusement. Dorénavant, avec l'adolescence, le jeune a besoin d'un véritable budget qu'il puisse gérer à sa guise.

L'adolescent peut également revendiquer son autonomie *sexuelle.* C'est ici que nous retrouvons une nouvelle contradiction. Tandis que, dans nos sociétés, tout est traité comme un stimulant sexuel : la publicité, la presse, le cinéma et l'internet aujourd'hui, l'activité sexuelle reste – de fait – réservée aux adultes. D'une part, on responsabilise les adolescents en leur interdisant – justement – de commettre des délits sexuels et, d'autre part, on leur refuse le droit à l'autonomie sexuelle. « Or, si on ne leur reconnaît pas ce droit, on ne peut les rendre totalement responsables de leur comportement[112]. »

J'ai revu très récemment l'admirable film (son premier long métrage) du réalisateur suédois Roy Andersson, *A Swedish Love Story,* tourné en 1969. On y voit deux adolescents, Pär, 15 ans, et Annica, bientôt 14, s'éprendre progressivement l'un de l'autre. C'est un amour sans tabou mais traité avec beaucoup de pudeur, un amour qui est sans peur et chargé d'émotion.

Ce qui m'intéresse dans ce film, c'est davantage le regard des parents, surtout ceux de la jeune fille. Ces derniers sont des « paumés », des « ratés » ; du moins, est-ce ainsi qu'ils se sentent. John est représentant de commerce et sa femme, sans profession ; ils vivent dans un appartement misérable. Ils ont deux enfants, un garçon de quatre ou cinq ans et Annica, une adolescente libre qui se maquille, porte des jupes courtes et fume clope sur clope. Ses parents, respectueux de sa liberté, la laissent un jour rejoindre Pär, qui est en vacances dans le chalet de ses parents. La jeune fille est accueillie avec beaucoup de respect et même de pudeur. Certes, les deux adolescents ne font pas chambre commune, mais, pour le reste, ils évoluent à leur guise dans un climat de confiance. Quel contraste saisissant avec les représentations et les comportements actuels des parents, remplis d'angoisse et dotés d'un redoutable esprit inquisiteur !

En France, aujourd'hui, même après avoir atteint la majorité sexuelle (15 ans), l'adolescent est convié à retarder le début de sa vie sexuelle. On (les adultes) lui dit que c'est dans son intérêt, qu'il est trop jeune, qu'il doit se concentrer sur ses études, qu'il a bien le temps de songer à l'amour... On utilise également des arguments dissuasifs tels que l'éventualité d'une grossesse non désirée et la possibilité de contracter une maladie sexuellement transmissible.

Une question médiatiquement à la mode actuellement nous taraude. Que devons-nous faire, par exemple, lorsque notre adolescent nous demande s'il peut dormir sous notre toit avec son ou sa petite amie ? Les positions sont ici généralement très tranchées. Il y a les parents qui disent : qu'ils aillent faire « ça » ailleurs ! Ce sont souvent ceux qui éprouvent de la jalousie vis-à-vis du petit ami qui leur prend leur enfant. Il y a les autres, conseillés par d'éminents pédo-psys, qui suggèrent qu'ils fassent « ça » dans des voitures et enfin, il y a les parents qui autorisent que leur enfant invite leur petit ou petite amie à dormir à la maison, mais en fixant néanmoins des conditions. Catherine, par exemple, prête sa maison à son fils de 18 ans pour un week-end ou de courtes vacances lorsqu'elle n'est pas là. Difficile de trancher. Il n'y a pas de règle à vrai dire, sauf se rappeler que, si l'on veut concrètement favoriser l'autonomie de son enfant, il faut lui en laisser, voire lui en donner, les moyens.

Il est certain que nous ne pouvons avancer que par l'autonomie, celle-ci étant nécessairement fondée sur la sécurité, le respect et la confiance reçus d'autrui - ici, de nous, les parents. En effet, autonomie n'égale pas égoïsme; elle repose sur l'esprit d'interdépendance et de solidarité. Nous avançons finalement par nos propres efforts. L'expérience des autres nous sert seulement d'indicateur, elle ne peut remplacer en rien notre propre expérience. Trop de personnes, en définitive, restent dépendantes et ne peuvent jamais devenir réellement adultes.

La privation d'autonomie n'est pas sans conséquences. Elle peut mener à la fugue, qui peut se définir comme une intolérance à la vie familiale ou à la volonté, par exemple, de vivre pleinement une relation amoureuse. Pour jouir d'un peu d'autonomie, l'adolescent peut aussi choisir d'aller vivre en internat, ce qui devient alors une véritable émancipation pour lui. Bien entendu, ce choix doit être fait par l'adolescent lui-même, et non à titre punitif par les parents (fonction des anciens pensionnats).

En résumé, le rôle de l'éducateur, dès le plus jeune âge de l'enfant, consiste moins à lui imposer l'obéissance, la soumission et la conformité que, par sa présence, son attitude et son exemple, à stimuler sa croissance et son désir de se prendre en main et d'assumer ses propres responsabilités. Quelques questions demeurent. Comment secouer le joug familial alors qu'aucun rituel initiatique ne marque plus le passage de l'enfance à l'âge adulte ? Comment s'échapper du foyer quand la famille s'y oppose? Comment entrer dans la société quand celle-ci vous en bloque l'accès ?

LE CONSEIL AUX PARENTS
À la maison, laissons «notre» adolescent régler lui-même les détails de sa vie quotidienne, là où trop souvent nous intervenons maladroitement. Il doit pouvoir faire de ses biens et de ses objets personnels ce que bon lui semble. Voici par exemple un garçon qui aura bientôt 18 ans qui prend plaisir à démonter et à remonter sa moto, à la fois pour la rendre plus puissante et plus belle. Laissons-le agir sa guise.

Le besoin de responsabilités

L'adolescence est une période très riche si on laisse prendre au jeune très tôt ses responsabilités sans le contester.

FRANÇOISE DOLTO, *La cause des adolescents*

C'est sur le plan social que l'adolescent est le plus démuni. Alors que la nature fait de lui un homme ou une femme, la société le tient toujours pour un « sous-homme ». Il reste un enfant, le « deuxième homme » comme je l'ai nommé ailleurs, un mineur juridique, privé de toute vraie responsabilité, un humain inférieur. Cela aboutit le plus souvent à le rendre inapte à toute conduite complètement autonome. Traiter quelqu'un en enfant, n'est-ce pas en effet le plus sûr moyen de le conduire à la révolte ? On dit pourtant à l'adolescent : « Maintenant, tu es grand, il serait temps que tu sois responsable ! » Mais que lui autorise-t-on ? Quelle responsabilité peut-il réellement prendre ? C'est ici qu'on s'aperçoit combien l'adolescence est un *faux* problème ou plutôt un problème pour ceux qui ne sont plus adolescents, c'est-à-dire les adultes. De quoi est-il question en effet ? D'une forte attente de notre part. Quelle est cette attente ? La responsabilité et l'obéissance. L'obéissance comme avant, au temps de l'enfance. La responsabilité aussi comme avant, puisque toujours conçue comme un simple devoir. On connaît la fâcheuse expression « responsabiliser », qui n'est rien d'autre qu'une soumission à diverses contraintes. Où sont les droits ? Où est la responsabilité participative ?

C'est pourtant en prenant des décisions que l'adolescent peut s'adapter le mieux à lui-même et aux autres, que sa personnalité se révèle en quelque sorte à elle-même. C'est en se sentant utile que le jeune prend ou reprend goût à la vie. Ainsi l'adolescente (mineure) qui tombe enceinte le fait-elle parfois pour s'émanciper : toute grossesse de mineure n'est pas, loin s'en faut, une grossesse non désirée. Un enfant à s'occuper, c'est une responsabilité à assumer, c'est se valoriser à ses propres yeux. Au Québec, par exemple, la moitié des grossesses de mineures donnent lieu à des naissances vivantes alors qu'en France, la proportion est de 40 %. Faut-il donc être bien sevré de droits et de reconnaissance pour en arriver à cette extrémité, créant des situations parfois difficiles à gérer ?

Alors, peut-être pourrions-nous retrouver le chemin de la Rome antique où la puberté conduisait nécessairement à un nouvel état social et où, revêtu de la toge pourpre de la virilité, le jeune devenait membre de la Cité. Peut-être pourrions-nous nous inspirer des sociétés « primitives » et de leurs rituels de passage qui autorisaient les initiés à sortir de l'enfance et à entrer dans l'âge adulte. Sans doute devrions-nous nous souvenir que, pour être responsable, un adolescent doit vivre ses expériences.

Bien entendu, comme pour les autres besoins, il est préférable que le besoin de responsabilité soit satisfait très tôt. Il faut donc inscrire le jeune enfant sur ce que je nomme « l'échelle des responsabilités ». Tenant compte de son niveau de développement, il faut confier à l'enfant des missions et des tâches à la hauteur de ses possibilités. On ne saurait faire grandir un enfant en se contentant de lui imposer des ordres et des interdits. À cet égard, l'acquiescement docile à un système d'éducation autoritaire n'est jamais garant de la réussite intellectuelle et sociale.

LE CONSEIL AUX PARENTS
Laissons nos enfants prendre des initiatives, car la tentation est grande pour nous, toujours rattrapés par les clichés, de nous méfier de ces jeunes hommes et de ces jeunes filles, prétextant leur supposée inconscience, leur inconséquence, leur imprévoyance et leur irresponsabilité. Ne leur refusons pas l'autonomie qui, précisément, implique qu'ils prennent des initiatives et tentent leurs expériences librement.

Le besoin de sécurité

Ne prenons-nous pas trop volontiers l'habitude de nous substituer à l'enfant et de décider en son nom lorsqu'il serait préférable peut-être de le laisser penser et agir par lui-même, quitte à le redresser s'il se trompe ?

J. Vaudouer, Professeur au lycée Fénelon à Paris, 1894

Aussi curieux que cela puisse paraître, l'autorité n'est pas et n'a jamais été un besoin capital chez l'adolescent, même si, par d'habiles sondages, on lui fait souvent dire le contraire. Son esprit est tourné vers l'autonomie et la responsabilité.

Pour Abraham Maslow, on s'en souvient, les besoins (l'auteur emploie le pluriel) de sécurité sont les plus importants après les besoins physiologiques. Par « besoins de sécurité », Maslow entend notamment la stabilité, la protection, la libération de la peur et de l'anxiété, le besoin de structure, d'ordre, de lois et de limites. Je suis en partie d'accord avec cette définition, mais appliquée à l'adolescence, j'ai une réserve concernant « l'ordre, la loi et les limites ».

Le temps, je le souligne une nouvelle fois, n'est plus (mais l'a-t-il jamais été ?) aux limites et aux interdits imposés d'« autorité ».

Ceux-ci sont nuisibles et humiliants, parce qu'ils bloquent l'esprit d'initiative, sauf, bien sûr, s'ils sont négociés (tout interdit non-négocié est aujourd'hui considéré et vécu comme une contrainte arbitraire). Il n'empêche, et je l'ai dit souvent, l'adolescent a d'abord besoin de repères et de références, de connaissances et d'informations pour découvrir qui il est vraiment. C'est donc de sécurité qu'il a besoin : sécurité psychique et émotionnelle.

Avec la sécurité, nous retrouvons un besoin essentiel du jeune enfant. C'est grâce à de solides assises affectives qu'un enfant acquiert son sentiment de sécurité. Nous le savons, chaque fois que nous le frustrons de ce besoin, notre enfant réagit soit par l'agressivité soit par le repli, soit par les deux à la fois. En revanche, des contacts satisfaisants avec son milieu renforcent son sentiment de sécurité. L'importance de la relation mère enfant, en tant que source de ce sentiment dans le développement de l'enfant a été maintes fois signalée, je n'insiste pas là-dessus. Auprès de sa mère, l'enfant acquiert la sécurité affective. J'aimerais souligner cependant que le père, par ses conseils et ses encouragements, vient rapidement raffermir ce sentiment de sécurité donné par la mère. Bref, pour qu'un enfant se sente en sécurité, il faut qu'il soit aimé, et d'abord par les « grandes personnes ». Plus son sentiment de sécurité et son estime de lui-même sont forts, plus il sera capable de trouver son autonomie lorsqu'il sera parvenu à l'adolescence.

L'adolescent, autant que l'enfant, a besoin de vivre dans un milieu familial équilibré – la structure dont parle Maslow –, qui soit générateur d'un sentiment de confiance et de sécurité. Évidemment, si nous sommes anxieux ou pessimistes, nous ne sommes pas en mesure de donner à nos enfants le sentiment de sécurité qui leur donne les vraies « balises de vie » dont ils ont besoin pour grandir. Nous devons malgré tout nous efforcer de comprendre les problèmes que rencontrent les adolescents et nous montrer disposés à les aider du mieux que nous le pouvons dans un climat de confiance, de respect et d'amour. C'est cela, « sécuriser ».

Chez l'adolescent, le besoin de sécurité peut expliquer sa préférence pour des emplois stables, durables et convenablement rémunérés, comme ceux de la fonction publique, afin d'avoir une vie décente, à l'abri de l'inquiétude du lendemain.

LE CONSEIL AUX PARENTS
Les adolescents n'ont pas besoin qu'on fasse montre d'autorité à leur endroit ni qu'on leur impose des règles, mais de se sentir en sécurité grâce à des règles consenties et négociées, d'encouragements et de valorisation de ce qu'ils font. Nous sommes trop enclins à souligner leurs mauvaises conduites. Soulignons les bonnes, qui seront ainsi renforcées, c'est-à-dire reproduites.

Les adolescents ont constamment besoin d'être rassurés. À la sévérité du monde, n'ajoutons pas la sévérité parentale. Usons au contraire, chaque fois que c'est possible, de l'humour, toujours très apprécié (ce qui vaut tant pour les professeurs que pour les parents).

Le besoin d'affection

Il y a plus à gagner par l'amour que par l'éducation.

D. W. WINNICOTT, *Morale et éducation*

Le besoin d'affection inclut le fait de donner *et* de recevoir de l'amour et de l'amitié ; il est d'autant plus vif que le sujet souffre de discrimination et de rejet.

Il n'y a pas d'éducation possible sans amour. Tout parent doit établir un lien affectif avec ses enfants ; c'est à cette condition qu'il est possible d'établir de bons rapports avec eux, c'est-à-dire des rapports *positifs*. L'amour et l'affection sont la preuve, pour celui qui en est l'objet, qu'il vaut quelque chose ; c'est d'ailleurs l'un des besoins les plus fondamentaux de l'Homme. En effet, tout individu désire être aimé pour lui-même et doit l'être suffisamment pour être capable de s'aimer et d'aimer les autres à son tour. On sait qu'un climat d'amour et de confiance est nécessaire pour le développement sain de l'enfant et de l'adolescent. Celui-ci, comme celui-là, veut de l'affection, et d'abord de notre part. Il veut un climat familial serein, sans disputes. Rien n'est plus insupportable à ses yeux que des parents qui ne s'entendent pas et se querellent sans arrêt. L'affection se donne, elle ne se mesure pas et, en ce sens, on peut dire qu'on n'aime jamais trop (à condition bien sûr que l'autre soit aimé pour lui-même et non pour soi-même à travers lui).

Ce besoin d'amour chez l'adolescent s'affirme encore dans la recherche de satisfactions sexuelles, qui peuvent aller du simple baiser et de quelques caresses au rapport physique complet. L'hypocrisie du monde adulte que nous incarnons est grande. Bien que nous reconnaissions la maturité sexuelle qu'apporte la puberté et que la législation fixe, en France, la majorité sexuelle à 15 ans, l'adulte continue de faire obstacle ou voit d'un mauvais œil les expériences sexuelles de l'adolescent.

Le besoin d'amitié est capital pour l'adolescent, au point que l'on peut dire que c'est même ce qui lui permet de supporter un monde fermé et souvent hostile à son égard. C'est pourquoi la trahison amicale est toujours vécue comme un drame. L'adolescent a dans ces moments le triste sentiment de n'être rien, d'être dépossédé de lui-même.

Quand le besoin affectif n'est pas satisfait, l'adolescent ressent donc un sentiment d'abandon et de rejet.

Comprendre, c'est déjà aimer, dit Bernanos. On peut aussi renverser la proposition et considérer qu'aimer, c'est déjà comprendre.

LE CONSEIL AUX PARENTS

Soyons audacieux, disons à nos enfants combien ils sont importants à nos yeux, combien nous les aimons. Rappelons-nous que nous avons tous besoin de donner ou de recevoir de l'affection, qu'elle soit amoureuse ou amicale.

Le besoin d'espoir

Finalement, nos jeunes s'avouent quand même excédés qu'on parle tant de « leurs » problèmes.

LYDIE PECHADRE ET YVETTE ROUDY

Dans ce monde exigeant où la pression est constante, l'adolescent a besoin d'être réconforté et confirmé dans ses choix et ses initiatives. Il a besoin de projets à réaliser, l'absence de certitudes quant à l'avenir étant toujours source de désespoir. C'est ici qu'il nous faut reparler des vertus de l'encouragement. C'est au moment où il serait le plus utile - à partir de 10 ans environ - que nous semblons y renoncer. Or les adolescents accomplissent beaucoup de choses étonnantes, les uns dans des compétitions sportives, les autres dans un projet musical ou une action caritative.

Comment les encourager ? De toutes sortes de manières, depuis la petite tape amicale dans le dos jusqu'au clin d'œil complice. Voilà qui est de nature à redonner de l'espoir. Il s'agit, pour nous, rien moins que de leur réapprendre à aimer la vie - ce qui suppose que nous l'aimions nous-mêmes passionnément. Nous devons savoir dire à notre enfant : « J'ai foi en toi, le monde est grand ouvert devant toi, tu vas vivre une vie merveilleuse. »

LE CONSEIL AUX PARENTS

Il ne faut surtout pas décourager un adolescent en lui présentant en permanence les difficultés de la vie. Il est vrai qu'il ne doit pas les méconnaître, mais elles ne doivent cependant pas être une entrave à aller vigoureusement de l'avant. Il faut lui souligner enfin ses capacités qu'il soupçonne pas toujours lui-même.

Les besoins complémentaires

Il existe évidemment d'autres besoins qui n'ont pas été nommés ici. J'en cite quelques-uns, que je qualifie de « secondaires-supérieurs ».

Le besoin de présence adulte

La psychanalyse nous enseigne que ce qui est nécessaire aux adolescents est aussi ce qui les menace, à savoir nous, les adultes : c'est vrai lorsque les adultes ne veulent pas se détacher de leurs enfants et les laisser grandir.

Quelle que soit l'attitude qu'il peut manifester envers nous, l'adolescent a besoin d'adultes dans son entourage, mais pas n'importe lesquels. Il a besoin d'adultes-partenaires et non d'adultes « tout-puissants » qui savent ou feignent tout savoir. Finis les parents autoritaires, ces êtres faibles et sans patience, émotifs et nerveux ! « Nos » adolescents réclament des adultes « à visage humain », forts et modestes à la fois, qui n'hésitent pas à s'excuser d'une mauvaise humeur liée à une déception ou à une contrariété (qui peuvent être légitimes). Ils veulent des « adultes de proximité » qui savent écouter, entendre, faire confiance, soutenir (au double sens financier et moral) et qui acceptent le partage (des idées, des espoirs).

Catherine, 18 ans, première année de fac, est très claire à ce sujet : « Des parents modèles, c'est infernal. Ce n'est pas des parents. Mes parents, ils font des erreurs, ils disent des trucs avec lesquels je ne suis pas d'accord. Pour moi, ils font des conneries. »

Il est donc essentiel qu'en tant qu'adulte nous laissions percevoir nos troubles et nos hésitations ; nous ne pouvons qu'en sortir grandis aux yeux de nos enfants. Ne l'oublions pas, derrière le parent, il y a aussi une personne. Notre statut de parent ne doit pas nous faire oublier notre qualité d'être humain. C'est la personne que l'adolescent veut voir et nous devons savoir retirer notre masque, pas nous abriter derrière notre rôle de parent, par refus ou par peur de nous inscrire dans le dialogue. Nous devons nous « repersonnaliser ». Il est tout aussi essentiel que nous puissions communiquer nos convictions (nos enfants nous reprochent si souvent de ne plus en avoir !) comme parents-personnes. Nous devons enfin oser exprimer ce que nous sommes, ce que nous pensons, et pas seulement ce que nous savons.

L'adolescent, redisons-le, a réellement besoin de ces adultes-là, « consistants », qui l'aident à supporter les épreuves sociales qui l'assaillent et l'accablent. L'erreur est souvent de ne plus lui offrir que des modèles sans force, des adultes anxieux qui paralysent son désir de prendre des initiatives et qui ne savent pas lui faire confiance. De tels adultes le plongent dans un désespoir qui est moins lié au « débordement de la vie pulsionnelle » qu'à nos errements d'adultes. C'est aussi parce qu'il se rend compte de l'incertitude du temps présent que l'adolescent tombe quelquefois dans des conduites dépressives. L'adolescent veut qu'on lui livre des valeurs authentiques. Désormais, il croit plus au témoignage vécu, à l'expérience personnelle qu'aux « instructions » éducatives.

Le besoin d'appartenance

Ce besoin recouvre le vieil instinct grégaire de l'homme, renvoie à sa tendance animale à se grouper, à s'attrouper. Il est d'autant plus impérieux que le sentiment d'isolement (exacerbé dans les sociétés individualistes) et les situations problématiques, comme la dissociation familiale et le divorce des générations, pèsent sur les épaules de l'adolescent. Ce besoin se trouve satisfait par l'inscription dans une bande, une association, voire une secte.

Il est donc essentiel d'appartenir à une famille, à une organisation, à une communauté, à un groupe de pairs et de satisfaire le besoin de contacts sociaux, c'est-à-dire assumer un rôle qui répond aux attentes collectives. Ce besoin que W. Schutz nomme « besoin d'inclusion » est même vital pour les adolescents. Les normes, les rituels et les valeurs du groupe, ce qui est admis et ce qui est interdit, renforcent ce besoin d'appartenance.

Il ne fait aucun doute que le rôle des animateurs consiste à éveiller et nourrir des intérêts, à suggérer certaines initiatives et à les encourager, à aider les adolescents à créer eux-mêmes leurs propres structures de loisirs et à en assurer la gestion. Il est nécessaire, au nom de l'autonomie évoquée plus haut, que les jeunes fassent des expériences actives de création socioculturelle.

Le besoin de reconnaissance

Le besoin de reconnaissance est le désir profond d'éprouver de l'estime pour soi et pour les autres. Tout être humain a besoin d'avoir une image positive de lui-même. C'est avec cette image qu'il arrive à maîtriser son environnement. Si celle-ci est menacée, il va nécessairement adopter des stratégies pour la revaloriser, comme se réfugier dans un groupe qui devient son monde de substitution. L'homme tend en effet à désirer de toutes ses forces, « valoir quelque chose ». La lutte pour la vie consiste à se prouver, à soi-même et aux autres, que l'on possède une valeur, une utilité. Chacun a donc besoin d'être reconnu dans cette utilité, cette valeur et cette fonction. La reconnaissance, au contraire de la distance, nous fait rechercher la présence et le regard de l'autre. Il faut aider l'adolescent à se (re)connaître, essayer de le décrire afin de le révéler à lui-même, lui dire ce que l'on voit de son caractère, mais surtout de ses aptitudes.

Le besoin de reconnaissance ou de considération concerne l'ensemble des signes qui permettent à une personne de se sentir acceptée par les autres. Ce peut être une gratification ou une marque d'attention, par exemple. Or les jeunes souffrent aujourd'hui d'un manque total de considération, ce qui se traduit pêle-mêle par la difficulté d'accéder à l'emploi, la précarité des emplois offerts, les salaires bas, la réduction de la protection syndicale, etc.

C'est d'abord de notre reconnaissance à nous, les parents, dont l'adolescent a besoin. Alors que nous traitons souvent avec beaucoup d'égards les camarades de nos enfants, que nous nous adressons à eux presque comme à des adultes, nous refusons d'accorder à nos fils et à nos filles la même considération. Nous allons parfois jusqu'à prendre leurs camarades à témoin pour les critiquer, les mettant ainsi dans la plus pénible situation qui soit. C'est donc bien dans sa propre demeure que l'adolescent a le plus de difficulté à se faire reconnaître et à se faire admettre comme personne à part entière. Comment ne pas comprendre alors son goût de sortir et de rejoindre ses amis ?

Nous devons accepter nos enfants tels qu'ils sont, afin qu'ils s'acceptent eux-mêmes plus facilement. Car ce qu'ils désirent pardessus tout, c'est d'être acceptés et aimés tels qu'ils sont. Voilà la vraie reconnaissance.

Le besoin d'intimité

On confond souvent le besoin de compréhension et le besoin d'intimité. On dit alors que l'adolescent ne veut pas être compris, alors qu'en réalité il n'aspire qu'à protéger son intimité. Il ne veut plus non plus être touché par ses parents (baisers, caresses, etc.), parce que ces gestes représentent des atteintes à sa liberté nouvelle.

Le très médiatique Marcel Rufo, dans *La vie en désordre,* affirme que l'adolescent déteste par-dessus tout se sentir dévoilé ; mais qui d'entre nous aime être mis à nu ? Les adolescents, et saurait-on le leur reprocher, ne supportent pas notre besoin constant (parfois obsessionnel) de savoir où ils vont, ce qu'ils font et avec qui. Ils ont ainsi (mais ont-ils tort ?) l'impression d'être ramenés en arrière, au temps de leur enfance. Nous n'avons que trop tendance en effet à vouloir contrôler les faits et gestes des adolescents, comme lorsqu'ils étaient tout petits. L'adolescence est moins l'époque des secrets que celle de l'intimité. Ils ont besoin, comme chacun d'entre nous, de leur intimité. Nous avons tort de percevoir leur besoin comme une tentative de nous échapper ou, pire, de nous retirer leur amour.

Que cachent nos intrusions dans l'intimité des adolescents sinon une angoisse, une peur du vide ? Nous voudrions toujours être rassurés par des confidences. Oui nos enfants nous aiment toujours autant, mais différemment, et au moment où cela leur convient. Si nous ne comprenons pas cette évolution, nous allons fâcheusement nous montrer soupçonneux ou vigilants à l'extrême. Laissons vivre nos adolescents ! Leur sexualité, qui nous préoccupe tant (et souvent exagérément), relève du domaine de l'intime : elle ne nous regarde pas. Il faut savoir qu'aucun de nous ne peut être dans la *relation* tout le temps, que nous avons besoin de « respirations solitaires », de « jardins secrets » : ne tentons pas de briser la « fortèresse de l'âme » adolescente. Ainsi l'adolescent a-t-il le droit de ne pas tout dire, de garder ses pensées secrètes. De toute façon, lorsque nous voulons à tout prix savoir ce que pensent ou ce que font nos enfants, le plus souvent, nous récoltons des mensonges, car c'est le seul moyen qu'ils ont de se défendre contre nos intrusions.

L'intimité, c'est encore le droit à un espace privé : une chambre bien à soi, que l'on puisse aménager et décorer selon ses goûts. Cela n'a pas échappé à certaines sociétés qui en font la promotion dans leurs publicités. Ainsi la chaîne de magasins IKEA (catalogue 2009) vante-t-elle cet espace. On s'en convaincra aisément à la lecture de cette publicité :

CHAMBRES D'ADOS

Surfer et jouer. Étudier et lire au lit.
Être avec les copains et organiser des soirées pyjama.
Se connecter et bavarder en ligne.
Caser ses vêtements et exposer ses objets.
Se coucher et se lever tard.
S'habiller pour l'école, ou pour une fête.
Ce n'est plus une chambre...
C'est un monde en soi.

Sa chambre, c'est le moyen d'affirmer sa personnalité. Nulle ingérence ne saurait être autorisée, hormis pour cause de salubrité publique, c'est-à-dire quand le linge sale souille le linge propre, que des débris alimentaires à même le sol dégagent une odeur de plus en plus nauséabonde. Le « principe de précaution » justifie alors une intervention rapide, mais limitée dans le temps.

L'intimité, c'est aussi, j'y reviens, ne pas parler de la sexualité de l'adolescent. L'adolescent qui lutte pour son autonomie ne veut plus nous parler, en tout cas il ne veut plus tout nous dire ; il se confie plutôt à ses amis, qui sont désormais ses confidents privilégiés.

Osons dire, pour finir, que la tâche la plus importante des enfants à l'adolescence est tout simplement de nous survivre, nous qui sommes omniprésents et beaucoup trop curieux. Nous n'avons pas toujours conscience des sentiments d'humiliation et d'agacement que suscitent nos critiques et nos remontrances perpétuelles, inspirées par un excès de sollicitude. Catherine, qui a un garçon de 18 ans, a bien compris qu'elle doit se faire discrète : « Je ne suis pas curieuse, dit-elle. Si je l'étais, je perdrais sa confiance. » Avec sa fille de 15 ans, elle est plus perplexe. Elle sait qu'elle a un petit ami mais elle ignore si elle a eu des relations sexuelles avec lui. Elle a décidé de se taire... pour le moment.

L'adolescent - si tel est son bon plaisir naturellement - se confiera d'autant plus volontiers à nous que nous n'aurons pas forcé ses confidences, que nous aurons respecté ses silences et son besoin de solitude. Pour Stéphanie, 18 ans, les choses sont claires: «Je confie tout à ma mère, dit-elle, parce que, quand je lui mens, ça me gêne... donc je lui dis tout.»

Savoir écouter l'adolescent au moment où il a envie de s'exprimer suppose de notre part un état de disponibilité permanente, un vrai détachement par rapport à nos propres préoccupations. Cela suppose encore que nous connaissions *a minima* la vie sociale de nos enfants, qui est intense comme je l'ai dit plus haut, que nous sachions nous y intéresser, nous mettre en quelque sorte à leur place pour saisir le point de vue qui commande leur jugement ou leur action.

La solitude, dès lors qu'elle est librement choisie, fait naturellement partie de l'intimité: ce n'est pas une maladie. Elle est au contraire un temps d'introspection qui permet de se reposer de la trépidation de la vie quotidienne. Elle est un temps de présence à soi.

* * *

Lorsque, chez l'adolescent, les sept besoins capitaux et les besoins complémentaires susnommés sont satisfaits, cela a un effet régulateur sur son économie psychique. Comme dit Abraham Maslow: «Du point de vue clinique, on observe que l'organisme auquel on fournit la sécurité, l'amour et le respect, fonctionne mieux[113].» Inversement, la frustration de ces besoins est pathogène, c'est-à-dire qu'elle rend l'individu malade. Elle génère chez lui colère, agressivité et même violence. Toute éducation qui ne sait pas répondre aux besoins capitaux des adolescents les pousse à chercher des compensations ailleurs que dans les structures sociales habituelles, dans les bandes, par exemple.

En définitive, jouissant de considération et de droits, l'adolescent devient attentif aux droits d'autrui. Autorisé à prendre des initiatives et à assumer des responsabilités, il peut alors respecter les entreprises et les efforts des autres. N'étant ni arbitrairement contraint, ni forcé, ni menacé de dévalorisation par l'«autorité» parentale, qu'il ne juge plus supérieure à lui, il a moins besoin de se défendre et, éventuellement, de s'opposer. L'encouragement constant à l'autonomie, à la participation active, répond aux besoins capitaux

LES SEPT BESOINS CAPITAUX DES ADOLESCENTS	
Confiance	**Dialogue**
La confiance est **inconditionnelle**: elle ne se marchande pas. Celui qui **reçoit** la confiance peut ensuite la **donner** aux autres. La confiance ramène l'**estime de soi** et donne l'**envie d'agir**.	Le dialogue c'est un échange d'**idées** donc de **désaccords**: penser par soi-même, c'est penser différemment d'autrui. Le dialogue suppose qu'on soit **d'égal à égal** avec l'autre. Le dialogue est une réponse **préventive** à la violence.
Sécurité	**Autonomie**
Le sentiment de sécurité passe par des **repères**, des **références**, des **convictions** (parentales), en aucun cas par l'imposition de limites ou d'interdits, ou par l'autorité, qui ne sont que les expressions du pouvoir. Elle implique de **ré-assurer**, de **soutenir** constamment l'adolescent qui vit dans un monde inquiétant.	L'autonomie, c'est pouvoir choisir soi-même ses règles de conduite, l'orientation de ses actes et les risques que l'on est prêt à courir. L'autonomie, c'est le sens même de l'adolescence (et de l'éducation en général). L'adolescent doit **expérimenter**, c'est-à-dire prendre des risques pour grandir; il a donc le droit de se tromper.
Responsabilite	**Affection**
L'adolescent a moins besoin d'être responsabilisé, ce qui est encore un exercice de pouvoir de l'adulte, que d'**assumer des responsabilités** à la fois personnelles et sociales. La responsabilité ramène le sentiment (perdu) d'**utilité**.	L'affection (amour et amitié) est ce qui importe le plus à l'adolescent qui a besoin **d'aimer** et **d'être aimé**. L'adolescent a besoin qu'on lui dise combien il est **important** pour les autres, pour ses parents surtout. On n'aime jamais assez ni trop.
Espoir	
Ce qui manque le plus aux adolescents dans un monde très exigeant: **réussir** en classe, **réussir** en amour, **choisir** le bon métier.	

des adolescents. Bref, le « caporalisme » familial centré sur le conformisme et la soumission cède la place à une atmosphère de loyauté, d'estime réciproque et de coopération, favorables à de continuelles expériences formatrices.

En refusant de répondre à tous ces besoins, nous provoquons bel et bien chez l'adolescent toute une série de frustrations inutiles, « menaçantes » selon la terminologie de Maslow.

Je crois nécessaire ici de tordre le cou à la croyance que la frustration est nécessaire pour la maturation de l'individu. La frustration, par quoi il faut entendre le fait de ne pas obtenir ce qu'on désire, est rarement bonne. La frustration des besoins supérieurs, ou « capitaux », comme je les nomme, n'a qu'un effet avéré, celui de provoquer la pathologie. Au mieux, en refusant à l'adolescent le droit de satisfaire ces besoins, nous lui donnons l'impression de ne pas le respecter dans sa personnalité qui s'affirme chaque jour davantage, se rapprochant de celle de l'adulte. Au pire, nous le projetons dans les déviances les plus dramatiques : fugues et suicide au premier chef.

Nous avons vu qu'on présentait volontiers les fugues comme un signe de mal-être, mais est-ce si certain ? Je pense, au contraire, du moins dans certains cas, que la fugue, surtout quand elle se prolonge, est très souvent une modalité de révolte contre notre ingérence qui devient insupportable. Quant aux suicides, qui la plupart du temps ne sont heureusement que des tentatives, je crois qu'ils expriment très souvent une lassitude devant une situation familiale compliquée dont nos enfants ne veulent plus. L'anorexie elle-même n'a-t-elle pas à voir avec cette lassitude ? On se souvient, du roman d'Alberto Moravia, *La Désobéissance,* où Luca, un jeune garçon de 15 ans, a décidé de ne plus manger. C'est pour lui la forme de désobéissance la plus grave, la plus radicale, celle qui, à ses yeux, entame le plus l'autorité familiale. Luca n'a qu'une idée en tête : secouer le joug familial pour affirmer sa liberté et ses désirs, y compris celui de mourir (voir annexe).

Une autre façon pour l'adolescent de répondre à la non-satisfaction de ses besoins essentiels est de trouver refuge dans une bande. Là, avec ses pairs, il trouve l'affection, la sécurité et la valorisation que ni nous, ses parents, ni la société ne lui apportons (ou ne lui apportons plus). Il faut rappeler que, dans ce monde impitoyable qu'est le nôtre, de nombreux adolescents se sentent en permanence repoussés et méprisés, d'où la fuite dans ces groupes de substitution qui apparaissent comme chaleureux et solidaires. À noter cependant qu'il y a bien sûr bien d'autres raisons de se joindre à une bande[114].

* * *

En résumé, le dialogue constructif et épanouissant suppose de notre part :

- Une écoute *active,* c'est-à-dire patiente et intéressée ;
- L'établissement d'un climat de *confiance* ;
- Une absence de jugement et de paroles ironiques ;
- Un oubli de soi et de nos difficultés du moment ;
- Une compréhension des « difficultés de vie » des adolescents ;
- Des réponses *ouvertes* et remplies d'espoir, visant à faire baisser le niveau d'anxiété.

Finalement, une bonne relation avec un adolescent est faite de sincérité, de réciprocité, de tolérance et de modestie. Elle suppose que chacun - et d'abord les parents - regarde les qualités plus que les défauts, juge moins la personne que ses comportements. Elle suppose que nous, parents, oublions les vilains mots : autorité, discipline, contrôle, ordres, et toute cette panoplie sémantique d'un autre temps, et que nous ne retenions, dans le processus de l'éducation, que les contraintes strictement nécessaires.

L'ESSENTIEL DU «SAVOIR COMMUNIQUER» PARENTAL Les bonnes lettres, les bons mots
A: ACCUEIL, ACCEPTATION, AFFECTION **C:** COMPRÉHENSION, CONFIANCE, CONGRUENCE, CONSIDÉRATION **E:** ÉCOUTE, EXPRESSION, ESPOIR **R:** RESPECT, RECONNAISSANCE

En résumé, le devoir sacré des parents consiste à aider l'adolescent à transformer les **forces négatives** en **forces positives,**

c'est-à-dire, le désespoir en espoir, la dépendance en autonomie, le doute en certitude, l'inertie en mouvement, la crainte en confiance, la perception de soi négative en perception de soi positive, l'inaction en action; l'isolement en ouverture sur les autres et le fanatisme en tolérance.

Ce rôle consiste également à les aider à transformer leurs sentiments **négatifs** en sentiments **positifs**, c'est-à-dire la rancune en pardon, la colère en affirmation, la honte en fierté, la jalousie en admiration, la gêne en aisance et la haine en amour.

Chapitre 4

METTRE EN PRATIQUE

Le drame de notre jeunesse est qu'elle
a tout sauf l'essentiel.

ROBERT KENNEDY

Je vous assure qu'il suffit d'aimer.

MICHEL DE SAINT-PIERRE, *Les nouveaux aristocrates*

Nous sommes à présent en possession d'outils qui nous permettent de connaître, de comprendre et de communiquer avec nos adolescents. Il ne nous reste plus qu'à les mettre en pratique et à nous entraîner. C'est un exercice quotidien qui suppose de notre part des efforts, de la constance et de la ténacité, car il s'agit pour nous de renoncer à nos comportements inadéquats pour en adopter de plus adéquats, qui ne seront plus dictés par nos émotions. Rappelons-nous notre objectif: guider «notre» adolescent sans le brimer, l'aider à se structurer et à acquérir de la maturité ainsi que de le conduire progressivement vers l'autonomie et le préparer à prendre ses responsabilités.

Pour cela, nous devons oser poser un regard nouveau sur lui puis changer notre vocabulaire ainsi que notre manière d'être et d'agir avec lui.

Halte à l'infantilisation scolaire

Il y a environ 150 ans, c'était le lot de beaucoup de garçons et de filles de commencer à travailler très tôt, entre l'âge de 10 et 15 ans. Pour cette raison, on ne traitait pas les jeunes comme des enfants. La scolarisation moderne – c'est son revers – a pour effet de maintenir les adolescents en marge de la société, avec pour conséquence qu'« enfermés dans la préparation de leurs examens, ils manquent de contacts avec la vie réelle, mûrissent mal et, devenus adultes, font figure d'adolescents prolongés[115] ! »

Si ce propos peut paraître sévère, manque-t-il de pertinence ? Réfléchissons un instant : dans l'école moderne contemporaine – je considère ici surtout l'école française –, ne réduit-on pas le prof à une fonction, l'instruction, et l'élève à sa présence à l'école avec l'obligation légale de fréquenter l'école jusqu'à 16 ans ? Saurait-on se contenter de ce « programme minimum » ?

Si la relation prof-élève (adolescent) n'est pas au cœur de la problématique de ce livre, il me faut tout de même en dire à présent quelques mots pour éclairer certaines conduites à proscrire, ou au contraire à prescrire à l'égard des adolescents. Cette relation, ne l'oublions pas, est l'élément capital de la vie scolaire de l'enfant et, plus encore, de l'adolescent. Mais, tandis que l'on insiste de plus en plus sur l'importance de ce rapport interpersonnel dans une société par ailleurs fortement déshumanisée, peu de tentatives sont faites pour l'améliorer. On le sait, la prise de contact entre l'enseignant et « ses » élèves en début d'année scolaire est primordiale. En effet, de la première impression de ces derniers va dépendre souvent la qualité de la relation. Celle-ci sera « bonne » si elle repose tout à la fois sur l'équité et la sympathie, et, bien sûr, sur l'affection. Il n'est pas douteux que ce n'est pas son métier que le prof doit d'abord aimer, ce sont ses élèves. S'il n'a pas les qualités de cœur requises, il aura beau posséder toutes les autres qualités, cela ne suffira pas à en faire un bon éducateur. Cela suppose de sa part une bonne connaissance de son public. Déjà Rousseau, dans la préface de son *Émile*, recommandait aux pédagogues de bien étudier leurs élèves qu'assurément ils ne connaissent pas. Retenons ceci : le professeur et l'élève sont deux personnes dotées chacune de son savoir et de son expérience et qui peuvent s'apprendre mutuellement des choses.

L'organisation du collège français (12 à 15 ans) où se trouvent les gros bataillons adolescents n'est en RIEN différente de l'organisation de l'école primaire, hormis l'arrivée d'une ribambelle de profs et la multiplication des matières enseignées. Cette organisation demeure hiérarchique et disciplinaire. Le régime coercitif (quoique de plus en plus contesté) demeure le socle de l'institution scolaire nationale. Les sanctions prévues pour les collégiens (et même pour les lycéens, âgés de 15 à 18 ans) sont à peu près les mêmes que celles appliquées aux élèves du primaire (6 à 10 ans). Or, comment peut-on raisonnablement traiter les adolescents comme des enfants ? Comment ne pas comprendre que de tels comportements sont générateurs de frustrations et de rancœur ? L'infantilisation est un procédé qui n'est pas sans conséquences sur l'adolescent. Elle peut soit empêcher le sujet qui intériorise les comportements de subordination et d'obéissance de développer son esprit d'initiative, soit au contraire susciter chez lui l'exaspération et la révolte.

L'école française (et bien d'autres écoles dans le monde) reste un milieu fermé, voire contraire à la vie, qui néglige les besoins capitaux des individus ; un milieu conformiste où, de réforme en réforme, se perpétuent des modèles obsolètes, et qui n'exploite pas toutes les possibilités de développement, et surtout, néglige les apprentissages qui ne sont pas uniquement abstraits et intellectuels. « La classe, en morcelant les matières, détruit la vérité d'une cohérence expérimentale vécue dans un contexte affectif et va à l'encontre de la formation de la personnalité[116]. » De plus, l'école maintient l'adolescent en situation de dépendance socio-économique vis-à-vis des adultes. Faute de revenus propres (hormis, pour certains, le produit

– modeste – de petits boulots), il doit accepter cet argent de poche que nous lui « octroyons » avec plus ou moins de parcimonie.

Il existe à cet égard une grande différence entre les écoles françaises et canadiennes. Dans les écoles canadiennes, québécoises en particulier, qu'admirait tant Françoise Dolto, les élèves peuvent critiquer les enseignants, relever leurs contradictions et leurs erreurs. Dans les écoles françaises, cela est non seulement strictement interdit mais une telle attitude est même passible de sanctions : chez nous, on ne conteste pas l'autorité du prof ! Bien sûr, dans nos écoles, un élève ne note pas ses enseignants. On se souvient de la polémique déclenchée en janvier 2008 par le site Internet <Note2be>, qui avait offert la possibilité aux élèves de juger et de noter leurs professeurs. L'Éducation nationale s'est empressée de faire condamner cette initiative[117]. L'entreprise de l'université de Paris 12 a été plus heureuse. En mars 2008, afin d'améliorer le cursus d'études, on a fait parvenir un questionnaire à 5600 étudiants de troisième année de licence, de dernière année de DUT (diplôme universitaire de technologie) et de licence professionnelle, afin d'évaluer les formations dispensées, la qualité de l'encadrement ainsi que l'aide à l'orientation ou à la recherche de stages.

En résumé, nous croyons qu'il faut faire confiance aux élèves et leur donner des responsabilités, qu'il faut les former en quelque sorte au sens démocratique. La discipline rigide, imposée, n'est plus adaptée aux adolescents actuels. Il faut sortir chaque adolescent de la pensée individualiste, du « chacun pour soi », développer en lui l'esprit d'équipe et de coopération, si nécessaire à la vie professionnelle. L'école primaire et secondaire doit permettre à l'élève de faire l'apprentissage du travail en commun, du sens des responsabilités. Il ne s'agit pas ici de confier aux élèves la seule gestion du foyer ou de la machine à café, qui est une « responsabilité trompe-l'œil », mais de les introduire au cœur de l'organisation scolaire, jusqu'à les faire participer à la réflexion pédagogique (ce qu'avait su faire, d'une certaine manière, le ministre Claude Allègre avec sa grande consultation des lycéens, en 1998). Cette préparation des élèves suppose que les enseignants s'organisent autrement et qu'ils soient formés aux travaux de groupe. C'est bien d'une éducation nouvelle dont nous avons besoin.

LE CONSEIL AUX PROFESSEURS

Nombre d'enseignants se demandent au début de l'année scolaire comment ils vont pouvoir faire face aux inévitables «écarts de comportements» de leurs élèves.

Partant d'abord du principe que l'élève est une personne avec ses qualités et ses défauts, considérant ensuite que l'on n'impose rien à un adolescent mais qu'on lui propose tout ce que l'on peut, je suggère aux professeurs de tenir le discours suivant à leurs élèves:

« Mes chers amis, nous allons vivre ensemble une année scolaire et nous aurons, vous comme moi, des hauts et des bas dans notre relation. Certains jours, vous serez moins attentifs que d'autres, et moi, votre prof, je serai à certains moments moins performant et peut-être moins intéressant pour vous. C'est la loi de tout groupe et nous formons un groupe.

«Je vous propose donc que nous examinions ensemble ce que l'on pourrait appeler une «charte de vie commune». Définissons ensemble les règles qui vont nous permettre de vivre ensemble le plus harmonieusement possible. Établissons entre nous un «contrat de confiance». Si je fais quelque chose qui vous déplaît, parlons-en sans animosité. Si, en revanche, quelque chose dans vos comportements me déplaît, une correction s'imposera, etc. »

Concluons en rappelant que dans nos sociétés gérontocratiques les adolescents se sentent regardés avec méfiance et se retrouvent bloqués dans leur maturation sociale. La prolongation des études, qui s'accompagne pour beaucoup d'une adhésion à des conduites *adulescentes,* que l'on peut définir comme des conduites volontairement infantiles de la part de jeunes adultes, a pour effet d'accroître la rupture avec la réalité sociale. Il ne faut donc pas s'étonner parfois de leurs comportements immatures, expression d'un refus d'être complètement adulte. Il n'est jamais bon, en somme, de maintenir trop longtemps des sujets en vase clos, en dehors des réalités concrètes de la vie.

Finalement, les adolescents se trouvent dans la situation paradoxale d'avoir une précocité biologique/pubertaire et culturelle et de souffrir d'un retard dans la compréhension de la vie sociale. Craignant d'être frustrés dans leur besoin d'autonomie (on a vu qu'il était capital), ils ne veulent pas s'engager dans les organisations et les institutions qui leur sont destinées. On assiste alors à une sorte de « néantisation » de leurs forces vives dont les manifestations spectaculaires de violence et les dégradations diverses paraissent incompréhensibles à nos yeux.

Halte à la stigmatisation et à la dévalorisation familiale

Nos critiques, nos moqueries, notamment à propos du physique de nos enfants, de leurs hésitations ou de leurs incertitudes sexuelles sont toujours vécues comme des humiliations intolérables, des sources d'inquiétude. Évitons-les. Les paroles, ne l'oublions pas, influencent nos relations avec les autres. Ainsi, nous mettons souvent nos adolescents dans l'embarras. N'oublions pas que nous pouvons aussi les humilier en les comparant (à leur désavantage) à leurs frères et sœurs ou à leurs amis.

N'entretenons pas davantage le mythe des parents parfaits, confinant sans espoir « nos » adolescents dans l'enfance. J'ai rencontré des fils tétanisés par la brillante carrière de leur père. Et j'ai connu des pères qui ne manquaient pas d'exploiter leur réussite à des fins qu'ils prétendaient éducatives. Gardons-nous enfin des énoncés fort peu amicaux, du genre : « À ton âge, je travaillais dur à la fac... j'avais déjà cinq années d'études supérieures derrière moi », « Ce n'est pas en glandant qu'on arrive à quelque chose », « Moi, je n'avais pas de parents qui m'entretenaient à ne rien faire ». Ces remarques, que nous voulons stimulantes, ne font qu'accroître le sentiment d'impuissance ou d'inaptitude de nos enfants et les maintiennent par conséquent dans un état de désabusement, voire de renoncement.

En résumé, un enfant ou un adolescent dévalorisé par le biais d'humiliations publiques ou privées ne peut à titre de compensation que développer des conduites antisociales comme le mensonge, la fugue ou le vol, ou autodestructrices comme la toxicomanie ou le suicide. Si, au contraire, on l'encourage et l'aide à se surpasser, il peut alors participer activement et positivement à la vie sociale et nourrir son estime de lui-même.

LE CONSEIL AUX PARENTS
N'infériorisons pas nos enfants en leur reprochant un défaut réel ou imaginaire. Dire à un adolescent qu'il est irresponsable, c'est l'amener à notre insu (ou non) à croire qu'il est incapable d'assumer des responsabilités, de décider seul de ce qui est bon pour lui. Dépité, il risque de vouloir être à la hauteur de cette mauvaise réputation.

L'établissement d'un contrat de parentalité

Certains auteurs [118] entendent par « contrat » une procédure consistant pour nous, parents, à définir *arbitrairement* une obligation pour notre enfant, de lui fixer un objectif qu'il doit atteindre, par exemple, faire la vaisselle quelques fois par semaine, et de lui donner en échange une rétribution ou un avantage (une faveur), comme aller manger une glace ces jours-là. Voilà bien un « vrai faux contrat », qui n'est qu'une manipulation de notre part pour parvenir à des fins que nous avons nous-mêmes *préalablement* décidées. Il ne saurait s'agir de cela, surtout avec les adolescents, qui sont à l'âge de l'autonomie et de la discussion. L'établissement du contrat doit porter aussi sur les règles qui semblent, *pour les deux parties,* de nature à faire vivre démocratiquement la famille, sans dommage pour personne. La recherche des bonnes règles suppose des négociations et celles-ci impliquent des compromis de part et d'autre. Françoise Dolto avait cette phrase admirable: «Quand un individu souffre d'un règlement, eh bien, c'est que c'est un mauvais règlement, parce qu'un bon règlement doit être accepté par tous[119].»

Je suggère donc, pour ma part, l'élaboration par écrit d'un vrai «contrat de confiance» entre nos adolescents et nous afin d'éviter le «pilotage à vue» et l'improvisation. Nous devons définir les nouvelles règles du jeu familial en concertation avec nos grands enfants. Chacun doit en effet pouvoir donner son avis, le résultat étant la co-fabrication du nouveau contrat parental.

À quel âge établir ce contrat? Nous l'avons dit, l'adolescence commençant vers 10 ans, engageons les préliminaires à cet âge. Lors du onzième anniversaire de leur enfant, je suggère que les parents réunissent la famille tout entière, incluant s'il y a lieu les grands-parents, les oncles, les tantes ainsi que les cousins et cousines, et qu'autour de la table ils prennent l'engagement solennel (devant témoins donc) de ne plus traiter «leurs» adolescents en «petits» enfants, afin qu'ils trouvent une place active au sein de notre, de leur famille.

La justice doit guider les pas de l'éducateur et il doit absolument renoncer à l'arbitraire des sanctions. Je propose ici l'établissement d'un «code des infractions et des sanctions». Quand il ne respecte pas son contrat, l'adolescent doit savoir, mais à l'avance, à quoi il s'expose. Par exemple, s'il ne rentre pas à l'heure prévue – avec son accord –, vous pouvez diminuer le montant de son argent de poche ou annuler sa prochaine sortie. Peu importe le type de sanction imposée, l'important est qu'elle ait été définie au préalable et en accord avec l'adolescent, et appliquée dans le respect du contrat de confiance signé avec lui.

Élargir le cercle familial

Nos enfants, surtout à l'adolescence, ne sont pas notre propriété. Faut-il redire que chacun n'appartient qu'à soi et que l'adolescent ne fait pas exception à la règle? C'est donc leur salut et leur bonheur que nous devons avoir en vue. Sans doute faudrait-il revenir à une conception plus élargie de la famille. Dans les sociétés rurales traditionnelles, l'enfant était en contact avec un grand nombre de personnes : grands-parents, oncles, tantes, cousins, cousines [...]. Aussi les liens affectifs entre les membres de la famille (les parents surtout) étaient moins exclusifs qu'aujourd'hui. De plus, l'enfant était introduit progressivement aux responsabilités et apprenait en permanence au contact des aînés. Est-il besoin de dire que « nous ne trouvions pas de crise d'adolescence[120] » dans ces familles. La famille actuelle, dite « nucléaire », est constamment menacée par le repli sur soi, ce que Gide appelait l'« égoïsme familial ». Elle a tendance à devenir exclusive. Il y a fort longtemps que le sociologue américain Talcott Parsons a expliqué qu'une telle famille favorisait les manifestations d'agressivité chez les enfants et les adolescents. Le père, qui ne travaille plus à la maison, comme jadis, n'est plus un modèle d'identification pour le fils. Le fils est aujourd'hui plus instruit (que son père quelquefois) et a d'autres valeurs. D'où l'éclosion possible de conflits. On a pu observer ce phénomène, non seulement en Occident, mais aussi en Afrique noire, par exemple, et déjà dans les années 1960-1970. Le jeune Africain qui fréquentait l'école européenne apprenait des choses qui entraient souvent en contradiction avec les croyances ancestrales, ce qui le mettait dans une situation délicate par rapport à ses parents. Ces derniers se sentaient angoissés et dépassés, voire infériorisés. On retrouve également ce problème chez les enfants et les adolescents africains ou asiatiques qui s'installent dans une société d'accueil de type occidental.

Une famille harmonieuse ne vit pas repliée sur elle-même, elle s'ouvre au monde et à ceux qui ne sont pas de la famille.

* * *

La vie quotidienne de la famille est trop souvent marquée par des regards qui enferment, parfois de façon irréversible, tel ou tel enfant. Nos angoisses de parents – légitimes mais souvent excessives – tissent souvent à notre insu des obstacles qui nous empêchent de voir l'autre, l'adolescent, dans toute sa différence et dans toute sa richesse. Nous causons des blessures sans nous en apercevoir.

Nous devons donc regarder l'adolescent comme une *personne* à part entière, c'est-à-dire un être en soi qui a droit au dialogue *égalitaire*. Il y a en effet un paradoxe à considérer que nous vivons sous le régime de la « démocratie familiale », alors que les rôles familiaux continuent à être distribués selon un axe haut/bas, supérieur/inférieur, parent/adolescent. Chacun de nous, je le répète, doit donc préalablement se convaincre que l'adolescent est :

- une personne (normale de surcroît) ;
- une personne-ressource, et d'abord pour elle-même.

Règles et maximes

Il n'y a pas de crise d'adolescence né-ces-saire

Souvent, on affirme que la « crise » est une étape de maturation nécessaire pour arriver à un autre mode de fonctionnement plus adulte, qu'elle représente une période féconde et constructive et ne doit donc pas être entendue dans un sens négatif. C'est FAUX naturellement. Une crise est toujours un symptôme pathologique, le signe que quelque chose n'a pas fonctionné ou ne fonctionne pas correctement dans la dynamique familiale.

On ne s'affirme qu'en s'exprimant

L'adolescent a besoin de développer son identité propre. Il le fait en s'affirmant à partir de son propre système de valeurs, de pensées et de croyances. L'affirmation de soi, ne l'oublions pas, est le ressort profond du comportement de l'homme. Chez l'adolescent, elle est une réponse au « sentiment de supériorité » qui nous anime encore trop souvent. L'opposition du jeune n'est pas plus nécessaire que la crise elle-même ; elle n'est qu'une réaction à notre refus de le laisser s'affirmer. Il est donc « normal » que l'adolescent nous dise « non » quand il n'est pas d'accord avec nous. Malheureux adolescent qui dit invariablement « oui » : sa passivité (caricature de l'obéissance) n'est qu'un signe de déséquilibre.

On n'apprend qu'en expérimentant

Sous prétexte de les protéger, nous entravons très souvent le désir d'expérimentation de nos enfants, petits ou grands, les empêchant ainsi de se mesurer à leurs forces réelles, causant même une brisure dans leur volonté de prendre des initiatives. En agissant de la sorte, il est clair que nous voulons simplement conserver la maîtrise de la relation, tandis que nous devrions au contraire nous inscrire dans un processus interactif.

Le conflit avec l'adolescent : é-vi-ta-ble

Un grand nombre de gens croient encore que les conflits (ou les crises) ont un effet positif et constructif, qu'ils contribuent au développement de la personne. C'est inexact. Le conflit est toujours un accident (de parcours) et le fait que les conflits existent dans la vie des gens et des peuples ne signifie pas qu'ils sont louables et acceptables. Je parle ici du conflit relationnel, pas du conflit interne, physiologique, que peut rencontrer un individu en souffrance. Le conflit parent-adolescent ainsi entendu est donc évitable, comme n'importe quel conflit, à la condition que chacun des protagonistes sache faire preuve d'écoute et soit déterminé à le résoudre. Il faut, autrement dit, que les uns et les autres acceptent de parler de leurs divergences, reconnaissent leurs besoins réciproques et soient, bien entendu, résolus à redéfinir leurs relations. C'est encore de cette manière qu'un conflit qui a éclaté malgré tout pourra être résolu.

On n'impose rien à un adolescent, on lui propose tout (ce que l'on peut)

Si la démocratie familiale suppose d'EXPLIQUER aux enfants ce que l'on attend d'eux, elle nous interdit comme parents tout acte d'AUTORITÉ envers les adolescents. L'autorité excessive surtout (mais n'est-ce pas déjà un pléonasme ?) dévalorise. Soit qu'elle aggrave la timidité, soit qu'elle enflamme l'agressivité. Éduquer, c'est apprendre à être libre, c'est admettre que nos enfants ont le droit d'être eux-mêmes, d'être éduqués pour eux-mêmes, en fonction de ce qu'ils veulent devenir. À trop vouloir qu'ils respectent nos principes, on n'aboutit qu'à des déconvenues. C'est donc à coups d'arguments, de concertation, de négociations quelquefois, qu'une décision les concernant peut prendre corps.

Un parent agit dans l'intérêt de son enfant, non du sien
Nous jugeons parfois en fonction de ce que nous croyons être l'intérêt de notre fils ou de notre fille, mais c'est en réalité notre propre intérêt que nous poursuivons. Nous projetons ainsi nos désirs et nos ambitions non satisfaites dans les plans que nous dressons pour notre enfant, ne tenant pas compte de ses goûts réels.

Un parent n'a pas à s'ingérer dans la vie privée de son adolescent
L'adolescent a le droit de vouloir préserver son intimité ; nul d'entre nous ne saurait le forcer à la confidence.

On ne résout pas un conflit par la force mais par le dialogue
La résolution pacifique des conflits est toujours préférable au recours à la force, qui ne donne au mieux que des améliorations provisoires.

Paroles et comportements à éviter

Il existe un certain nombre de paroles, d'expression et de comportements à éviter si l'on désire établir une bonne communication avec l'adolescent. En voici quelques-uns :

- Traiter l'adolescent comme un (petit) enfant ;
- Donner des conseils impératifs, qui ne sont que des ordres déguisés ;
- Porter des jugements catégoriques sous forme de condamnations sans appel. Par exemple : « TU as encore raté ton examen », « TU es décidément nul, mon pauvre garçon ! ». La congruence, qui consiste pour l'éducateur à exprimer ses propres sentiments, est ici préférable à la sentence ;

- Pratiquer l'ironie, qui est l'expression même de la volonté de puissance;
- Se moquer des enfants, leur faire des remontrances et donner d'autres enfants en exemple est très nuisible. Cela peut les mener au repli sur soi et à un «sentiment d'infériorité» qui les accable. Et pourtant on se moque allègrement des enfants, et on ne prend guère au sérieux les adolescents, surtout les jeunes adolescents, d'où leur réaction de révolte quelquefois. Dans le *Jardin des bêtes sauvages,* de Georges Duhamel, le personnage de Laurent Pasquier dit: «Je déteste qu'on se moque de moi. Les gens qui rient en me regardant, je voudrais les tuer.»;
- Il est des mots qu'il est préférable d'éviter de dire à des adolescents, entre autres: responsabiliser, crise d'adolescence, opposition et période délicate.

Paroles et comportements à rechercher

- Traiter *justement* tous ses enfants. Il s'agit moins de traiter *également* ses enfants que de les traiter avec *justice*. Que nous le voulions ou non, que nous en souffrions ou non, nous marquons des préférences pour certains de nos enfants. L'important est de n'en discriminer aucun sous le fallacieux prétexte qu'il est le plus jeune, que c'est une fille ou un garçon. Nous devons au contraire procurer à chacun des occasions d'affirmer sa personnalité, selon son âge et son sexe. En matière de sorties ou de libertés, la tendance, on le sait, est une moindre générosité envers les cadets et les filles. Inversement, en matière de responsabilités, les aînés semblent pâtir de ce que nous leur demandons, par exemple, s'occuper de leurs frères et sœurs plus jeunes. Il n'est pas facile de se sentir investi en permanence d'une confiance lourde à porter. Le fait de s'entendre dire à longueur de temps: «Tu es le plus grand, le plus fort, le plus capable», simplement à cause de son âge, n'a pas que des avantages;
- Dire à nos enfants combien ils sont importants à nos yeux et combien nous les aimons. Il s'agit là d'une chose simple, mais trop souvent oubliée;

- Privilégier des expressions telles que « confier des responsabilités », « désaccord avec mes enfants » et « besoin d'affirmation » ;
- Dire à son adolescent : « Tu peux tout nous dire ; tu dois avoir confiance en nous. »

Voici des idées reçues sur les adolescents qu'il serait préférable de formuler autrement, ramenant une plus juste perspective sur leurs comportements et une plus grande ouverture d'esprit :

ÉVITER	CHOISIR
Il conteste l'autorité.	Il conteste le pouvoir.
Il n'accepte pas les contraintes.	Il accepte seulement les contraintes qui lui sont imposées sans concertation ni dialogue
Il ne s'investit pas, il se disperse.	Il tâtonne avant d'arrêter son choix.
Il fait ce qu'il veut.	Il ne peut quitter sa famille à sa guise.

Les nouveaux droits des parents

- Le droit à l'erreur. Si, selon le dicton, « l'erreur est humaine », l'erreur est aussi du côté des parents (et pas seulement des adolescents). Le temps n'est plus à l'infaillibilité parentale.
- Le droit à la préférence filiale. Il ne sert à rien de prétendre traiter tous ses enfants *également*, et cela est tout bonnement impossible. L'important est de les traiter *justement*, sans discrimination, c'est-à-dire de ne pas marquer ostensiblement notre préférence pour tel ou tel de ses enfants.

La boîte à idées

- La « permanence familiale ». Tout enfant doit pouvoir bénéficier chaque semaine d'une période où il peut échanger avec son père et/ou sa mère. Dans ces moments, nous sommes à sa disposition pour faire le bilan de la semaine passée et faire des projets. N'oublions pas, la disponibilité se crée.
- Le « quartier libre », une heure par jour. Durant ce temps, l'adolescent peut faire ce qu'il veut ; aucun droit de regard n'est admis sur ses activités.
- La sortie mensuelle au restaurant, en face à face.

Questions et réponses

Ou comment réagir à certaines situations

Q. Vous affirmez que tout est joué à 10 ans. Que voulez-vous dire ?
R. Le « bloc » éducatif est posé au cours des premières années de la vie de l'enfant. Valeurs et principes sont alors énoncés de manière à obtenir les meilleures conduites possibles. Ensuite, à partir de 10 ans, l'éducation devient avant tout une affaire de relations, de « bonnes » relations, de communication, de communication « sincère », ce qui ne signifie pas que les parents ne peuvent plus livrer un certain nombre de messages – ceux auxquels ils tiennent particulièrement –, mais à l'adolescence plus qu'à tout autre âge l'exemple et le dialogue ainsi que la confiance sont désormais essentiels.

Q. On ne peut donc plus, avec un adolescent, user d'autorité ?
R. L'autorité est une fausse piste. C'est vraiment d'autonomie dont il est question à l'adolescence. Fixer des interdits est également une manœuvre à proscrire : les « limites » restent l'expression d'un pouvoir unilatéral. L'adolescent a non seulement besoin de repères et de références, mais il doit participer à leur élaboration. Il faut qu'il y

ait un dialogue au sujet des règles, que les parties en présence (parents et adolescents) parviennent à un accord après discussion. Il faut surtout que les plus jeunes s'approprient ces règles et ce n'est qu'en les ayant co-fabriquées avec leurs parents qu'ils y parviendront[121].

Q. Vous parlez de parent « modeste », qu'entendez-vous par là ?
R. Le parent n'est plus cet être tout-puissant et omniscient d'antan. Avec le déclin du principe autoritaire et des hiérarchies statutaires, il est dorénavant un guide, un éclaireur, un donneur de sens. Comme tout être humain, un père et/ou une mère peut se tromper ; c'est même à son honneur. Le reconnaître n'est pas faire preuve de faiblesse, au contraire. Cette attitude ne peut que le grandir aux yeux de ses enfants et surtout de ses adolescents.

Q. L'adolescence est présentée comme un « moment critique ». Qu'en pensez-vous ?
R. Je ne suis pas d'accord avec cette idée. L'adolescence est plutôt le temps de la construction du sens critique. L'adolescent aiguise ses idées et les exprime parfois de façon radicale, mais il ne faut voir là ni méchanceté ni agressivité de sa part. L'adolescent se pose en partenaire et en interlocuteur. Dans l'échange d'idées qui s'ensuit, il importe qu'il n'y ait ni vainqueur ni vaincu et que chacun accepte que l'autre puisse avoir une opinion différente de la sienne.

Q. Est-ce qu'on a raison de considérer la « crise d'adolescence » comme une fatalité ? Autrement dit, faut-il nécessairement être en crise pour être un adolescent normal ?
R. On parle effectivement de « crise » à propos de l'adolescence, en songeant au bouleversement biologique provoqué par la puberté. Cette idée n'est qu'un simple présupposé qui n'a jamais reçu le moindre commencement de preuve scientifique. La prétendue violence qui accompagnerait ces changements morphologiques et se manifesterait par un désordre du comportement n'a en effet jamais été démontrée, ni médicalement, ni scientifiquement. S'il y a quelquefois des tensions, voire des conflits entre parents et adolescents,

la cause doit être recherchée dans un dysfonctionnement relationnel. Ainsi, la crise, qui est due principalement au ressentiment des parents devant leur perte de pouvoir, est-elle non seulement inutile mais également dangereuse, car elle ne peut qu'aggraver les tensions existantes.

En résumé, faire une crise d'adolescence est tout, sauf normal. N'oublions pas que dans l'usage médical, le terme « normal » s'applique à l'absence de maladie et de dysfonctionnement, donc à l'absence de crise.

Q. Pourtant les adolescents remettent en cause les valeurs des parents...
R. L'adolescence est une période d'affirmation de soi. L'adolescent, qui est devenu un sujet pleinement pensant, a besoin d'exprimer ses idées, ce qui le conduit à les comparer à celles des autres (de ses parents en particulier) et, au bout du compte, à préférer les siennes. Il a besoin, plus encore que d'autonomie, de faire des expériences et de prendre des décisions. Les parents qui ne le comprennent pas et qui refusent ou s'opposent à cette autonomie doivent s'attendre à des conflits constants. Comment réagir ? Je dis aux parent qu'il ne faut surtout pas rester sur vos positions mais, en tant que parents, rétablir d'urgence une relation d'égal à égal avec « vos » adolescents. Vous devez redéfinir ensemble les règles du jeu familial, en tenant compte de l'évolution de votre enfant. C'est le seul moyen d'éviter des conflits qui pourrissent l'ambiance familiale.

Q. Vous constatez que « votre » adolescent a des problèmes ou est soucieux. Que faire ?
R. Surtout ne vous comportez pas en policier ou en censeur. J'aime beaucoup à cet égard cette expression américaine : « Tu veux qu'on en parle ? ». Il s'agit là d'une excellente façon d'entamer le dialogue. On peut alors parler au jeune homme ou à la jeune fille en ces termes : « Je te trouve soucieux ; je dois t'avouer que je le suis aussi en ce moment ; la vie moderne est décidément bien dure. Tu sais que je suis là pour t'écouter si tu le désires, mais tu préfères peut-être en parler à quelqu'un d'autre, c'est ton choix après tout. Fais comme tu

l'entends, mais l'important – et je te le dis par expérience – c'est de ne pas garder ta souffrance à l'intérieur. Il faut l'expulser. »

Q. Que peut-on faire face à des adolescents que, subitement, plus rien ne semble intéresser, et surtout pas leurs anciennes activités d'enfants ?
R. L'adolescence est une sorte de « check-up » que l'adolescent s'inflige à lui-même. Entrant dans un nouvel âge, il change de goûts, de valeurs et de centres d'intérêt. (Il aimait la campagne, il ne l'aime plus, et alors ?) Comme tout individu refermant un chapitre de sa vie, il s'accorde un temps de réflexion avant de se lancer dans de nouvelles aventures, sportives et autres. Il n'a aucune idée de son avenir ? Rien de plus normal. À 15 ans, la plupart des élèves ignorent dans quelle voie professionnelle ils s'engageront. C'est à cet instant que le réconfort et l'assistance parentale (et non une sévère condamnation) sont de mise. Il faut résolument encourager l'adolescent. Par exemple, vous pouvez dire à votre enfant qu'au même âge vous vous trouviez devant les mêmes hésitations et les mêmes tâtonnements. Vous pouvez encore lui conseiller de voyager et de sortir, et souligner que ce qui lui arrive est normal et passager.

Q. Que faire lorsqu'un adolescent est en fugue ?
R. D'abord, il faut rappeler que nombre de ces situations auraient pu être évitées par un dialogue constructif en amont. En cas de fugue d'un adolescent, il faut passer à l'action : il faut tout d'abord s'informer auprès de ses copains et copines les plus proches, de son établissement scolaire, de ses profs, puis, si ces recherches sont infructueuses, faire un signalement à la police. Enfin, il faut surveiller le répondeur ou les SMS. L'important, c'est que l'adolescent sache qu'il peut revenir à la maison sans encourir de « représailles », que la porte lui est grande ouverte. S'il réapparaît enfin, il faut éviter les reproches, se dispenser de lui demander ce qu'il a fait durant son absence (ne jamais employer le mot fugue, qui est très stigmatisant). L'adolescent parlera s'il en a envie, mais plus tard. C'est à cet instant qu'il faut avoir le courage de dire à l'adolescent à quel point

on a eu peur de ne plus jamais le revoir, mais, plus encore, admettre qu'il avait peut-être de bonnes raisons de faire ce qu'il a fait. Il est important également de l'inviter à s'exprimer sur ce qui lui est arrivé quand il le voudra et à qui il voudra.

Q. Les adolescents modernes sont-ils encore idéalistes ? Quels sont leurs rêves ?
R. Les adolescents ont en général des rêves « raisonnables », que l'on aurait considérés comme « petit-bourgeois » en mai 1968. Ils veulent fonder une famille, avoir un bon boulot. Ils éprouvent un immense besoin de sécurité. Comme le dit Jacques, 15 ans : « On a des rêves mais on revient vite à la réalité, c'est-à-dire qu'il faut trouver un travail, gagner de l'argent et éventuellement avoir une petite amie. »

Q. Une pratique intensive des jeux vidéo est-elle dangereuse ?
R. Les parents ont souvent peur que leurs enfants se « noient » dans ces jeux. Une étude Unilever-Skip, menée en 2007 auprès de 1500 mères de différents pays, montre que seulement 8 % d'entre elles considèrent les jeux électroniques comme « une activité susceptible d'aider leurs enfants à s'épanouir pleinement sur le plan social, émotionnel ou intellectuel ». Il existe en effet aujourd'hui une véritable fascination pour les univers virtuels. Il est vrai qu'une pratique intensive n'est pas sans danger. L'incompréhension règne dans de nombreuses familles au sujet du temps que l'ado « accro » passe devant l'ordinateur, car pour de nombreux parents, cette activité équivaut à un refus de faire face à la réalité. Les adolescents sont souvent conscients des risques encourus, mais ils les assument malgré tout, au risque d'y perdre la santé. On estime que le jeu devient pathologique lorsqu'il envahit l'existence du sujet au détriment de tous ses autres investissements affectifs et sociaux. Mais relativisons, les adolescents-accros demeurent minoritaires. Selon des études américaines réalisées au début des années 2000, seulement 1 à 2 % des jeunes se « shootent » à la souris et au joystick. Précisons encore que, selon le Syndicat des éditeurs de logiciels de loisir (Sell), l'âge moyen des joueurs (22 ans en 2002) ne cesse de croître depuis le début des

années 1990. Il est certain que l'éclosion des jeux en ligne donne une nouvelle dimension au phénomène de dépendance. Certains jeux sur Internet, qui préfigurent de véritables mondes parallèles, peuvent conduire à une vraie coupure d'avec le réel ou, pour dire les choses autrement, certains joueurs se constituent une autre réalité en changeant de nom, de sexe, d'âge, etc.

On oublie cependant qu'il y a « du bon » dans les jeux vidéo, beaucoup de « bon ». Marie Cipriani-Crauste l'a montré, ces jeux sont une occasion de convivialité, de se faire des amis en partageant une passion commune, en se lançant des défis, en se refilant des « tuyaux » pour progresser dans telle ou telle épreuve. Selon le chercheur finlandais Marko Siitonen, en favorisant l'interaction entre joueurs par la compétition ou la collaboration, les adeptes des jeux seraient d'ailleurs plus sociables que les non-joueurs. Les adolescents les plus timides parviennent, de leur côté, grâce au jeu, à créer des liens avec les autres.

Des études américaines ont montré que les arrestations d'adolescents pour actes criminels avaient diminué de 77 % aux États-Unis dans les 10 années qui ont suivi la sortie de jeux du type de *Shoot Them Up* (Tirez sur tout ce qui bouge). Le fait de pulvériser des monstres à longueur de jeux ne dégénère donc pas en passage à l'acte dans la vie réelle. Selon certains spécialistes, comme le psychologue Michael Stora, ces jeux permettraient au contraire de sublimer les pulsions agressives, de s'en libérer. Ils favoriseraient en outre l'imagination des jeunes et développeraient leurs capacités d'exploration. Les jeux vidéo stimuleraient enfin l'intelligence déductive, la possibilité de réaliser plusieurs tâches en même temps ou de percevoir l'espace en trois dimensions. Ils apprendraient surtout que, pour vaincre, il faut savoir persévérer.

Q. Tous les adolescents sont-ils guettés par la cyberdépendance ?
R. Non, bien sûr. Il faut un contexte de vulnérabilité, une personnalité fragile et la présence d'un produit addictif spécifique. On rencontre les jeunes cyberdépendants surtout dans les familles pleines d'exigences, notamment dans le domaine scolaire, ou bien dans celles où l'on note la présence d'importants problèmes affectifs.

Q. Comment réagir devant une jeune adolescente qui porte des tenues « provocantes » ?
R. Ici comme ailleurs, l'information doit prévaloir sur l'indignation et la répression. Il faut tout d'abord rappeler que la pression au conformisme vestimentaire est très forte, surtout au début de l'adolescence ; il faut, comme je l'ai montré dans *Le Bonheur d'être adolescent,* se fondre dans le groupe, adopter les codes en usage, qui peuvent être « sexy ». Rappelons à cet effet la polémique déclenchée, en France, il y a deux ou trois ans, par le port du string par certaines élèves. La sexualisation comportementale observée chez certaines jeunes adolescentes est en lien étroit avec la « sexualisation de la pensée », caractéristique de la période pubertaire. Mais ne nous y trompons pas, il est davantage question de séduction que l'expression d'un désir sexuel par provocation. Ces jeunes filles veulent être regardées et admirées. Elles veulent se rassurer en constatant qu'elles plaisent. Il appartient donc aux parents d'avertir leurs filles que le port de bustiers courts qui dévoilent le nombril et de la jupe courte, attire nécessairement les regards, non pas tant ceux des adultes (qui en seraient irrités), que ceux d'adolescents plus âgés, les « grands pairs ».

En réalité, ces adolescentes sont en quête d'autonomie. Leur puberté physique amène une transformation psychologique et elles se servent des modifications en cours comme d'un atout pour assurer leur pouvoir de séduction et faciliter de nouvelles approches sexuelles. Rien que de très normal. Qu'elles rêvent de devenir star de cinéma, mannequin ou chanteuse n'a pas de quoi surprendre ni inquiéter. Dans un monde de grande fluidité sociale où les situations des parents ne modèlent plus nécessairement le destin des enfants, où le rêve peut, plus facilement qu'autrefois, devenir réalité, le champ des possibles est ouvert.

Q. Cette « lolitarisation » est coûteuse...
R. La consommation est une tentation permanente, les adolescentes le savent. À elles de faire les bons choix qui s'imposent au vu de leurs revenus disponibles. Ne soyons pas trop inquiets, les études montrent que les adolescents, garçons ou filles, savent en général comparer les produits et les acquérir au plus juste prix.

Q. Mon fils arbore un piercing à la narine droite et un autre sur la langue, et ne jure que par Marylin Manson. Que faire ?
R. L'adolescence exprime, par une mise à distance des parents, une prise de possession de son existence. Quel bonheur de quitter l'enfance ! À la recherche de son autonomie, le jeune se réapproprie ce qui lui appartient, en premier lieu son corps. Il le pare à son goût, sans considération pour l'opinion d'autrui. Il ne cherche pas à vous provoquer, ce dont il ne se soucie guère, mais à suivre une ligne culturelle qui correspond à ses sympathies et à ses envies, qui sont musicales dans l'exemple de votre fils. Dans un monde où chacun est jugé sur son apparence, votre adolescent s'efforce ainsi de se distinguer de la masse de ses pairs. Nulle incertitude identitaire de sa part mais, au contraire, une affirmation personnelle qui lui donne un statut dans sa communauté d'appartenance, en fonction des codes qu'elle s'est définie.

Comment réagir ? Vous devez en tant que parents démontrer de l'intérêt pour les choix de vos enfants, en vous les faisant expliquer au besoin, en essayant de comprendre, sans juger, le sens de tels choix. Bien sûr, il n'est pas interdit d'échanger sur les risques liés aux inscriptions corporelles (*piercings*) lorsqu'elles sont pratiquées sans respect de l'hygiène, dans quelque salle obscure, ou sur l'incompatibilité du port de ces tenues « mal aimées » avec le règlement scolaire, mais pour le reste il faut faire confiance, il y va des droits et des besoins nouveaux de l'adolescent.

Q. Comment se comporter avec les amis de nos enfants ?
R. Montrez-vous accueillants à leur égard si, d'aventure, les enfants souhaitent vous les présenter. Pour le reste, il ne faut pas chercher à en savoir trop : une relation, quelle qu'elle soit, relève de l'intimité.

Q. Comment parler de sexualité aux adolescents ?
R. Avec tac et sérieux. Le ton grivois qu'adoptent souvent les pères ne convient pas du tout. À partir de l'âge de raison, il faut commencer à informer les enfants de cette réalité, mais il faut le faire d'une manière positive en faisant constamment le lien entre le sexe et l'amour. Dès l'entrée au collège, la pudeur est de mise ; nous entrons

en effet avec la sexualité dans le domaine de l'intime. Les indiscrétions sont donc à bannir, de même que l'enseignement négatif, celui où il n'est question que de la crainte du sida, des grossesses non désirées et des viols, qui forment le lot quotidien du discours médiatique, et souvent, hélas, parental. Il faut se placer en position de disponibilité et d'écoute, en n'oubliant jamais que les adolescents sont et restent de grands sentimentaux et que leurs relations amoureuses sont plus solides et fidèles qu'on le dit.

Q. N'y a-t-il pas une certaine ambiguïté des parents dans leur attitude face à la sexualité de leurs adolescents ?
R. À dire vrai, nous mettons les adolescents dans la pire des situations en reconnaissant qu'ils ont la maturité sexuelle, mais en les empêchant de la vivre en invoquant toutes sortes de raisons, par exemple, qu'ils sont trop jeunes, que cela va nuire à leurs études, etc.

Q. On dit que les adolescents s'engagent, mais n'est-ce pas par pur égoïsme ?
R. Tout engagement est d'abord une recherche de soi-même. Le souci de l'autre naît progressivement.

Q : Peut-on faire confiance à l'adolescent ?
R. L'adolescent, il faut le répéter, n'est plus un enfant au sens psychique du terme et il ne saurait donc être traité comme tel. Il faut le laisser assumer ses responsabilités avec toutes les conséquences, parfois négatives, que cela comporte. Inutile de lui faire un « cours de morale » sur les dangers qu'il peut rencontrer. Il sait que l'excès d'alcool est nuisible, que la « cigarette tue » (comme il est écrit sur les paquets), que les drogues comme la cocaïne ou l'héroïne sont dangereuses. Il est conscient qu'il doit rentrer à la maison avec un conducteur sobre et à l'heure que vous avez convenue avec lui. Bref, si votre fils ou votre fille est heureux d'aller à son premier concert, dites-lui de passer une bonne soirée et laissez vos peurs au vestiaire.

Q. Pourquoi est-il important d'éduquer très tôt les enfants à la responsabilité ?
R. L'enfant qui n'a pas été habitué à avoir de l'initiative aura de la difficulté à prendre des responsabilités à l'âge adulte. Il cherchera à s'appuyer sur quelqu'un qui prendra les décisions à sa place. Au contraire, l'enfant qui aura appris à se débrouiller mûrira plus vite et réussira mieux.

Q. Que faut-il faire avec des adolescents qui ne veulent pas prendre de responsabilités ?
R. Certains adolescents croient qu'en assumant des responsabilités ils vont perdre l'amour de leurs parents. C'est pourquoi ils s'y refusent souvent. Ces adolescents, en réalité, manquent de confiance en eux. Peut-être que leur famille n'a pas réussi à trouver les mots ni la façon de les aider à développer la confiance nécessaire à la prise de responsabilité, mais il n'est jamais trop tard pour bien faire !

Q. Les adolescents qui vivent dans une famille monoparentale sont-ils différents des autres adolescents ?
R. Souvent ils se prennent mieux en charge, sont plus lucides, mais il y a des exceptions. Cela dépend du comportement du parent (la mère en l'occurrence, qui se voit reconnaître la garde des enfants dans plus de 80 % des cas). Si le parent a tendance à « couver » son enfant, ce dernier ne sera guère porté à prendre des initiatives et des responsabilités.

Q. Auprès de qui un adolescent peut-il trouver conseil en cas de difficultés - en plus de ses parents naturellement ?
R. À l'école, l'infirmière (quand il y en a en poste) ne fait pas que de la « bobologie » ; elle joue souvent le rôle de confidente. Autant dire qu'elle soigne autant les âmes que les corps. Il y a aussi le psychologue scolaire (s'il y en a un). À l'occasion du 4e Forum « Adolescence », organisé à Paris en mais 2008 sous l'égide de la Fondation Wyeth, les jeunes de 15 à 18 ans interrogés ont souhaité la création d'une sorte de « corps volant » itinérant de psychologues qui répondraient, au cas par cas, aux demandes d'élèves en difficultés. Pourquoi pas ?

Q. Un adolescent qui s'isole est-il en danger et doit-il nous inquiéter ?
R. S'il est fréquent, je l'ai dit, que les adolescents aiment être en groupe, il en est qui préfèrent rester seuls. On ne doit pas nécessairement s'en inquiéter. S'il existe des solitudes qui cachent quelque désarroi ou souffrance, il en est aussi qui permettent le recueillement, la réflexion ou l'expression de la créativité.

Q. Un certain nombre de jeunes filles mineures enceintes décident aujourd'hui de garder leur enfant. Comment faut-il interpréter ce choix ?
R. C'est d'abord ici l'occasion de rappeler que les grossesses chez les mineures (on en compte environ 10 000 en France) ne sont pas toutes non désirées. Certaines jeunes filles (40 % environ) décident de garder leur enfant. Une manière pour elles, à la fois d'exprimer leur féminité, celle-ci n'étant véritablement complète que dans la maternité, et de se doter d'une identité sociale que la société continue de refuser aux adolescents. Avoir un bébé dont il faut s'occuper vous accorde le statut de vraie personne avec une vraie responsabilité. Reste aujourd'hui à trouver les moyens institutionnels d'accueillir ces jeunes filles lorsque leur famille n'assure pas leur soutien, psychologique et/ou financier. Reste à rendre compatible la nouvelle obligation de la jeune fille avec la poursuite de ses études.

Q. Comment faire face aux conduites addictives ?
R. La réponse n'est sûrement pas la répression. Elle passe par la compréhension dans un premier temps et par le traitement dans un second temps. L'alcoolique et le toxicomane, qu'ils soient accros aux drogues douces ou aux drogues dures, sont d'abord des victimes à qui il faut venir en aide.

Q. Qu'est-ce qu'un « bon » parent d'adolescent, et qu'entendez-vous finalement par éducation positive ?
R. Le « bon » parent est un meneur qui, pour se faire entendre, doit posséder certaines qualités, comme la souplesse, l'intuition et une connaissance assez précise de son pouvoir. C'est quelqu'un qui doit admettre que la maturation de l'adolescent lui donne tout à coup la

force de résister à ses injonctions. Il faut à cet égard s'appuyer sur cette maturation, sur le dynamisme de l'adolescent, au lieu de mettre l'accent sur les interdits qui représentent toujours l'aspect négatif de l'éducation. Il est vrai qu'il est plus facile d'interdire et de réprimander que de stimuler et d'encourager. Cela suppose, encore une fois, de bien connaître les aspects positifs du caractère et les « bonnes » motivations de l'adolescent.

Enfin…

Nous l'avons vu, l'autoritarisme et le libéralisme ne sont pas des choix valables. Il faut plutôt se tourner vers le « personnalisme éducatif familial » : il m'apparaît aujourd'hui comme le seul système générateur de confiance et d'estime de soi.

L'éducation « personnaliste » n'est pas l'éducation du « laisser-faire », c'est l'éducation qui tient compte de la nature et des besoins des enfants et des adolescents et qui les aide à satisfaire ces besoins, et cela, dans le respect du « contrat de parentalité » et des règles sociales élémentaires. Est réellement libre l'« éduqué » qui peut rester lui-même et se développer en accord avec sa nature profonde. Tout le personnalisme pédagogique consiste donc à abolir les contraintes qui ne sont pas strictement nécessaires et qui entravent le développement et l'exercice des facultés des enfants et à accompagner et à soutenir l'exercice de la liberté de ces derniers. C'est en somme la « liberté organisée ».

Les parents doivent enfin comprendre qu'il leur faut adapter leurs modalités d'action aux circonstances et aux différentes psychologies de leurs enfants, car – et on ne le répétera jamais assez – en éducation, il n'y a pas de recettes. Chacun doit donner aux problèmes particuliers avec lesquels il est aux prises les solutions particulières qui leur conviennent, en s'inspirant néanmoins du « personnalisme éducatif » évoqué ici.

Enfin, rappelons que, pour un parent, chaque matin est un autre jour éducatif. La véritable éducation contient en effet une part d'indétermination et d'improvisation, ce qui en constitue le charme même.

J'aimerais, pour terminer, rapporter brièvement une expérience que j'ai menée pendant plusieurs années dans un lycée d'enseignement général de la région parisienne avec le concours d'un professeur d'économie et de sciences sociales. Chaque semaine, entre midi et deux heures, des élèves de première échangeaient, sous ma conduite, sur des sujets qu'ils avaient préalablement choisis : drogue, suicide, mode vestimentaire, problèmes familiaux... Ces garçons et ces filles me semblent avoir appris de cette manière à écouter l'autre, à s'écouter eux-mêmes (par une espèce de dialogue intérieur), et ont pris confiance en eux. Certains m'ont exprimé, plusieurs années après, leur reconnaissance d'avoir pu participer à une expérience de ce type.

Une anecdote pour finir. Récemment, lors d'un déplacement en Belgique, une animatrice d'un centre de jeunes m'a témoigné de l'efficacité de cette « méthode personnaliste » que je prône. Évoquant ses relations longtemps tendues avec sa fille de 16 ans, elle a admis que le « personnalisme éducatif » à base d'écoute et de dialogue lui avait permis de renouer des rapports plus paisibles et plus agréables avec l'adolescente.

Le fait est donc incontestable que les adolescents qui bénéficient d'une relation de confiance et de complicité avec nous, leurs parents, sont plus près de nous. Par exemple, ils sont moins portés à l'écoute des « radios-jeunes » (Skyrock, NRJ, Fun radio, Le Mouv', etc.) et ont moins besoin des libres antennes qu'elles proposent.

Tout ce qui vient d'être dit annonce la création d'un organisme qui s'appellera Formation à l'efficacité relationnelle parents-adolescents (FERPA). J'attends vos suggestions à ce sujet.

Je redis une dernière fois que la relation entre parents et adolescents suppose le gommage préalable de mots antiproductifs, tels qu'« autorité », « discipline », « force physique » et « supériorité morale » et qu'elle suppose la satisfaction des sept besoins capitaux des adolescents ainsi qu'une communication ouverte. J'espère que la méthode présentée dans ce livre permettra à chacun d'améliorer sa relation avec « ses » adolescents.

Conclusion

L'adolescence est la période la plus saine de la vie et c'est au cours de la seconde décennie de l'existence que les taux de morbidité et de mortalité sont au plus bas.

MICHEL CLAES

Nous savons à présent que l'adolescence n'est pas ce « noir continent » qu'une certaine et toujours influente psychologie analytique voudrait nous faire croire. L'idée d'un « âge ingrat », reposant sur un afflux hormonal soudain et considérable, ou sur de prétendues imperfections ou insuffisances cérébrales qui pousseraient l'adolescent à prendre des risques extrêmes ou à tomber dans la violence, est sans fondement. Nous savons, comme nos collègues québécois[122], qu'il n'est pas plus approprié de parler de « crise d'adolescence nécessaire » parce que la très grande majorité des adolescents ne la connaissent pas, qu'ils ne rencontrent pas ces troubles psychiques partout annoncés. Le psychologue français Maurice Debesse lui-même, le célèbre inventeur de « la crise d'originalité juvénile » dans les années 1930, aura eu, au moins par deux fois – en 1958, dans la revue *Enfance,* et en 1968, dans les *Cahiers de pédagogie moderne* – l'occasion de rappeler qu'il avait été mal compris, que « la crise d'originalité » dont il avait parlé n'était qu'un des modes de l'affirmation, à côté d'autres où les transformations sont moins violentes et plus régulières[123]. Lorsqu'une authentique « autorité libératoire », centrée sur le dépouillement de l'adulte face à l'adolescent débouchera sur un style démocratique axé sur les responsabilités et l'autonomie progressive, toutes les tensions à l'intérieur des familles s'évanouiront.

Il n'en reste pas moins vrai que le passage de l'enfance à l'adolescence représente une formidable transformation du corps et de l'esprit, mais aussi que cette transformation équivaut à une fantastique aventure, qui est vécue comme telle et que chacun d'entre nous, même s'il s'en défend parfois, garde longtemps en mémoire. Oui, il y a bien un bonheur d'être adolescent. « Si l'adolescence qui s'achève en s'ouvrant sur la maturité est si belle, si les moralistes et les poètes s'accordent à voir en elle la plus belle époque, c'est qu'elle est précisément le moment où l'être a enfin acquis la plénitude de ses forces et la pleine conscience de leur destination, où la loi de son humanité a pris pour lui sa plus haute définition, où elle commande tous ses désirs d'expansion et tous ses enthousiasmes, où elle ne se connaît pas à elle-même de limites, où elle est prête à se mesurer avec tous les risques[124]. »

C'est donc un bonheur d'*être pubère*, de voir ses forces et sa beauté s'accroître, son pouvoir de séduction augmenter, mais c'est également une chance d'*être adolescent*, de pouvoir poursuivre des études qui conditionnent, pour chacun, la réussite future, de pouvoir s'adonner aux loisirs de son choix, de sortir entre copains. On peut dire que l'adolescent est dans la jouissance de lui-même, qu'il est donc fondamentalement heureux. Alors, de quel droit nous en plaindrions-nous ? L'adolescent éprouve en effet de la joie à vivre, il aime se considérer au sein du monde comme un être pleinement vivant et stimulant pour autrui. Il constate avec délices qu'à son âge, les relations sociales sont plus directes, plus spontanées que celles que nous avons entre nous, les adultes. Il se rend compte qu'il est vigoureux, endurant, charmeur et qu'il a cette chance encore de ne pas avoir nos soucis, même s'il a les siens, ce que l'on oublie trop souvent. C'est pourquoi il ne lui faut guère de temps pour conclure que son âge – quoiqu'on lui dise – est un « âge heureux » dont il doit profiter au maximum. L'adolescent aime donc l'adolescence parce qu'il a l'intuition qu'il peut alors tout faire, et que plus tard il fera davantage ce qu'on lui dit.

Du point de vue familial, quoique doté de nouvelles capacités et désireux de les exercer, l'adolescent vit toujours dans un foyer qui, même s'il a perdu sa rigidité d'antan, reste une force coercitive à laquelle il ne peut que se heurter. D'ailleurs, quand on les interroge, 85 % des adolescents de 15 à 20 ans estiment que, s'ils en avaient la possibilité, ils vivraient seuls ou avec des amis[125]. Une chose est certaine, c'est qu'en accédant au statut de personne à part entière, l'adolescent attend logiquement de ses parents des relations moins asymétriques, fondées davantage sur la réciprocité et la coopération.

Du point de vue social, la situation de l'adolescent dans notre monde mérite également réflexion. Qu'offrons-nous donc à la jeunesse, sinon contraintes et insécurité ? La société actuelle maintient les adolescents en tutelle étroite par le biais de ses agents de socialisation principaux que sont la famille et l'école, en exerçant sur eux à la fois une violence policière et judiciaire et une violence économique par le biais de la « consommation à outrance ». Autant dire que l'adolescence, conçue comme une catégorie sociale particulière, est à cet égard plutôt une malchance. Ne prive-t-on pas toute une classe d'âge des responsabilités publiques ? De l'insertion socioprofessionnelle ? D'une part, la division du travail exige une formation de plus en plus longue et spécialisée. Les études plus poussées introduisent ainsi une marge de plus en plus grande entre la puberté et l'accession aux responsabilités de l'âge mûr. D'autre part, l'organisation économique de la société permet de ne pas intégrer immédiatement les jeunes dans le système de production.

Autrefois, des rites de passage ordonnaient le cycle de vie, assignant à chaque âge son rôle, sa conduite, ses droits et ses devoirs. À l'âge de la puberté, les enfants étaient brutalement séparés de leur mère et soumis à une série d'épreuves qui pouvaient être très humiliantes, voire cruelles. L'ethnologue américaine Margaret Mead rappelle ainsi que, chez les Iatmuls, les jeunes garçons étaient soumis à de véritables tortures avant d'être admis dans la communauté des hommes adultes. Tels étaient les rites marquants et éprouvants, physiquement et moralement, dans les sociétés « primitives », mais qui avaient le mérite de libérer l'énergie débordante des initiés. Dans nos sociétés européennes traditionnelles, les « rituels » ont longtemps eu un caractère religieux poussé. La première communion, par exemple, qui se répand en France à la fin du XVIIIe siècle, revêt la forme d'une cérémonie collective et solennelle. Les enfants portent une aube blanche, avec ou sans brassard au bras et un cierge allumé à la main. Ils se tiennent en file indienne dans l'allée centrale de l'église, les garçons d'un côté et les filles de l'autre, et se présentent à la communion en présence de toute l'assemblée paroissiale. Plus tard, d'autres rites initiatiques s'ajouteront : le bachot pour les enfants de la bourgeoisie, le service militaire pour tous (sauf exemptions), les fiançailles, le mariage, l'emploi, le premier enfant : tous ces événements dans cet ordre, qui a paru immuable jusqu'aux années 1970.

La disparition des rites de passage à l'âge adulte est sans doute l'un des faits les plus marquants du XXe siècle. Il y a encore quelques décennies, le service militaire - du moins pour les garçons - marquait, d'une certaine manière, la fin de l'éducation des parents ; elle traduisait le passage à l'âge adulte, l'accession à l'autonomie. L'entrée au service militaire s'accompagnait dans les villages de moments de fête assortis de libertés sexuelles (les garçons faisaient la « tournée des filles »). Aucune borne ne distingue plus désormais clairement les âges. Chaque individu, qu'il soit jeune ou adolescent, est renvoyé à lui-même et se doit, pour grandir, d'inventer ses propres rituels, libre théoriquement qu'il est de prendre la direction qu'il veut. Ces rituels étant personnels, ils n'engagent nullement le corps social. La société se borne à établir des seuils d'âge associés à une multitude de majorités : civile, pénale, sexuelle et professionnelle...

Aujourd'hui donc que les anciens rites ont disparu ou ne jouent plus leur rôle, au lieu d'intégrer l'adolescent - au moins progressivement -, la société le fait attendre en coulisses (vie professionnelle différée, droit de vote retardé à 18 ans, etc.). Cela confine cette jeune génération au repliement sur soi et à l'« entre soi » et a amené le développement d'un marché économique florissant à son intention. Notons qu'il s'agit là d'une manière de l'aliéner paisiblement et d'anéantir toute volonté massive de participation à la vie publique.

Les groupes de pairs et l'« économie parallèle » adolescente, contribuent à éloigner la jeunesse dans son ensemble de la société environnante. « Ainsi l'accession au groupe d'âge suivant, l'âge adulte, se trouve ralentie ou même bloquée, car pas attirante. Alors, l'expérimentation sociale, les conduites exploratoires s'exercent dans les formes d'une sous-culture juvénile. Or cette séparation d'avec la société environnante rejette les jeunes hors du réel et accroît leur inquiétude et leur angoisse. De là une agressivité plus ou moins contenue et des conduites antisociales[126]. » Toute une série de violences peuvent ainsi se lire comme la conséquence de cette impossibilité de libérer l'énergie pubertaire. Un certain nombre de jeux dangereux, que j'appellerai aussi « indignes », comme le bizutage ou les fameux week-ends d'« intégration » organisés par des grandes écoles, semblent remplir cette fonction « libératrice ». Je prends un exemple extrait de l'actualité récente, celui d'un jeu pratiqué par des collégiens, voire des lycéens, nommé « le guet » (pour guet-apens), qui consiste à fondre sur un jeune désigné à l'avance et à le malmener après l'avoir jeté à terre. Parfois, la bousculade tourne à l'agression pure et simple, avec filmage éventuellement, puis mise en circulation de la scène sur Internet.

En résumé, l'on peut dire que l'adolescence, qui se présente comme une tension entre « la faculté de penser » (sens oublié, et seul pertinent, du mot « crise ») et l'incapacité de prendre des décisions, est bien mal partie, bien mal soutenue. Le drame réside donc moins aujourd'hui dans le conflit des générations que dans l'existence de vies juxtaposées ou parallèles qui s'ignorent. Les générations vivent les unes à côté des autres dans une proximité forcée et de plus en plus mal tolérée. Les adolescents, depuis fort longtemps, ne se posent plus en s'opposant mais en s'éloignant de leurs aînés. Si les parents restent des modèles pour les enfants (mais pour combien de temps encore ?), ce ne sont plus les adultes, mais les jeunes eux-mêmes (voire des adolescents du même âge) qui sont maintenant les sources d'identification des adolescents. Grâce à leur culture, qu'ils chantent, dessinent, lisent ou pratiquent un sport, les *teenagers* deviennent des modèles les uns pour les autres. Les ex-modèles adultes ne gênent pas vraiment les jeunes, ils les laissent indifférents.

Les adolescents, enfin, sont plus courageux qu'on ne pense, plus courageux souvent que les adultes. On dit parfois qu'ils sont insouciants du danger, et c'est pourquoi on les envoie facilement à la guerre, où ils deviennent des « gueules cassées ». En réalité, dotés d'une grande énergie, ils savent faire preuve d'audace et de ténacité. N'oublions pas que, chez l'être humain, le summum de la créativité et du dynamisme se situe entre la puberté et 25 ans.

Existe-t-il des remèdes à la situation d'infériorité de la jeunesse ? Bien entendu. J'en ai longuement parlé, dans mon *Livre noir de la jeunesse*, publié en 2007. Je propose d'abord une participation accrue aux responsabilités publiques, ce qui implique, par exemple, de revoir l'organisation de l'Éducation nationale, de la concevoir davantage comme une alternance entre les études et le travail. Plusieurs lycéens et étudiants le font déjà, à leur manière, en ayant non seulement un job d'été mais un job à temps partiel tout au long de l'année scolaire. Ensuite, l'organisation de l'autonomie des jeunes de 16 à 25 ans par l'attribution de bourses, par exemple. Cette suggestion a été faite, il y a quelques années, par la Commission nationale pour l'autonomie des jeunes, créée à l'initiative de Lionel Jospin. Il s'agirait, après refonte du système des bourses, d'accorder une allocation de formation, un prêt étudiant en quelque sorte, qui serait versée en fonction des ressources des parents et que l'on pourrait reporter dans le temps. La situation des jeunes en effet a beaucoup évolué en 20 ou 30 ans. Leur désir d'autonomie s'est accru (en même temps que la difficulté à concrétiser ce désir). Pendant les Trente Glorieuses (période de forte croissance économique entre 1945 et 1974 dans les pays industrialisés), la jeunesse obtenait son indépendance selon un schéma très simple : les études étaient plus courtes et on arrivait donc plus rapidement sur le marché du travail. On quittait sa famille et on trouvait un logement. Aujourd'hui quatre facteurs changent cette situation : les études se sont allongées, entraînant une prolongation de la cohabitation avec les parents ; l'accès à l'emploi est plus difficile et la sécurité d'emploi plus aléatoire ; le taux de chômage des jeunes est le double de la moyenne nationale en France et les emplois des jeunes sont le plus souvent précaires ; les indemnités de chômage pour les jeunes sont très faibles et les jeunes de 16 à 25 ans n'ont pas accès au RMI (revenu minimum d'insertion).

Plusieurs questions sont liées aux précédentes, celle de la majorité civile par exemple. À intervalles réguliers on se pose la question de son abaissement en France. Françoise Dolto, dans *La cause des adolescents,* revendiquait la majorité légale à 15 ans. D'autres ont suggéré d'établir la majorité à 16 ans. Il y a une quinzaine d'années, la ministre française de la Jeunesse et des Sports, Frédérique Bredin, en concertation avec les ministres de l'Intérieur, de la Justice, des Affaires sociales et de la famille, avait défini une série de propositions visant à augmenter les droits des jeunes entre 16 et 18 ans, jetant ainsi les bases d'une « pré-majorité », comportant notamment le droit d'association (y compris la responsabilité budgétaire). On pouvait lire dans *Le Monde* du 17 octobre 1991 : « Les jeunes ont droit au travail dès seize ans, droit aux condamnations pénales, droit à la prison », ajoutant en substance que cela justifiait un élargissement de la responsabilité civile. Projet resté sans suite. Je préconise donc pour ma part l'établissement d'une « majorité sociale » à 16 ans, sans modification de la majorité civile, par élargissement des droits déjà reconnus aux adolescents de cet âge. (Voir *Le livre noir* pour plus de détails.)

Il est certain qu'à défaut d'une extension de droits, il faudrait peut-être déjà mieux informer les enfants et les adolescents de leurs droits positifs, ceux contenus en particulier dans la Convention internationale des droits de l'enfant, et ensuite, leur permettre de mieux les exercer. Qui sait par exemple qu'en France un enfant de sept ou huit ans peut déposer une plainte dans un commissariat de police ? Il s'agit encore d'associer les adolescents au moins aux décisions qui les concernent ou aux mesures qui les visent. Il s'agit bel et bien, par quelque moyen que ce soit, de sortir l'adolescence de son ghetto, de permettre l'assimilation progressive du « peuple adolescent » à la société adulte. Il s'agit de produire de la réussite sociale. Gérard Mendel parlait en son temps de « décoloniser l'enfant » ; n'est-il pas temps aujourd'hui de « décoloniser l'adolescent » ? De « tuer » même l'adolescence. Souvenons-nous de ce que disait Tocqueville : « En Amérique, il n'y a pas, à vrai dire, d'adolescence. Au sortir du premier âge, l'homme se montre et commence à tracer lui-même son chemin[127]. »

Annexe

Quand adolescence rime avec souffrance et dépendance

Par conduite de fuite, j'entends une pratique problématique dont les causes sont éminemment sociales et qui permet à un individu de se soustraire à une réalité trop oppressante. Loin de traduire une difficulté des adolescents à traverser une période soi-disant complexe de leur vie, la consommation de médicaments, d'alcool, de substances interdites, etc., apparaît plutôt de leur part comme une réponse à des difficultés sociales qu'ils ne parviennent plus à surmonter.

La fuite du corps : l'anorexie

La souffrance passe de plus en plus par le corps. Il faut rappeler que c'est par lui que l'adolescent est compris par ses pairs, et par lui aussi qu'il se valorise. Néanmoins, l'anorexie, comme toutes les conduites dont il sera question par la suite, a des causes qui nous font sortir du strict point de vue de la pathologie personnelle, mais qui sont liées tel que mentionné auparavant à des attentes ou à des dysfonctionnements sociaux. Voici bien la preuve confirmée que le biologique et le social sont indissociables chez l'être humain, et ce, dès son plus jeune âge, que le mal-être a des ramifications multiples, sur les plans culturel, technologique et idéologique et, comme dans le cas de l'anorexie, une origine autant, sinon plus, sociale que pathologique.

J'indique que l'anorexie se présente en effet moins (moins que par le passé en tout cas) comme un problème (une pathologie) de l'adolescence que comme un problème de société. Les pratiques de « mannequinat » ayant longtemps favorisé la maigreur, voire l'extrême maigreur des top-modèles, ont à l'évidence contribué de façon significative au développement de conduites anorexiques chez les jeunes adolescentes.

Cette maladie se manifeste ordinairement autour de 12-13 ans et de 18-19 ans, pour de nombreuses raisons qui peuvent aller du conflit familial aux difficultés scolaires ou amoureuses, mais elle s'est incontestablement développée avec la valorisation sociale de la maigreur, comme diktat de la beauté. Après l'Italie qui a adopté en 2006 un manifeste anti-anorexie, et l'Espagne qui a institué un contrôle de l'indice de masse corporelle des mannequins, la France vient à son tour, par la voie de l'Assemblée nationale, d'adopter en première lecture une proposition de loi visant à réprimer l'incitation à l'anorexie, y compris sur le Net ; le texte sera soumis prochainement au Sénat. Si cette proposition est adoptée, à l'avenir, le fait d'inciter une personne à rechercher une maigreur excessive sera passible d'une peine maximale de deux ans d'emprisonnement et d'une amende de 30 000 euros ; la peine sera portée à trois ans et à 45 000 euros s'il apparaît que cette provocation a entraîné la mort de la personne concernée. Il s'agit d'une initiative louable, mais on aurait aimé que la minorité civile de la victime soit également prise en compte et considérée comme une circonstance aggravante.

La fuite de l'âme : l'alcool, le tabac, le cannabis et autres drogues, et la cybérdependance

Boire un petit coup, c'est agréable.
Boire un petit coup c'est doux.
Mais il ne faut pas rouler dessous la table...

FOLKLORE FRANÇAIS

Si l'on fait un rapide état des lieux, on constate un peu partout en Europe, aux États-Unis ou au Québec, que les drogues licites (tabac et alcool) et le cannabis sont les substances psycho-actives les plus expérimentées et les plus consommées par les adolescents. Généralement, ces produits s'additionnent, menant à ce que l'on nomme des « polytoxicomanies » et, quelquefois même à des « poly-toxico-*manies* », car, dans nombre de cas, cette consommation s'accompagne de troubles maniaco-dépressifs ou en est la cause. Un certain nombre d'adolescents et de jeunes deviennent ainsi des espèces d'« hyperactifs » des conduites addictives.

Il y a plusieurs raisons à la hausse de la consommation des substances toxiques.

- D'abord, il y a ce que j'appellerai un « effet mécanique » : puisqu'il y a plus de produits sur le marché, les occasions d'en consommer augmentent d'autant ;
- Ensuite, il faut considérer l'« effet démocratique » proprement dit : les produits circulent librement ou sont faciles à obtenir. Mentionnons à cet effet le cannabis. En France, on peut en général se procurer ce produit très facilement à peu près partout malgré son interdiction légale. Il en va de même pour les drogues dures traditionnelles comme la cocaïne ou l'héroïne, que l'on peut désormais obtenir de plus en plus facilement. Ces produits s'en trouvent banalisés. Désormais, au nom de la liberté de mœurs, chacun a tendance à faire « c'qui lui plaît » : « Il faut boire ou fumer », disait un célèbre slogan publicitaire français. Aujourd'hui, on fait volontiers l'un et l'autre.

C'est par simple commodité d'exposé que je vais distinguer à présent l'alcool et le tabac (drogues licites) et le cannabis, la cocaïne, l'héroïne, etc. (drogues illicites).

L'alcool

L'alcool qui est au cœur de nos cités pourrit le foie, la tête et le reste des organes de nos concitoyens.

L'alcool, cette drogue devenue banale est pourtant bel et bien une drogue dure.

L'alcool invite à la convivialité.

L'alcool est une drogue festive qui se veut « réparatrice ».

L'alcool véhicule plusieurs préjugés et idées reçues :

- Il donne de la vitalité : ne l'appelle-t-on pas « eau-de-vie » ?
- Il donne de l'énergie et du courage : n'en fournit-on pas aux soldats avant le combat ?
- Il est un symbole de virilité : « Bois, tu seras un homme, mon fils » !
- Il procure de la joie et du plaisir ;
- Il est une convivialité pour les hommes, une débauche pour les femmes ;
- Ce sont les hommes qui boivent, pas les femmes : une femme saoule, vous n'y pensez pas !

On parle, surtout en France, pays des « bons » vins et des puissantes liqueurs, d'un *boire culturel*. Le vin est à cet égard, depuis des temps immémoriaux, une boisson sacrée. Son éloge est un thème que l'on peut suivre, par exemple, dans toute l'Antiquité. Le vin (mais pas l'ivresse, qui est mal vue) est ainsi volontiers associé à l'hospitalité. L'alcool fait en général partie des rituels de convivialité, pour peu, naturellement, que le buveur n'ait pas « l'alcool triste » ou colérique. Pas de fête digne de ce nom sans alcool. Cela vaut pour les anniversaires, les enterrements de vie de garçon et parfois les enterrements tout court. Cela vaut pour les mariages, les départs (en voyage, à la retraite) ; cela vaut aussi pour les examens, mais seulement pour ceux qui les ont réussis.

Qui boit ?

L'alcool partout pour tous ? Faut-il donner crédit à la maxime qui veut que « Tout le monde boit, a bu ou boira un jour » ?

Les hommes boivent, les femmes boivent moins que les hommes, mais de plus en plus, de la bière principalement. Autant dire que le comportement féminin tend à s'aligner sur le comportement masculin. Les adolescents boivent : surtout les garçons, mais de plus en plus les filles. En effet, en France, 18 % des filles âgées de 17 ans consomment de l'alcool. Les enfants (français et belges notamment) se mettent à boire, et de plus en plus tôt, vers 9 ou 10 ans. Les vieux, quant à eux, aimeraient boire, mais ils n'en ont souvent pas l'autorisation : ce n'est pas bon pour leur santé, leur dit-on. Alors, bien sûr, les vieux enragent devant cette liberté perdue !

Arrêtons-nous un court instant sur les collégiens, dont je reparlerai plus longuement ultérieurement. La situation française, et cela vaut pour bien d'autres pays, est plus qu'alarmante si l'on en juge par les recherches les plus récentes. Nombre d'élèves arrivent aujourd'hui à l'école en titubant, ce qui désempare les enseignants. Une enseignante raconte : « Pour fêter la fin de l'année, la moitié de mes élèves sont arrivés complètement bourrés ; les garçons étaient agressifs, les filles hystériques. Deux d'entre eux sont allés vomir aux toilettes. »

Pourquoi boit-on et en quelles occasions ?

Naturellement, on boit pour toutes sortes de raisons : par joie, par plaisir, par peur de la vie, par dépit, pour se distraire, pour survivre quelquefois (dans la rue quand on est au froid). Tout peut être prétexte à boire : une rupture conjugale, un licenciement, la perte d'un être cher. L'alcool provoque une griserie agréable, un égarement momentané de la conscience. Il fait perdre la notion du temps (« Bois un coup, tu n'y penseras plus ! »). L'alcool permet de manipuler sa propre perception de soi et du monde. Claire, 15 ans, une élève d'un établissement scolaire français, confirme l'aspect ludique de l'alcool : « Avec des amis on va souvent boire le mardi après-midi ou le midi entre deux cours, en moyenne huit bières. Parfois on est bourrés, c'est marrant. »

Donc, tous les prétextes sont bons pour boire, pour s'adonner à une bonne beuverie : « On va fêter ça ! » On boit évidemment dans les fêtes, car « il n'y a pas de fête digne de ce nom sans alcool ! » C'est vrai chez les adultes et plus encore chez les jeunes. Outre les circonstances et les raisons déjà évoquées plus haut, on boit à l'arrivée du premier enfant, aux départs et aux retours de l'armée (la fameuse « quille »), on boit lors des soirées amicales, des réussites aux examens : mentionnons la grande beuverie des lycéens qui fêtaient leur réussite au bac au Champ de Mars, à Paris, en juin 2008. C'est le *boire de réjouissance :* le boire pour vivre *au-dessus,* c'est-à-dire plus intensément.

Mais il existe aussi un *boire de souffrance* : c'est le boire des *sous-vivants,* le boire pour sur-vivre, pour supporter une misérable condition sociale (S.D.F., travailleurs pauvres sans abri), car il faut bien se sentir vivre encore un peu malgré toutes ces misères.

Aujourd'hui, on boit quotidiennement, surtout de la bière, qui a détrôné le vin. Il semble même que le vin ait plutôt mauvaise réputation dans les cafés français. On boit le jour, et parfois, la nuit.

Les fonctions de l'alcool

L'alcool remplit principalement trois fonctions :

- Il **enlève les inhibitions.** L'alcool libère la parole des timides ou des frustrés. Le buveur dit des choses qu'il n'oserait pas dire en état de sobriété, surtout des choses vraies (*in vino veritas*). Freud dit quelque part que l'alcool fait de l'adulte un véritable enfant qui prend plaisir à se laisser aller au fil de ses pensées, sans souci des contraintes de la logique ; il dit encore que la modification de l'humeur est ce que l'alcool peut offrir de plus précieux à l'homme, ce qui fait que beaucoup ne parviennent pas à renoncer à ce « poison ».
- Il favorise la **socialisation.** L'alcool forge ou renforce l'identité de groupe ; il inclut ses membres, excluant naturellement les autres, ceux qui ne boivent pas. Boire ensemble est un acte de communion et de réciprocité. La boisson nous intronise dans le groupe ; elle fonde le rapport social, un rapport d'échanges et

participe à la construction de la relation d'hospitalité. Refuser de boire est donc considéré comme une marque d'irrespect.

- Il a pour fonction d'**anesthésier** le réel quand ce dernier est trop triste pour le buveur. L'alcool, on le sait, permet d'accéder à une autre réalité.

Une étude comparative, menée sous la direction de E. Kuntsche, et réalisée auprès de 8282 jeunes âgés de 14 à 17 ans, en Suisse, au Canada et aux États-Unis[26], confirme les deux dernières fonctions en indiquant que lorsqu'on est jeune, on boit d'abord pour le plaisir de se retrouver entre amis et de s'amuser, puis pour le désir d'oublier ses problèmes et enfin, pour se conformer au groupe, faire comme les autres.

COMMENT BOIT-ON ?

Il existe mille et une *manières de boire,* selon que l'on est riche ou misérable, ouvrier, paysan ou bourgeois, jeune ou vieux, homme ou femme. Il est à noter que malgré l'alignement progressif des comportements masculin et féminin, tel que noté auparavant, les femmes boivent toujours moins que les hommes dans les espaces publics, vont moins au café et consomment moins au comptoir.

Les façons de boire varient énormément. C'est ainsi que les riches boivent pour se divertir et oublier leurs ennuis, tandis que les malheureux boivent pour oublier leurs misères. Et si les hommes boivent cul sec, les vieux boivent plutôt lentement, par petites gorgées, tandis que les femmes dégustent.

Il y a aussi, tel que mentionné précédemment, le boire de réjouissance qui nous permet de *sur-vivre*, c'est-à-dire vivre *au-dessus*, plus intensément. Et puis, il y a le boire de souffrance, qui permet lui aussi de *sur-vivre,* mais plus modestement, pour vivre encore un peu, en marge de la vraie vie, parce qu'il faut l'oublier, puisqu'elle est remplie de misères.

Il y a enfin, intéressant plus directement mon propos, le boire jeune et même, avant, le boire adolescent. Concentrons-nous sur le boire ado-juvénile.

Le « boire jeune »

La tendance des jeunes à consommer de l'alcool s'observe dans la plupart des pays développés, tant en Europe qu'au Québec ou ailleurs, particulièrement chez les jeunes de 15 à 17 ans. Il est à noter cependant qu'il est difficile de comparer les résultats des études menées dans divers pays, car les données sont recueillies selon des méthodes différentes et les conclusions ne s'appliquent pas aux mêmes aspects de la consommation d'alcool: dans telle enquête l'on parlera de consommation tout court, dans telle autre de consommation « régulière », ce qualificatif n'ayant pas non plus la même définition d'un pays à un autre. Voici trois exemples: la Belgique, la France et le Québec:

- Selon l'enquête du CRIOC (Centre de recherche et d'information des organisations de consommateurs) réalisée en 2005 en Belgique, 40 % des jeunes belges âgés de 10 à 17 ans déclarent consommer de l'alcool (45 % des garçons et 36 % des filles, 44 % des néerlandophones et 36 % des francophones).
- Selon le rapport de l'Académie nationale française de médecine, publié en octobre 2007, 46 % des jeunes Français âgés de 17 ans déclarent avoir consommé de l'alcool, soit au moins 4 verres, au cours du dernier mois écoulé. Selon une autre recherche, l'Étude ESPAD réalisée en 2003, à 18 ans, 22 % des jeunes garçons français ont bu des boissons alcoolisées plus de 10 fois au cours du dernier mois, et 4, 5 % plus de 40 fois (ces chiffres étant respectivement de 6,6 % et 0,8 % pour les filles).
- L'Institut de la statistique du Québec a mené une enquête à l'automne 2000 auprès des élèves du secondaire (12 à 16 ans). Cette recherche portait sur 4730 élèves de la première à la cinquième année du secondaire inclusivement, répartis dans 156 écoles francophones et anglophones, publiques et privées. Les résultats ont révélé que 71 % des élèves interrogés ont déclaré avoir consommé de l'alcool au moins une fois au cours des 12 mois précédant l'enquête.

Peut-on parler chez les jeunes de consommation *régulière*? En France, selon l'étude ESCAPADE (étude sur la santé et les comportements menée en 2005, lors de la Journée d'appel de préparation à la Défense), seuls 18 % des garçons de 17 ans et 6 % des filles du même âge ont reconnu consommer régulièrement de l'alcool.

Au Québec, un peu plus de la moitié (51 %) consomment de l'alcool de façon expérimentale, une fois pour essayer, ou occasionnelle, environ une fois par mois ou moins, tandis que 20 % sont des consommateurs réguliers, à une fréquence hebdomadaire. La consommation quotidienne d'alcool est un phénomène quasi inexistant chez les élèves québécois (0,4 %). Une proportion de 22 % des élèves ayant indiqué qu'ils avaient bu de l'alcool au cours des 12 mois précédant l'enquête mentionnent en avoir consommé de façon excessive (5 consommations ou plus en une seule occasion) au moins cinq fois durant cette période, ce que l'on considère comme un comportement excessif et répétitif. La proportion de buveurs réguliers augmente constamment, passant d'un peu moins de 6 % en première secondaire à 40 % en cinquième secondaire. En première secondaire, 7 % des élèves qui ont consommé de l'alcool au cours des 12 mois précédant l'enquête reconnaissent s'être comportés en buveurs excessifs répétitifs.

Dans la plupart des cas, on ne note pas de consommation quotidienne sur une base régulière (sauf peut-être la consommation de bière pour certains jeunes), mais peut-être une consommation régulière le week-end. J'en reparlerai plus loin.

Un peu partout en Europe, on assiste en revanche à une montée chez les jeunes du phénomène de l'ivresse. Selon une enquête internationale réalisée en 2001 sous l'égide de l'UNESCO, plus de 1 jeune Européen sur 2 âgé de 16 ans aurait déjà été ivre, les plus touchés étant les Suédois, les Danois et les Anglais. Pour ce qui est de la France, l'étude ESPAD de 2003 précitée indique que 9,5 % des garçons de 14 à 18 ans déclarent avoir été ivres 6 fois ou plus au cours de l'année écoulée contre 3,6 % des filles.

En dépit de l'interdiction de vendre des boissons alcoolisées aux mineurs en France, ces derniers parviennent toujours à se procurer de l'alcool soit dans les grandes surfaces commerciales, les stations-service, sur les lieux de manifestations sportives... Sans compter que, depuis quelques années, des boissons alcoolisées très sucrées, les fameux « premix », sont très appréciées des adolescents, en particulier des jeunes filles.

Que boivent les jeunes ?

Les jeunes d'Europe et d'ailleurs boivent essentiellement de la bière, de l'eau-de-vie (vodka, gin, tequila) et des alcopops, que l'on appelle « premix » en France, mais les jeunes français boivent peu de vin, jugé « ringard ». Chez les garçons, on a noté que 70 % des jeunes belges boivent de la bière, et 49 % des alcopops. Chez les filles : tel que mentionné précédemment, on note une préférence pour les alcopops. Selon l'étude française ESCAPADE de 2005, 26 % des filles de 17 ans disent en avoir consommé au moins une fois durant le mois écoulé.

Quand boivent les jeunes ?

Comme les adultes, les jeunes boivent pour faire la fête. Ils boivent entre eux : c'est ce qu'on appelle le « boire convivial ». Ils n'imaginent d'ailleurs pas, nous l'avons dit, une fête sans alcool. Ils boivent donc dans leurs soirées, dans leurs grands rassemblements (raves ou fêtes technos, par exemple), ou bien dans les discothèques ; ils boivent à se « rouler par terre », à tomber parfois dans un état comateux, ce dont je reparlerai un peu plus loin. Ils boivent pour éprouver des sensations fortes, immédiates. La préférence des jeunes va à la consommation de fin de semaine. C'est dire à quel point la consommation d'alcool chez les jeunes est associée à la fête.

Ainsi, le week-end, certains jeunes absorbent d'un seul coup de grandes quantités d'alcool dans leurs réunions privées ou tout simplement, dans la rue. L'objectif avoué est de s'enivrer. C'est ce que l'on appelle le *binge drinking*. Il s'agit d'une pratique d'origine anglo-saxonne, très répandue en Grande-Bretagne, où 23 % des jeunes de 16 ans disent s'être enivrés au moins 3 fois au cours des 30 derniers jours. Selon une étude réalisée en 2006 par la Prévention routière française auprès de 600 jeunes âgés de 18 à 24 ans, un tiers d'entre eux reconnaissent absorber au moins 5 verres d'alcool au cours d'une soirée et 44 % plus de 3 verres.

Le *binge drinking* est très répandu chez les étudiants (déjà le philosophe Nietzsche soulignait l'alcoolisme de la « jeunesse savante » de son temps). Les jeunes s'y adonnent dans des soirées sponsorisées par de grandes marques d'alcool[27]. D'après l'enquête ESCAPADE de 2005, 2,3 % des jeunes de 17 ans reconnaissent s'être adonnés au *binge drinking*.

Une nouvelle façon de boire ensemble est apparue : ce sont les « bottelons », de grandes beuveries publiques. Ce phénomène est apparu en Espagne au milieu des années 1990 et, actuellement, il gagne en popularité en Suisse. Le principe en est simple. Un bottelon - qui signifie littéralement « grosse bouteille » en espagnol - est un vaste rassemblement (organisé via Internet) de centaines voire de milliers de jeunes âgés de 15 à 24 ans dans un lieu public, en vue d'une consommation excessive d'alcool à peu de frais (car les consommations dans les bars et les cafés sont jugées trop coûteuses). Chacun apporte sa boisson : soda, bière, et surtout, eau-de-vie pour faire des cocktails. Le but est de s'enivrer jusqu'à l'aube. Les bottelons ont été officiellement interdits en Espagne en 2002 sous la pression de riverains excédés par des groupes de jeunes qui, chaque week-end, occupaient les espaces verts, les trottoirs et les places. Mais les bottelons sont loin d'avoir disparu. Le problème se pose aujourd'hui dans les grandes villes suisses, comme Genève, Lausanne, Zurich ou Berne, et les autorités sont partagées entre l'encadrement du phénomène (Genève) et son interdiction (Zurich...)

Nous avons déjà parlé des dangers des alcopops, mais il y a aussi les risques liés aux nouvelles boissons énergisantes, comme le Red Bull, autorisé en France depuis le 15 juillet 2008. Une étude américaine publiée en ligne dans le *Journal of Adolescent Health* (sur le Net) le 25 juillet de la même année établit un lien entre ce type de consommations et les conduites à risque chez les jeunes. Les gros consommateurs de ces boissons (au moins six fois par mois) courent trois fois plus de risques que les autres de fumer, d'abuser de médicaments ou d'être impliqués dans une rixe, et ils affirment deux fois plus souvent que ceux qui n'en consomment pas avoir eu des problèmes d'alcool ou avoir fumé de la marijuana. Dans cette étude menée auprès de 795 étudiants, les deux tiers de ceux qui consomment des boissons énergisantes les utilisent en cocktail avec de l'alcool.

La manière de boire des jeunes

Le *binge drinking* traduit une *nouvelle manière de boire* des jeunes. Il y a ici une grande différence avec le boire adulte. Il existe en effet chez les adultes, de lointaine tradition, un « code » du bien boire. Que ce soit dans les banquets de Platon ou dans les bistrots des « gens de peu » (selon l'expression du même Platon), quand on est adulte ou quasi-adulte, en principe, on ne boit pas n'importe quoi, n'importe comment ni à n'importe quel moment. On connaît l'ordonnancement du repas français : on commence par l'apéritif, puis on poursuit avec les vins, blanc ou rouge, et on termine par le digestif. En Grèce, autrefois, l'arrivée d'un ami était saluée par des libations, son départ également. Il y a donc des règles à respecter et des limites à ne pas dépasser. Il y a des lieux *officiels* du boire : les cabarets hier, les cafés aujourd'hui. Boire entre adultes est donc une activité *sérieuse.* C'est un mode de communication, une communion. Chez les jeunes, il en va donc autrement. On boit plutôt n'importe comment, n'importe où, mais seulement *entre soi.* Les jeunes, surtout les adolescents, ne vont guère au café : trop cher, nous l'avons dit ! Trop rigide ! (Une exception : les cafés branchés !)

Boire est chez les jeunes une activité ludique, plus personnelle. Les jeunes sont moins dans le « boire de socialité » que dans le « boire d'individualité ». Si, comme les adultes, les jeunes boivent en groupe, à leurs yeux, le groupe n'est qu'un prétexte à boire : on boit avec les autres mais d'abord pour soi. Il s'agit, je l'ai dit, non pas de « tenir l'alcool » - fierté des adultes alcooliques - mais, au contraire, de se défoncer, de « rouler par terre », « d'être cassé et un peu *stoned* », selon les termes d'Arthur, un garçon de 14 ans issu d'un bon milieu parisien.

Les jeunes boivent de préférence pour éprouver des sensations fortes, immédiates. Par les joyeuses absurdités du "bagou de la bière", disait Freud, l'étudiant cherche à sauvegarder son plaisir du penser libre.

Quand et comment commence la consommation d'alcool ?

Deux faits remarquables concernent la consommation d'alcool chez les adolescents : le rajeunissement et la féminisation des consommateurs.

- **Le rajeunissement de la clientèle.** Les adolescents boivent *de plus en plus tôt.* Ce rajeunissement semble particulièrement spectaculaire en Belgique. Selon l'enquête de l'Unité promotion éducation santé de l'Université libre de Bruxelles, à 11 ans, les deux tiers des garçons belges et environ la moitié des filles auraient déjà consommé au moins un verre d'alcool et, à compter de 13 ans, 1 jeune sur 4 consommerait de l'alcool une fois par semaine. Plusieurs travaux indiquent la même tendance en France. Selon le volet français d'une enquête de l'Organisation mondiale de la Santé (OMS), en 2006, 59 % des adolescents de 11 ans ont déjà bu de l'alcool contre 22,6 % en 2002. Cette précocité n'est pas sans danger. Selon la même enquête de l'OMS, en 2006, 42 % des jeunes de cet âge ont été ivres contre 32 % en 2002. L'admission aux urgences de très jeunes Français pour coma éthylique représente aujourd'hui 1 % des 30 000 cas annuels recensés (mais en Grande-Bretagne, en 2004, ce pourcentage était de 9 %, soit 21 mineurs par jour).
- **La féminisation de la clientèle.** D'abord, peut-être par une sorte de « mimétisme masculin », les filles, qui se vivent désormais comme les égales des garçons, adoptent plusieurs de leurs comportements positifs (chanter du rap, par exemple) ou négatifs (comme commettre des violences en bandes ou boire de l'alcool).

La consommation d'alcool résulte d'un apprentissage. Au début, il y a toujours une transmission. Boire commence en famille ou avec les copains.

En famille. Au cours des repas, les parents glissent, subrepticement ou non, une goutte de vin dans l'eau de leur enfant et souvent s'en amusent beaucoup. Puis, au fil des ans, le verre complet remplace la simple goutte. Cet apprentissage, que l'on observe tant en Belgique, en France qu'en Suisse, n'est évidemment pas sans danger, quoi que les parents affirment qu'ils boivent « normalement », c'est-à-dire sans excès, qu'ils « savent se tenir » et « sont de bons vivants ».

Avec les copains. Un jeune belge sur trois dit avoir commencé à consommer de l'alcool (et d'autres produits toxiques) avec les copains.

Il s'agit pour les grands adolescents de faire progressivement comme les adultes et, pour les plus jeunes, comme leurs « grands pairs », les étudiants.

Les études belges montrent que, quand les parents boivent, les enfants « trinquent », c'est-à-dire boivent à leur tour. Cela se confirme dans 55 % des cas, alors que seulement 27 % des enfants de parents non-buveurs deviennent eux-mêmes des buveurs.

Pourquoi cette hausse de la consommation d'alcool ?

Plusieurs facteurs contribuent à la hausse de la consommation d'alcool chez les jeunes :

- **L'accessibilité.** On trouve aujourd'hui toutes les boissons alcoolisées - et notamment les « premix » ou alcopops - dans les grandes surfaces, les supermarchés et les stations-service, que l'on soit en France, en Belgique, en Suisse ou au Québec.
- **Le faible goût d'alcool.** Certaines boissons ont un goût d'alcool peu prononcé ; c'est précisément le cas des alcopops, où l'alcool est subtilement additionné de sucre et d'aromates, rendant son goût plus agréable. Avec leur saveur de soda ou de limonade, ces boissons font oublier qu'elles contiennent de l'alcool (soit l'équivalent d'un verre de vin ou d'une bière, c'est-à-dire entre 5 et 8 % d'alcool). On en boit donc davantage.
- **La banalisation.** D'autres boissons sont banalisées, je pense en particulier à la bière chez les garçons - une boisson qui, souvent, permet de « se chauffer » avant d'aller en boîte.
- **Le besoin de se distraire.** Dans ce monde hypercompétitif, il y a un besoin pressant, une sorte d'« impératif catégorique », comme dirait Kant, de faire la fête, de se distraire pour oublier les différentes pressions subies (scolaires au premier chef).
- **Le besoin d'oublier.** L'alcool devient un moyen de combattre les sentiments négatifs comme le stress, la solitude, la peur de l'avenir et la timidité (fonction désinhibitrice de l'alcool).

La mise en danger de soi (et des autres)

Consommer de l'alcool n'est jamais un fait anodin et boire avec excès est carrément dangereux. Il est certain que l'alcool affecte l'humeur du buveur. S'il rend certaines personnes gaies, voire euphoriques, il en rend d'autres déprimées ou tristes. L'alcool peut déclencher la colère : contre soi-même, contre les autres. On connaît la colère des hommes contre les femmes, qui endossent subitement tous les maux (et surtout l'infidélité). Il peut entraîner enfin toutes sortes de désordres dans l'espace public et être cause de différents troubles à l'ordre social.

L'alcool devient une « conduite addictive » dès lors que sa consommation est répétitive. La pathologie se traduit, entre autres, par le coma, des délires, des hallucinations (le plus souvent visuelles), des crises épileptiques, la cirrhose du foie, le suicide, une baisse des performances scolaires chez les plus jeunes, mais aussi par des rapports sexuels non-protégés, divers comportements violents envers autrui et des accidents de la route.

Si je prends à nouveau l'exemple de la situation en France, je rappelle que la mortalité routière des 18 à 24 ans est 2,5 fois supérieure à celle de la moyenne de la population, de même que le nombre de victimes (tuées et blessées), qui dans 80 % des cas, sont des garçons (données de la Sécurité routière de 2004).

Il est à noter que les risques d'accidents mortels de la route atteignent leur pic les week-ends, dans la nuit du samedi au dimanche (situation identique en Belgique et dans les autres pays européens). Ainsi, en France, en 2002, 57 % des 1562 jeunes tués dans des accidents de la route l'ont été au cours de la nuit, et surtout les week-ends (60 %). Ajoutons que l'alcool et le cannabis sont de plus en plus fortement en cause dans les accidents mortels. Or il faut savoir que conduire sous l'emprise de l'alcool multiplie par 8,5 fois le risque d'avoir un accident mortel. Et conduire sous l'effet du cannabis double en moyenne le risque d'être responsable d'un accident mortel. La consommation conjointe de ces deux produits toxiques entraîne une accumulation des effets négatifs et multiplie ce risque par 14.

Nous sommes ici face à cette autre réalité juvénile de la polytoxicomanie : les jeunes consomment rarement un seul produit toxique. Le cannabis et le tabac s'ajoutent fréquemment à l'alcool.

Boire, le symptôme d'une grande souffrance sociale

Comment expliquer cette quête radicale de jouissance par l'alcool sinon par le souci (obsessionnel) d'oublier le quotidien « inquiétant » ? Les fêtes alcoolisées ressemblent à des rituels ordaliques : chacun laisse au sort le soin de décider s'il doit vivre ou mourir ou, moins dramatiquement, « tomber » (au sens propre et figuré) malade ou rester debout (au sens propre !). Rituel, nous le savons, répété pour certains jeunes chaque fin de semaine.

L'on boit aussi seul, de plus en plus, pour affronter une journée scolaire très éprouvante, par exemple. « À 8 h du matin en semaine, ils ont déjà 2 g d'alcool dans le sang », titrait le journal français gratuit, *20 minutes*[28]. Ce phénomène serait en hausse, principalement chez les filles.

Quelles réponses à l'alcoolisation ?

L'exemple de la France

- Supprimer réellement la vente des boissons alcoolisées aux mineurs, en particulier dans les grandes surfaces ou les stations-service. En effet, en dépit de l'interdiction en vigueur, rien n'est plus facile pour un jeune que de se procurer de l'alcool dans ces endroits. Platon, au dire de Montaigne, défendait aux enfants de boire du vin avant l'âge de 18 ans et de s'enivrer avant l'âge de 40 ans !
- En concertation avec la Mission interministérielle de lutte contre la drogue et la toxicomanie (MILDT), le gouvernement français a mis en place en juin 2008 un plan visant à lutter contre ce fléau. La vente d'alcool à tous les mineurs sera interdite prochainement, y compris aux jeunes de 16 à 18 ans qui ont aujourd'hui le droit d'acheter du vin, du champagne et de la bière ; une pièce d'identité sera réclamée aux jeunes qui se présentent aux caisses des supermarchés avec de l'alcool. Il pourrait également être interdit, sauf dérogation, d'ouvrir un débit de boissons à moins de cent mètres des écoles, des gares et... des cimetières !, ou de consommer de l'alcool dans les lieux voisins d'une école. Ces mesures, nous semble-t-il,

n'auront évidemment de sens que si elles s'accompagnent de campagnes générales de dénonciation de l'abus d'alcool.

- Supprimer le sponsoring des soirées étudiantes. À cet égard, le gouvernement français a lancé durant l'été 2008 une campagne de lutte contre le *binge drinking*, « l'alcool pour la défonce ». Une étude récente réalisée dans la région Provence-Côte d'Azur révèle par exemple que 2 % des collégiens et 6 % des lycéens ont bu au moins 6 verres lors d'une même occasion au cours du dernier mois. « Nous allons dé-romantiser l'ivresse, montrer que la soûlerie n'est pas sympathique mais dégradante », explique le président de la Mission interministérielle de lutte contre la drogue et la toxicomanie.
- Abaisser de 0,5 à 0,2 le taux d'alcoolémie autorisé au volant pendant une période probatoire après l'obtention du permis de conduire.
- Informer les jeunes des dangers d'une consommation excessive d'alcool (c'est tout le sens du Plan santé-jeunes présenté en France par Roseline Bachelot, ministre de la Santé, de la Jeunesse et des Sports).
- Lutter contre les pressions scolaires, familiales et sociales dont sont victimes les jeunes et leur tracer de réelles perspectives d'avenir.

* * *

Mais il est temps à présent d'apaiser nos inquiétudes légitimes en tant que parents en soulignant combien il faut faire preuve de prudence sur toutes ces questions. En effet, les adolescents sont souvent perçus comme ayant ces comportements problématiques (quand on ne les réduit pas à ces conduites à risque), et l'alcool dont nous venons de parler longuement est l'une de ces conduites. Mais l'honnêteté oblige à rappeler d'abord que tous les jeunes ne boivent pas – seulement le quart d'entre eux en France – et ensuite que les adultes boivent autant sinon plus que les jeunes.

Le tabac

Le tabac est le produit toxique le plus souvent consommé par les adolescents et les adolescentes, quelle que soit leur tranche d'âge, et les filles fument autant sinon plus que les garçons. On explique cette surconsommation par le fait que les filles, étant mûres plus tôt que les garçons, fréquentent des jeunes gens plus âgés déjà habitués à fumer, d'où un effet d'entraînement.

Le tabagisme chez les adolescents est aussi répandu en France qu'en Suisse, en Espagne et au Québec.

Considérons d'abord le cas du Québec. Selon l'enquête de surveillance de l'usage du tabac au Canada réalisée en 2006, 18 % des jeunes québécois âgés de 15 à 19 ans sont des fumeurs, soit l'un des taux les plus élevés au Canada.

Considérons maintenant le cas français. En dépit d'un bilan plutôt positif de la loi antitabac dans les lieux publics et malgré l'interdiction de la vente de tabac aux moins de 16 ans, les adolescents fument toujours autant qu'autrefois : on estime qu'à 16 ans, un adolescent sur cinq fume régulièrement. Selon l'Institut de veille sanitaire, si le nombre de jeunes fumeurs a baissé d'environ 15 % depuis 1999, le nombre des gros fumeurs (au moins 10 cigarettes par jour) a pour sa part augmenté. Pour contourner la hausse du prix des cigarettes, les jeunes fument davantage de narguilés (chicha) et de tabac à rouler ainsi que les fameuses cigarettes aromatisées, dites « cigarettes-bonbons ». Ces cigarettes au goût de vanille ou de chocolat, très « tendance » à la sortie des collèges, présentent cependant les mêmes dangers que les cigarettes « ordinaires ».

Comme pour l'alcool, l'initiation au tabac se fait de plus en plus tôt ; entre 10 et 12 ans et, vers l'âge de 13 ans, beaucoup d'adolescents fument 10 cigarettes par jour. Il est à noter que le seuil de dépendance se situe à 5 cigarettes par jour (65 % de ces jeunes ont acheté du tabac au moins une fois au cours du mois).

Le pourcentage d'adolescents qui fument a peu évolué au fil des ans et reste relativement élevé dans les pays occidentaux, où on le situe entre 30 et 50 %. C'est dans l'ancienne Europe de l'Est et dans les pays méditerranéens que l'on trouve les plus gros consommateurs de tabac. Les campagnes de lutte contre le tabagisme et l'augmentation des prix ne semblent pas toujours porter leurs fruits.

Le cannabis et autres drogues

La consommation de substances toxiques illicites, cannabis en tête, est en hausse un peu partout dans le monde. Si l'on excepte les Pays-Bas, la Finlande, la Suède et la Norvège, où elle semble se stabiliser, la consommation de cannabis - produit toxique le plus courant - augmente partout en Europe, principalement avec l'âge (à partir de 16 ans).

En France, plus d'un adolescent sur deux a déjà fumé un joint. Si l'on en croit les instituts d'études (Eurobaromètre, par exemple) les jeunes Français sont en tête des fumeurs de joints en Europe. On peut parler à cet égard de « banalisation », voire de « modèle dominant ». Depuis 2000, son usage régulier atteint presque le même niveau que l'alcool. En 2005, près de la moitié des jeunes de 17 ans (49,5 %) ont déclaré avoir déjà pris du cannabis au cours de leur vie, 28 % au cours des 30 derniers jours, un peu plus de 10 % disent en prendre de façon régulière et 5 % quotidiennement. Il est vrai qu'en plus d'être très répandu, le cannabis est aussi (en France) de moins en moins cher. En 2007, le prix moyen d'un gramme de résine était de 4 EUR (soit une baisse de 30 % en 10 ans) et le gramme d'herbe valait 5 EUR (moitié moins qu'en 1996).

Au Québec, selon le Comité permanent de lutte contre la toxicomanie, 42 % des adolescents de 12 à 17 ans ont consommé de la drogue au moins une fois au cours des 12 derniers mois (chiffres de l'automne 2002). Et plus des deux tiers d'entre eux (72 %) en ont pris pendant les 30 jours précédant l'enquête. On constate aussi que 47 % de ceux qui ont pris de la drogue au cours des 12 mois précédant l'enquête en ont consommé au moins une fois par semaine et, dans la majorité des cas, il s'agit de cannabis. Il est à noter que 8 adolescents sur 10 ne considèrent pas leur consommation comme problématique. Les drogues les plus populaires sont le cannabis (marijuana, haschich) et les hallucinogènes (LSD, PCP, mescaline, champignons, acide, ecstasy, etc.).

Prenons le cas du cannabis. La proportion d'élèves qui en ont consommé durant les 12 mois précédant l'enquête s'élève à 41 %. Un élève sur cinq consomme fréquemment du cannabis, que ce soit sur une base hebdomadaire (15 %) ou quotidienne (4,8 %) ; 14 % en consomment plutôt de façon occasionnelle ; 7 % ont tenté l'expérience une seule fois au cours des 12 mois précédant l'enquête ; et 59 % n'en ont pas fait usage. En première secondaire, 15 % des élèves rapportent avoir consommé du cannabis au cours des 12 mois précédant l'enquête, comparativement à 36 % en deuxième secondaire. La proportion de consommateurs de cannabis se stabilise ensuite à près de 50 % en troisième et quatrième secondaire, pour finalement atteindre 61 % en cinquième secondaire. La part des consommateurs réguliers (fréquence hebdomadaire) de cannabis augmente aussi selon le niveau d'études. Alors que 5 % des élèves de première secondaire déclarent prendre du cannabis toutes les semaines, en cinquième secondaire, cette proportion s'établit à 22 %. La proportion de consommateurs de cannabis est significativement plus élevée chez les garçons que chez les filles (43 % contre 38 %) et les garçons sont également plus nombreux en faire un usage quotidien (7 % contre 3 %).

La proportion d'élèves qui consomment des hallucinogènes est de 16 %. On constate que 14 % des élèves ont pris des hallucinogènes une fois par mois ou moins, alors que 1,8 % d'entre eux en ont consommé plus qu'une fois par mois au cours des 12 mois précédant l'enquête. La proportion des consommateurs d'hallucinogènes se situe à près de 5 % en première secondaire, à 14 % en deuxième secondaire, à près de 20 % en troisième et quatrième secondaire, et elle atteint 25 % en cinquième secondaire.

La consommation est nettement plus faible pour les autres drogues : 7 % pour les amphétamines, 5 % pour la cocaïne, 2,9 % pour les solvants, 1,2 % pour l'héroïne et 2,3 % pour les autres types de drogues ou les médicaments sans ordonnance. Quant aux stéroïdes, l'enquête révèle que 2,4 % des élèves en ont consommé au cours des 12 mois précédant l'enquête.

Signalons cependant la montée inquiétante - du moins en Europe, et plus particulièrement en France - de la consommation de cocaïne. Depuis que le prix de ce produit a baissé, le nombre d'adolescents tentés par cette drogue ne cesse d'augmenter, au point que, chez les jeunes Français de 17 ans, la proportion d'expérimentateurs a triplé entre 2000 et 2005. La cocaïne est aujourd'hui, en France, la drogue la plus expérimentée après le cannabis et l'ecstasy.

* * *

La drogue est partout en réalité. Le cannabis est de plus en plus facilement accessible et se propage même dans les pays du Maghreb. Au Maroc, elle est aux portes des collèges et des lycées – dans les quartiers populaires de Casablanca par exemple. Aujourd'hui, près de 90 % des élèves reconnaissent avoir déjà consommé cette drogue. Les filles elles-mêmes sont familières avec des « après-midi chicha » où le haschich remplace le tabac et la bière.

La consommation de produits toxiques, en Europe comme au Québec, commence de plus en plus tôt, quelquefois même à l'école élémentaire. En matière de toxicomanie, tout commence, aujourd'hui comme hier, par mimétisme. Julien, comme je le nomme ici, âgé de 15 ans, accepte son premier joint. Il n'en éprouve pas un réel plaisir, mais il recommence par conformisme, pour rester avec ses pairs. La drogue, ça donne aux garçons de l'assurance pour draguer les filles. Et puis, comme le souligne ce jeune marocain de Marrakech, Hamid, qui a 15 ans comme Julien : « Ça me permet d'être défoncé en cours et de ne pas m'ennuyer. » D'abord le plaisir suit, comme garanti. Puis, hélas, les premières difficultés : l'habitude, l'accoutumance, voire la dépendance psychologique, s'installent.

Aujourd'hui, on consomme aussi des drogues « dures », mais en moindre quantité, malgré tout. Ici, les jeunes Américains en consomment davantage que les jeunes Européens. Les plus touchés sont les jeunes délinquants et les jeunes de la rue. Mais, une nouvelle fois, tordons le cou à l'idée reçue de l'engrenage de la toxicomanie : seule une minorité de jeunes passent du cannabis aux drogues dures illicites, comme l'héroïne ou la cocaïne.

En résumé. Cela me semble de moins en moins vrai que la consommation de produits toxiques licites ou illicites soit un « rite de passage » de l'adolescence à l'âge adulte, comme on nous la présente souvent. La consommation de ces produits est devenue plus régulière, plus quotidienne et exprime davantage une souffrance existentielle liée aux multiples pressions subies - scolaire principalement.

Considérons à titre d'exemple le joint déjà évoqué plus haut. Nous sommes passés ici du « joint hippie », réservé à une certaine élite étudiante bourgeoise, au « joint-pour-tous », que consomment aussi bien les jeunes ouvriers et les jeunes ruraux que les jeunes bourgeois. Donc, pour l'exprimer autrement, nous sommes passés du joint *transgressif* et *festif*, qui avait surtout valeur d'acte de contestation contre l'autorité et était prétexte à des réunions conviviales (dans les années 1960 et 1970, on le consommait en groupe), au joint *dépressif*. Le premier pouvait être associé à une sorte de rituel, plutôt de week-ends ou de vacances, alors que le second se présente plutôt comme un acte plus ordinaire et le plaisir recherché est de plus en plus solitaire, c'est-à-dire qu'on le consomme seul, chez soi.

Les dernières statistiques françaises (Observatoire français des drogues et des toxicomanies, 2007) indiquent que si la consommation globale du cannabis est aujourd'hui relativement stable, par contre, la consommation régulière augmente, principalement chez les jeunes en difficulté ou en échec, ou au chômage. On ne sait pas grand-chose de la consommation quotidienne, mais l'on sait que certains usagers fument désormais plusieurs joints par jour.

Si, nous l'avons vu, les jeunes ont leur propre façon de boire, ils ont aussi leur propre manière de fumer - des joints - différente de celle de leurs aînés des années 1960. Le cannabis fait désormais office de « tranquillisant »; il devient un « anesthésiant de vie ». L'objectif est clair: il faut OU-BLI-ER. Oublier l'échec scolaire, les soucis familiaux, la peur du lendemain. Car on ne dira jamais assez combien la société est exigeante avec les jeunes: il faut réussir partout, être bon enfant, bon élève, bon joueur, etc.

Bien évidemment, on ne saurait oublier le désir de ceux qui absorbent ces substances d'éprouver des sensations nouvelles, sensations qui leur donnent le sentiment d'exister réellement dans un monde où ils se sentent confinés à l'anonymat et à l'isolement.

La cyberdépendance ludique et pornographique

« Internet, c'est comme une drogue », reconnaît Audrey, 16 ans. Ils seraient aujourd'hui, en France, sur une population de plus de 15 millions d'internautes-joueurs, plusieurs centaines de milliers (200 000 en 2002) à avoir développé une dépendance aux jeux vidéo sur Internet. Aux États-Unis, 15 % des jeunes passeraient un nombre d'heures anormalement élevé devant des jeux vidéo, soit 5 millions de personnes. Certains adolescents sont pour ainsi dire véritablement « mariés » à leur console, comme Nabib, surnommé « Tiouf » (« petit fou » en verlan), dont les médias ont récemment raconté l'histoire[29]. Le jeune homme, âgé de 18 ans, est tellement accro à ses jeux (il passe en moyenne 5 heures par jour aux commandes de sa Play Station 2) qu'il en oublie de manger : c'est un joueur invétéré. Quand il ne réussit pas une épreuve de son jeu ou qu'on le contrarie, il pique une « crise ». Bien sûr, comme tous les accros au jeu (ou à n'importe quel produit toxique), Nabib ne reconnaît pas sa dépendance. C'en est une pourtant, équivalente à une drogue dure. Les cyber-dépendants fréquentent les salles en réseau comme on irait dans une fumerie d'opium et se connectent à Internet comme on se ferait un « fix ». Comme pour la drogue, le jeu procure à l'adolescent une vie autre qui le soustrait à la banalité de la vie quotidienne et à l'agressivité du monde : il s'agit d'une fuite de la réalité.

Au centre Marmottan, à Paris, on reçoit beaucoup d'appels de parents affolés, mais pour l'un des médecins responsables, Marc Valleur : « Ce n'est pas une addiction dure comme aux jeux d'argent ou aux toxicomanies. Il existe des cas de désocialisation, mais la plupart du temps les joueurs parviennent à réagir avant de tomber réellement malades. »

Internet comporte un autre piège : la dépendance à la pornographie. Nous possédons ici deux études. La première a été réalisée en 2006 par la Mutualité socialiste en Wallonie et à Bruxelles. La seconde est une étude québécoise menée également en 2006 par le sociologue Richard Poulin.

On le sait, les adolescents, et parfois les enfants, ont de plus en plus facilement accès à ce type d'images. Les nouvelles technologies ont fait tomber les anciennes barrières. Il n'est plus nécessaire aujourd'hui de se rendre au kiosque à journaux du coin ou de se retirer discrètement dans la pièce du fond du vidéoclub pour se procurer un média à caractère pornographique. Internet, les messages multimédias et les vidéos sur Ipod permettent de visionner ce type d'images dans la plus stricte confidentialité. C'est une continuité avec la télévision et le cinéma qui, il y a déjà de nombreuses années, ont ouvert leur porte à la pornographie. Il s'ensuit par exemple qu'un adolescent européen voit en moyenne 14 000 images à caractère sexuel par an à la télévision.

Considérons d'abord l'enquête belge. À partir d'une question sur l'exposition à la pornographie via divers supports, il apparaît qu'un jeune sur deux a visionné des images pornographiques sur Internet ou à la télévision au cours du semestre précédant l'enquête. Ce nombre est constitué pour les deux tiers de garçons et pour un peu moins de la moitié de filles. Si l'on ne considère que la première tranche d'âge, les 15 à 17 ans (mineurs en Belgique), on observe que près d'un adolescent sur deux a vu ce type d'images. Seulement 12 % d'entre eux déclarent consommer de la pornographie *régulièrement,* soit au moins une fois par semaine. Il est à noter que ce nombre est constitué pour le quart de garçons.

On remarque également des différences marquées entre les habitudes des garçons et des filles dans la consommation de pornographie. Les garçons la cherchent plus activement tandis que les filles sont plus passives. En effet, près d'un garçon sur deux a cherché délibérément à visionner de la pornographie tandis que moins d'une fille sur trois a fait cette démarche. De plus, les filles sont deux fois plus nombreuses que les garçons à s'être ennuyées en regardant ces images et trois fois plus nombreuses à y avoir été obligées (ou du moins à s'être senties obligées). En effet, plus de 15 % des jeunes filles interrogées consomment de la pornographie contre leur volonté.

L'enquête a révélé que 8 % des jeunes déclarent avoir vu leurs premières images pornographiques avant l'âge de 11 ans, 17 % avant l'âge de 13 ans et la majorité d'entre eux en regardant un film diffusé à la télévision, sur cassette vidéo ou sur DVD.

Notons qu'un quart des jeunes ont découvert la pornographie via un magazine, mais ce média est en très grande perte de vitesse. Les premières images pornographiques ont été vues soit au domicile de l'adolescent, soit chez des amis. L'adolescent était alors seul ou accompagné d'un ou de plusieurs amis du même sexe ou du sexe opposé (voire des deux sexes).

On constate que les filles jugent la pornographie plus négativement que les garçons. Pour elles, la pornographie est essentiellement dégradante, choquante et dégoûtante. Les garçons, quant à eux, la jugent plutôt excitante. Soulignons tout de même qu'ils sont également nombreux à l'estimer dégradante.

Seulement la moitié des jeunes ne sont pas d'accord lorsqu'on leur dit que la pornographie montre des pratiques qui plaisent aux femmes. Et un garçon sur trois considère qu'il a parfois des problèmes d'érection. Il y a donc chez les jeunes une pression due à une obligation de performer.

Un jeune sur six pense que la pornographie est un outil d'éducation sexuelle et ils sont encore plus nombreux à penser que les images pornographiques montrent des scènes réalistes.

Par contre, la grande majorité des jeunes affirment que la pornographie montre des relations sexuelles dénuées de sentiment. Près de la moitié des jeunes citent spontanément le manque de réalisme de la pornographie qui peut donner à certains adolescents une image déformée de la sexualité. On soulignera aussi qu'un jeune sur cinq considère que la pornographie peut donner des complexes aux garçons (performance sexuelle, taille du sexe et obligation de faire jouir son ou sa partenaire). Spontanément, il y a une perception que les garçons sont davantage victimes de la « porno » que les filles. En effet, le fait que la pornographie présente la femme comme un objet est évoqué par une minorité de répondants. L'absence de sentiment est également un des problèmes soulevés par de nombreux jeunes (un sur trois). Notons que 12 % des jeunes n'attribuent aucun effet négatif à la pornographie.

La plupart des jeunes s'entendent pour dire que la pornographie dissocie sexualité et tendresse, mais seulement 57 % d'entre eux croient qu'elle peut avoir des effets *négatifs* sur la tendresse. Même qu'un adolescent sur six pense que les effets peuvent être *positifs*.

Les jeunes jugent plus positivement les effets de la pornographie sur la confiance en soi des garçons que sur celle des filles. Ce résultat est plutôt interpellant dans la mesure où, de manière spontanée, seul un pourcentage marginal de jeunes déclarent que l'image de la femme dans ce type de films peut avoir un effet négatif sur les jeunes filles. Par contre, ils sont plus de 20 % à affirmer que la pornographie peut donner des complexes aux garçons.

Plus de 50 % des jeunes estiment que la pornographie a des effets négatifs sur la prévention des maladies transmises sexuellement. Il est vrai qu'il s'agit d'un milieu où le port du préservatif n'est pas une coutume (sur mille compagnies de porno existantes seules trois ont une réglementation interne obligeant l'usage du préservatif). Un pourcentage non négligeable de jeunes déclarent pourtant que la pornographie a des effets positifs sur l'utilisation du préservatif. Deux phénomènes peuvent expliquer ce résultat : d'une part, le préservatif est utilisé systématiquement dans les pornos homosexuels et, d'autre part, certaines figures emblématiques du milieu pornographique militent pour le port du préservatif.

Près de 1 jeune sur 10 considère que la pornographie a des effets négatifs sur la fidélité. Cela doit être lié au fait qu'ils considèrent la pornographie comme un démystificateur et un briseur de tabous.

Plus de 50 % des jeunes déclarent que la pornographie n'influence ni positivement ni négativement leur propre sexualité. Ils sont 8 % à considérer qu'elle a une influence négative, voire très négative. *A contrario,* plus de 30 % d'entre eux affirment que l'influence de la pornographie sur leur sexualité est positive, voire très positive.

Les garçons sont plus nombreux à déclarer que la pornographie a un effet positif sur leur sexualité. Au contraire, les filles sont plus nombreuses à considérer qu'elle a un effet négatif. Le pourcentage des jeunes qui affirment que l'effet n'est ni positif ni négatif est identique pour les deux sexes.

Plus les jeunes sont âgés, plus ils considèrent que la pornographie a des effets positifs. Plus de 10 % affirment que la pornographie a une influence négative sur leur sexualité et 7 % d'entre eux considèrent cette influence comme très négative.

Il ressort finalement de cette étude que la pornographie n'est en rien un phénomène marginal chez les adolescents. Mais plus de la moitié d'entre eux souligne que c'est une sexualité peu réaliste, d'où une perception plutôt négative, et cette tendance est plus marquée chez les jeunes filles. Les adjectifs qui décrivent au mieux ce que ressentent les jeunes vis-à-vis de ce type de sexualité sont « dégradante », « choquante » et « dégoûtante ».

Cependant, environ 70 % des jeunes déclarent que la pornographie a des effets sur leur éducation sexuelle, mais leurs avis sont partagés sur les effets qu'elle peut avoir. Ils sont 35 % à parler d'effet positif et 34 % d'effet négatif. Le niveau de consommation pornographique est un facteur qui joue un rôle dans la perception du jeune. En effet, 60 % des consommateurs réguliers considèrent que la pornographie a un impact positif sur l'éducation sexuelle. Nous pouvons en conclure que plus le jeune consomme de la pornographie et plus il a tendance à la reproduire lors de ses relations intimes.

L'enquête québécoise, réalisée également en 2006 par Richard Poulin[30], complète utilement l'enquête belge, confirmant et dépassant certains de ses résultats. Elle indique que l'incidence de la pornographie sur les comportements et les attitudes des jeunes ne relève évidemment pas d'une relation de type causal. Néanmoins, les données recueillies n'en confirment pas moins que la pornographie inspire et influence les pratiques sexuelles des jeunes et qu'elle a une incidence sur les modifications déjà opérées sur leur corps et sur celles qu'ils voudraient y apporter. En 2008, en France, deux préadolescents ont violé une fillette après le visionnement d'un film pornographique dont ils ont voulu reproduire des scènes sexuelles. Ils ont filmé leur agression et la vidéo a été diffusée à leur collège au moyen du téléphone portable.

La pornographie est aujourd'hui le principal lieu d'information sexuelle des adolescents et leur sert de modèle, ce qui n'est pas sans conséquences, à la fois sur l'estime de soi des jeunes femmes et sur les rapports sociaux et sexuels entre les sexes.

Au Québec, Marie-Andrée Chouinard a indiqué dans *Le Devoir* des 16-17 avril 2005 que des fillettes offraient des fellations dans les cours d'école et que des garçons participaient à des concours de masturbation sur les bancs d'école. Naturellement, il faut considérer les faits rapportés avec prudence et éviter de généraliser. En 2006, quelques images de pornographie juvénile mettant en scène des élèves d'une école secondaire de Coaticook, au Québec, ont été diffusées à l'intérieur de ses murs. Lors d'une entrevue effectuée par le magazine la *Gazette des filles* auprès de cinq jeunes, un adolescent a rapporté qu'au cours d'une fête auquel il assistait, il y avait une fille qui branlait un gars dans un coin devant tout le monde. Autre exemple : quatre cégépiennes ont réalisé un documentaire-choc dans lequel des filles âgées de 14 à 18 ans dansaient dans une discothèque de façon provocante en simulant des fellations avec des *popsicles* (glaces sur bâtonnets de bois).

La pornographie est donc une source d'inspiration pour les rapports sexuels chez les jeunes. Les données de l'enquête de Richard Poulin indiquent que 27,4 % des répondants déclarent avoir déjà demandé à leur partenaire de reproduire un acte issu de la pornographie ; les jeunes hommes sont plus nombreux que les jeunes femmes à l'avoir demandé (40,3 % contre 21,6 %). Plus la consommation est fréquente et régulière, plus les jeunes déclarent désirer pouvoir demander à leur partenaire de reproduire les actes vus (34 % des jeunes hommes contre 26 % des jeunes femmes). Ils aimeraient également convaincre leur partenaire de consommer de la pornographie (70,8 %). Plus la consommation de pornographie est fréquente, plus les jeunes sont susceptibles d'avoir déjà demandé à un partenaire de reproduire un acte pornographique. Lors des entrevues, un bon nombre de jeunes ont dit à l'enquêteur qu'il leur arrive d'essayer certaines positions sexuelles vues dans la pornographie. La pornographie sert à « pimenter » (*spice things up*) leur vie sexuelle.

Les images pornographiques engendrent l'idée que la relation typique mise en scène – fellation, rapport sexuel, éjaculation – ne suffit plus. Dès les premières expériences sexuelles, les jeunes essaient d'imiter les actes vus, car pour eux la pornographie est un lieu d'apprentissage des comportements féminins et masculins. Dans ces conditions, les jeunes deviennent rapidement blasés des rapports sexuels et cherchent à pousser l'expérience plus loin. Sans compter que les rapports de domination mis en scène par la pornographie sont actualisés dans les rapports sexuels et amoureux des jeunes.

Internet, quel qu'en soit l'usage, ludique ou pornographique, c'est malgré tout un formidable moyen de s'extraire de la vie quotidienne, de se couper du réel, ou au contraire de faire des rencontres, qui débouchent quelquefois sur du réel, un autre réel, plus gratifiant.

La fuite dans l'ailleurs : la fugue

Un rapport récent rendu public en mars 2008 indique qu'en France, le nombre de fugueurs âgés de 13 à 17 ans ne cesse d'augmenter (en moyenne, 10 % par an). En 2007, 45 000 d'entre eux auraient quitté le domicile familial ou le foyer d'accueil dans lequel ils séjournaient, contre 37 600 environ en 2004. La moyenne d'âge des fugueurs français est de 15-16 ans. Dans plus de 60 % des cas, il s'agit de jeunes filles et 30 % des fugues durent plus d'un mois.

Si l'on excepte les cas pathologiques, il y a toujours à l'origine de la fugue des motifs d'ordre familial. Cela peut être un choc dû à plusieurs choses : une dissociation du couple parental, une réaction à de mauvaises conditions psychologiques et relationnelles qui entraînent une perturbation de l'ambiance familiale, des divergences sur le mode de vie des parents et des adolescents (ces derniers déplorant par exemple le manque de liberté), un sentiment de rejet ou de désamour des parents, la discrimination et l'autoritarisme parental et parfois la maltraitance. Bien sûr, il peut y avoir à l'origine de la fugue, surtout pour les filles, un chagrin d'amour. Ou encore, l'adolescente fugueuse tombée amoureuse d'un garçon majeur (dans 6 % des cas à la suite d'une rencontre fortement idéalisée sur Internet) ne veut plus aller en classe comme une « gamine » ou être traitée ainsi par les parents, alors elle s'en va

« vivre sa vie ». N'oublions pas comme motif de fugue les difficultés scolaires ; par exemple, le fugueur ne veut pas que ses parents apprennent ses mauvais résultats scolaires ou ses absences régulières en classe.

Internet est de nouveau mis en accusation. Selon les dernières statistiques de SOS Enfants disparus, un service personnalisé d'accompagnement aux familles françaises, les fugues d'adolescents organisées via Internet auraient doublé en deux ans, pour représenter aujourd'hui plus de 8 % des fugues, contre un peu plus de 5 % en 2007 et de 4 % en 2006.

Céline, une mère de 47 ans, a connu cette expérience qu'elle croyait « réservée aux autres » avec Chloé, sa fille de 14 ans. En contact avec une autre adolescente de 16 ans via la messagerie instantanée MSN, Chloé, « séduite, soutenue voire inspirée », indique sa mère, avait projeté de fuguer avec cette amie virtuelle. Une intention désamorcée par Céline qui, vigilante, a retracé les cyberéchanges de Chloé et lui a interdit l'accès à l'ordinateur.

Même scénario et même peur pour Patrick, un ingénieur de 45 ans, dont la fille de 13 ans s'est « amourachée » d'un homme qui disait avoir 16 ans alors qu'il en avait 32, et qui projetait de l'emmener vivre en Belgique. Ces situations peuvent dégénérer, car des pédophiles et des malfaiteurs tendent leurs pièges sur la Toile. Par exemple, une jeune Dieppoise de 14 ans a fui au Maroc avec la carte bancaire de ses parents en poche, pour y rejoindre un inconnu rencontré sur le Web, lequel s'est avéré être un voleur. « Rejoindre quelqu'un avec qui on "chatte" est le cas de fugue le plus classique », observe Laurence Hudry, juriste chargée de dossiers à SOS Enfants disparus. Christine du Fretay, présidente de E-Enfance, une association qui fait de la prévention sur les risques d'Internet pour les enfants commente : « Il n'y a rien d'étonnant à cela. Avec les sites communautaires comme Facebook, les ados acceptent les amis d'amis qui ont parfois de fausses identités et tombent dans tous les pièges possibles ! »

Selon Marie Choquet, directrice de recherches à l'Inserm, le Net « incite des enfants qui vont mal à prendre des risques » (voir la section sur le suicide, pages 62-71). Le Dr Alain Meunier, psychiatre spécialiste du comportement des adolescents, précise: «Le Net n'est pas pour autant «responsable de ces fugues qui sont de vraies trajectoires pathologiques à prendre en charge [...]. Le Web sert seulement de vecteur pour trouver un écho à sa souffrance en rencontrant des gens comme soi. À plusieurs, il est moins difficile de passer à l'acte. Or ce sont rarement les fugues collectives qui sont les plus graves, mais les actes isolés.»

Dans tous les cas, la question de l'autonomie et de la liberté individuelle est posée. Les adolescents fugueurs, et plus particulièrement les adolescentes fugueuses ne supportent plus les entraves. Ces jeunes ont besoin d'une distance réelle pour s'affirmer, d'où parfois le message qu'ils adressent à leurs parents qu'ils ne reviendront qu'une fois parvenus à leur majorité.

Les études françaises établissent un lien entre la fugue et le suicide. Selon l'épidémiologiste Marie Choquet, déjà citée, près de la moitié des jeunes qui ont tenté de se suicider ont fait une fugue dans l'année qui a précédé leur passage à l'acte. Plus de 60% des fugueurs jugent leur vie familiale «tendue» et la moitié estiment que leurs parents ne s'intéressent pas suffisamment à eux (étude réalisée en 2003). Ainsi, un adolescent qui commence par fuir l'école pendant quelques heures, qui ne rentre pas le soir chez ses parents, passant la nuit chez un copain ou une copine, doit attirer l'attention de son entourage.

En résumé, on peut dire que la fugue, c'est tout à la fois l'impuissance à assumer un présent trop lourd et sans espoir (d'avenir) et une réalité trop accablante, trop repoussante. C'est un sentiment d'échec de la vie en famille, un manque d'amour et de confiance de l'entourage. C'est un sentiment d'abandon.

La fuite dans la mort : le suicide et la tuerie de masse

Le suicide

Elles s'appelaient Clémence et Noémie ; elles avaient respectivement 14 et 15 ans et vivaient dans le nord de la France. Dans le journal intime qu'elle tenait sur son blog, Clémence a écrit : « Je veux mourir. » Noémie, qui était en communication avec elle, lui a dit qu'elle aussi voulait mourir. Le 25 janvier 2005, les deux adolescentes, décrites par leur entourage comme des jeunes filles « sans problème particulier », ont fugué après les cours et se sont jetées du haut d'une falaise, allant jusqu'au bout du pacte suicidaire qu'elles avaient scellé.

Cette histoire dramatique est révélatrice d'un véritable mal de vivre chez de nombreux jeunes. Les études nous en disent un peu plus. Au cours de la dernière décennie, en France, si le taux des suicides « réussis » a chuté d'environ 40 % (650 cas environ recensés actuellement contre un millier à la fin des années 1990 – une réduction que l'on attribue généralement à un meilleur suivi, grâce à la mise en place de moyens de prévention et à une meilleure prise en charge médicale), par contre, le nombre de tentatives ne diminue pas, s'établissant entre 40 000 et 60 000 par an.

Le suicide reste, dans la plupart des pays occidentaux, la seconde cause de mortalité chez les jeunes âgés de 15 à 25 ans, après les accidents divers, notamment les accidents de la route. La Finlande et la Hongrie enregistrent le taux de suicide le plus élevé en Europe, suivies par la France, la Belgique et la Suisse. Le Québec, pour sa part, détient le taux de suicide le plus élevé au Canada. Le phénomène suicidaire s'étend aux pays non occidentaux. En Chine, le journal de la Ligue de la jeunesse, *Zhongguo Qingnian Bao*, révèle une recrudescence des morts volontaires chez les étudiants. Selon le professeur Shen Yongjian, de l'Université de Nankin, entre 18 et 25 % des étudiants chinois souffrent de problèmes psychologiques, conduisant certains à se donner la mort. Dans la seule ville de Pékin, on a enregistré 20 suicides au cours du printemps 2008, soit par saut dans le vide, défenestration ou pendaison.

Les filles font environ quatre fois plus de tentatives de suicide que les garçons, mais ces derniers en meurent six à sept fois plus souvent que les filles, en raison surtout des moyens de « mise à mort » plus « radicaux » qu'ils utilisent. En effet, les garçons ont tendance à choisir la pendaison ou les armes à feu pour leur passage à l'acte. Rappelons que les filles recourent principalement aux médicaments, ce qui augmente leurs chances de survie. On observe une recrudescence, en France en particulier, des suicides chez les enfants de moins de 10 ans (quelques dizaines de cas par an) et chez les très jeunes adolescents (11-12 ans).

Il n'y a évidemment pas de portrait type de l'adolescent suicidaire. Les facteurs déclencheurs du suicide – individuels et collectifs – chez les jeunes sont multiples. Sans entrer dans le détail d'une question abordée ailleurs, notamment dans mes précédents travaux, j'aimerais, après avoir mis de côté les suicides pour cause de maladie mentale comme la schizophrénie, insister, selon mon habitude, sur les raisons *sociales* pouvant conduire les adolescents à faire un choix si tragique.

Il faut pointer les difficultés familiales caractérisées, par exemple, par une trop grande autorité exercée par les parents ou, au contraire par un trop grand laisser-aller, (vécu alors comme un abandon), des difficultés scolaires qui paraissent insurmontables, la plus insupportable étant la perspective de l'échec. Il existe ainsi toute une batterie d'« événements de vie négatifs » : les deuils et la violence, par exemple les agressions sexuelles. Il semble notamment que le suicide de ce jeune garçon de 11 ans et demi, dans le département français de l'Aveyron, retrouvé pendu dans la salle de jeu du premier étage de la maison familiale en janvier 2008, soit dû à la fois à des souvenirs pénibles et au deuil que ce jeune, qui avait été adopté, n'avait pu faire (la mort violente de ses parents biologiques en Éthiopie, dont il avait été le témoin), et à un abus sexuel qu'il aurait subi peu de temps auparavant de la part d'un élève d'à peu près son âge. Parfois, la maltraitance à la maison ou à l'école peut être à l'origine de ces drames. N'oublions pas également les suicides liés à des succès obtenus au prix d'efforts surhumains pour ne pas dire inhumains, ou en rapport avec l'inquiétude face à l'avenir. S'ajoutent bien entendu des raisons *personnelles* liées par exemple à certaines conduites à risque. Une enquête réalisée à Taïwan montre ainsi que le risque de suicide est trois fois plus élevé chez les jeunes consommateurs d'alcool ; il est par ailleurs 3,5 fois plus fréquent chez les adolescents qui souffrent de migraines quotidiennes[31].

Les experts chinois, confrontés à la vague de suicides dans les universités, indiquent que le taux de suicide chez les étudiants est de deux à quatre fois plus élevé que dans le reste de la population. Plusieurs causes sont avancées : une mauvaise adaptation au cadre universitaire et des difficultés à établir des relations sociales conduisant au repli sur soi, un manque de préparation à l'autonomie. En effet, souvent enfants uniques, ces étudiants sont couvés par leur famille, d'où leur difficulté à se débrouiller seuls. Mentionnons également la pression représentée par la compétition et la recherche d'un emploi, les problèmes financiers des familles qui rend nécessaire l'exercice de plusieurs petits boulots pour financer les études, des échecs sentimentaux et la difficulté de trouver un sens à sa vie.

La population homosexuelle semble particulièrement exposée au risque suicidaire. Des études ont montré que le recours au suicide était plus fréquent chez les jeunes homosexuels que chez les autres catégories de jeunes. Dès 1978, une étude américaine, dirigée par Bell et Weinberg, conduite auprès de jeunes homosexuels ou bisexuels âgés de 13 à 18 ans, montrait que le risque suicidaire était 7 fois plus élevé chez eux que chez les jeunes hétérosexuels. Depuis quelques décennies, la concomitance statistique d'un taux de suicide supérieur à la moyenne chez les homosexuels suscite donc un débat à savoir si l'homosexualité est ou non un facteur déterminant dans le passage à l'acte suicidaire. En 1985, on pouvait lire dans *Le Monde de l'Éducation* : « Pratiquant leur art dans un système de prise en charge plus proche de l'assurance que de l'aide sociale, les médecins américains sont allés loin dans la logique du dépistage [des personnes ayant une propension au suicide]. Ils soulignent ainsi l'importance des tentatives de suicide parmi les jeunes homosexuels et les toxicomanes, voire parmi ceux qui sont plus précoces en matière de sexualité. Cette démarche est critiquable. Une corrélation n'est pas une causalité. Le choix lui-même du paramètre et sa définition ne sont pas neutres. Pourquoi lier le suicide avec la drogue, l'identité sexuelle ou la dissociation familiale, à l'exclusion de centaines d'autres attributs qui caractérisent un individu? Plutôt que de choisir des corrélations conformes à nos représentations, mieux vaut, plus modestement, être attentif aux signes précurseurs ou qui accompagnent généralement la tentative de suicide, c'est-à-dire toutes les formes du repliement sur soi». Un ensemble d'études récentes confirme que le pourcentage de jeunes hommes homosexuels commettant des actes suicidaires est bien souvent supérieur à 20%. Comment expliquer ce différentiel élevé?

Aborder la question du suicide chez les jeunes gais, lesbiennes et bisexuels n'est ni aisé, ni courant. Cela renvoie à deux tabous: le suicide chez les adolescents et l'homosexualité. À noter que les associations gaies et lesbiennes ne se penchent pas sur cette question. En France, peu de documents lui sont consacrés. On citera néanmoins le dossier de *Gageure,* le journal du GAGE [Association d'étudiant(e)s gai(e)s] qui a consacré, en 1996, un dossier sur le suicide chez les jeunes gays. Benoît Godefroid, de l'organisme Pour un Centre gai et lesbien au purgatoire, et Yves Roussel, de l'organisme Si fragile É si féminin, s'y sont exprimés. Le premier doute du sérieux des statistiques sur le suicide des jeunes gais et bisexuels, et considère qu'affirmer que cette population est plus exposée au suicide a pour objectif de servir la cause communautariste et entérine l'homosexualité comme étant un problème psychologique, voire une maladie. Quant au second, il évoque «les rumeurs» concernant le suicide des jeunes homosexuels et propose une explication plus cynique: «Cette fameuse rumeur serait un argument habile avancé par calcul dans le but de rechercher des convergences d'intérêt entre certaines associations homosexuelles et des politiques gouvernementales, en particulier dans le domaine de la santé», faisant des homosexuels une catégorie à risques et les posant en victimes. Le site Gay/Bisexual Male Youth Suicide Problems a relevé les articles parus dans *Gageure.* Les rédacteurs de ce site en concluent que nier le fait d'appartenir à un groupe à risques et considérer qu'être «si fragile» serait «si féminin» relève à la fois du sexisme et de l'homophobie.

Pour aborder le plus objectivement possible la question du suicide chez les adolescents homosexuels ou bisexuels, il faut avant tout présenter ces statistiques que certains mettent en doute. Celles-ci peuvent ensuite être confrontées au discours des jeunes homosexuels concernant les causes de leur tentative de suicide. Alors nous pourrons nous interroger sur la « nature » du suicide chez le jeune homosexuel ou bisexuel : diffère-t-elle fondamentalement de celle des adolescents hétérosexuels ? L'homosexualité est-elle intrinsèquement porteuse de fragilités psychologiques ou est-ce le regard que porte la société sur le jeune homosexuel qui peut faire de cet adolescent un individu au « risque suicidaire » plus élevé ?

Les recherches visant à établir la fréquence et les causes du suicide chez les jeunes homosexuels sont avant tout américaines et québécoises. Majoritairement, celles-ci portent sur une population masculine homosexuelle ou bisexuelle. La population féminine est largement délaissée, ce qui rend difficile l'appréhension globale des difficultés psychologiques spécifiques aux jeunes homosexuels. Par ailleurs, les chercheurs sont bien évidemment confrontés à une difficulté majeure : l'adolescent ou le jeune adulte qui se suicide ne donne pas toujours d'explication. Les actes de décès, s'ils notent qu'il s'agit d'un suicide, ne précisent pas systématiquement les causes de celui-ci. Enfin, afin d'évaluer le risque suicidaire et de quantifier le nombre de tentatives de suicide chez les jeunes gais et lesbiennes, il faut les identifier. Or, une étude québécoise qui date de 1988 constate qu'il existe une sous-représentation des jeunes homosexuels par rapport à la population adulte, qui serait due à leur difficulté de se reconnaître comme gai ou lesbienne.

Élément important dans la compréhension du comportement suicidaire, le risque suicidaire évolue en fonction du temps écoulé depuis la découverte ou la révélation de l'homosexualité. Il est nettement plus élevé au cours de la première année où près du tiers des tentatives de suicide chez les jeunes homosexuels se produiraient.

Les études qualitatives ne mettent en évidence que des éléments permettant d'affirmer que l'adolescent homosexuel est davantage exposé au suicide que l'adolescent hétérosexuel. Pourquoi ? De l'ensemble de ces enquêtes auprès de jeunes homosexuels, il ressort que ceux-ci subissent une marginalisation réelle ou anticipée. Les jeunes qui sont identifiés comme homosexuels par leurs pairs sont souvent stigmatisés et les violences homophobes (physiques ou morales) sont tolérées ou ignorées par les adultes. Ainsi, près de la moitié des jeunes gais et 20 % des jeunes lesbiennes affirment qu'ils subissent des insultes ou sont maltraités. La désapprobation du milieu scolaire est souvent couplée d'un rejet de la part du milieu familial. Ces facteurs de risques sont présents dans toute la population adolescente, quelle que soit l'orientation sexuelle. Par ailleurs, l'exclusion sociale peut engendrer d'autres conduites à risques telles que la consommation abusive d'alcool et de drogue.

Enfin, un élément sans doute prépondérant: la faible estime de soi. Selon une enquête québécoise menée en 1997 auprès de 93 jeunes homosexuels, lesbiennes et bisexuels, près de 33 % d'entre eux ont une mauvaise opinion d'eux-mêmes ou croient qu'ils n'ont pas autant de valeur que les autres personnes. Les adolescents ont le sentiment qu'on aimerait mieux qu'ils n'existent pas, puisqu'ils ne se conforment pas à ce qu'on voudrait qu'ils soient. Entre adolescents, on le sait, les conversations tournent beaucoup autour de la sexualité. Ils s'informent, s'interrogent sur telle ou telle pratique ou discutent des canons de la beauté. Le problème est que ces discussions tournent quasi exclusivement autour des comportements hétérosexuels. Nombre d'adolescents hétéros s'inquiètent déjà de la normalité de leur corps ou de leur sexualité. Combien de questions sans réponse, combien d'inquiétudes non dites? Les adolescents homosexuels, garçon ou fille, disposent donc de très peu de modèles auxquels se raccrocher. Leur sexualité est presque exclusivement évoquée en termes de prévention du sida et l'hétérosexualité est généralement présentée dans les médias comme la norme.

L'ensemble des éléments que je viens d'évoquer brièvement permet de penser que les jeunes gais, lesbiennes et bisexuels attentent effectivement plus fréquemment à leur vie que les jeunes hétérosexuels. Mais on peut penser aussi que l'homosexualité et la bisexualité ne sont pas directement en cause dans cet état de fait, mais que ce sont la faible estime de soi et l'exclusion sociale qu'ils subissent qui sont les véritables responsables. En revanche, pour plusieurs jeunes homosexuels ayant tenté de se suicider, ces sentiments et ces comportements semblent liés à leur sexualité : ces jeunes sont exclus et stigmatisés par la majorité de leurs pairs ou bien cette exclusion est anticipée. On peut donc imaginer sans trop de difficultés que, si la société modifiait son regard sur l'homosexualité adolescente, ce phénomène tendrait à diminuer. Dans les lycées et les collèges, la prévention voire la sanction des injures à caractère homophobe est donc plus que jamais nécessaire. De même, les journées de prévention des maladies sexuellement transmissibles devraient permettre de libérer la parole sur ces questions.

Internet se trouve encore une fois au banc des accusés. Il est suspecté, du moins par la presse, d'être à l'origine de ces drames humains que sont les morts violentes. On se rappelle cette série de suicides de jeunes Gallois en 2007 et 2008. Natasha Randall, une jeune Britannique de 17 ans, s'est pendue dans sa chambre en janvier 2008 alors que ses parents étaient dans la cuisine. À la suite de ces événements tragiques, les messages de condoléances ou d'incompréhension ont afflué sur sa page personnelle qu'elle tenait sur le Net sous le pseudonyme de « Sxiwildchild » (enfant sauvage et sexy). Deux de ses amies, âgées de 15 ans, ont par la suite tenté (en vain) de mettre fin à leurs jours. Natasha Randall, qui vivait dans le village de Blaengarw, dans le sud du pays de Galles, passait des heures sur BEBO, un site communautaire en vogue en Grande-Bretagne. Les enquêteurs ont trouvé sur son ordinateur un hommage qu'elle avait envoyé quelques semaines plus tôt sur le site créé à la mémoire de Liam, 20 ans, qu'elle connaissait et qui s'était suicidé par pendaison. « Repose en paix, tu nous manqueras », disait son message qui se terminait par « Me too » (moi aussi).

Cette vague de suicides qui a fait la une des médias pendant plusieurs mois a commencé en janvier 2007, lorsque Dale, 18 ans, vendeur dans la ville voisine de Bridgent, s'est pendu à proximité d'une fête foraine. Deux autres de ses amis, David et Thomas, 17 et 19 ans, ont fait de même un mois plus tard. En août, Zachary, 17 ans, qui connaissait Thomas, s'est pendu, lui aussi, avec la corde à linge de sa mère. Tous ces jeunes, c'est vrai, surfaient sur le fameux site BEBO où, comme sur My Space ou Facebook, on peut se faire des amis virtuels et communiquer avec eux. Après chaque suicide, une page mortuaire était même créée spécialement pour chaque victime, une sorte de « mur de mémoire virtuel » où étaient accrochées les photos et des vidéos des disparus. Notons qu'en février 2008, le bilan s'est encore alourdi : on dénombre à ce jour 17 décès.

Il faut cependant rester prudent. Internet n'est pas directement responsable de ces « épidémies » de suicides, bien qu'on ne doive pas négliger son influence sur les jeunes. Il s'agit plutôt d'un outil qui sert à commettre un acte qui a bien plus à voir avec la personnalité « perturbée » des victimes et les conditions sociales dégradées dans lesquelles elles vivent. La région de Bridgend, par exemple, est une ancienne région minière où la fermeture des mines a provoqué une misère qui rivalise avec le mal-être ; les adolescents s'y ennuient beaucoup et ne trouvent souvent d'autre échappatoire que l'alcool et la drogue. Internet, c'est finalement comme le revolver, c'est-à-dire le moyen d'exécuter un projet qui a des causes qu'il faut activement rechercher.

Pour la police locale en tout cas, pas de doute : il n'existe aucun lien entre tous ces décès. Le responsable de l'enquête, Dave Morris, est formel : « Nous n'avons trouvé aucune preuve de culte du suicide collectif ni de lien criminel entre ces suicides. Nous avons également la preuve qu'Internet n'a joué aucun rôle dans ces événements tragiques. Tous ces jeunes, qui étaient très vulnérables, n'ont trouvé d'autre solution à leur problème que de se donner la mort. »

Mais en réalité, les choses ne sont pas aussi simples. Certaines des victimes se connaissaient bien, certaines étaient même parentes. Le suicide, on le sait, a un effet « contagieux » et cette idée s'est vérifiée à maintes reprises, en maints endroits. Les propos des policiers doivent donc être relativisés.

Ce qui est certain, c'est que, se sentant mal-aimés par leur famille ou mal protégés par la société, certains adolescents passent résolument à l'acte suicidaire. Ces gestes révèlent incontestablement une souffrance liée au manque de reconnaissance personnelle et sociale. Estimant que leur vie n'est rien, ne ressemble à rien et n'intéresse personne, les jeunes suicidants en appellent à la mort pour sublimer leur vie, en quelque sorte. Nous avons avec ces conduites la manifestation de l'angoisse d'adolescents devant les échecs scolaires ou de sombres perspectives d'avenir: N'oublions pas que les sociétés occidentales sont fortement soumises à la compétition économique.

Autrement dit, on peut penser que la tentative de suicide exprime une fuite « provisoire » de la vie, qu'elle est un cri d'alarme lancé à l'entourage. On peut aussi considérer que toutes ces conduites ou pratiques ont un caractère ordalique. Par de tels agissements, l'adolescent laisse au sort le soin de décider s'il doit vivre ou mourir. C'est dire combien sa solitude est grande. Comme je l'écrivais naguère, les adolescents sont bien solidaires parce que solitaires.

Rappelons pour conclure que, dans l'ensemble, les adolescents ne sont pas la catégorie de population la plus exposée au risque suicidaire. En France, le suicide chez les jeunes ne représente que 5,5 % des décès par suicide. Les personnes âgées sont bien davantage menacées (plus de 30 %) et, depuis déjà plusieurs années, les 30-60 ans (55,7 %) . On observe d'ailleurs une remarquable stabilité dans cette dernière tranche d'âge, qui correspond globalement à la pleine période d'activité professionnelle et aux graves problèmes liés à l'emploi, comme le stress ou les diverses « maltraitances » (harcèlement, exigences excessives de l'employeur). La dernière actualité met ainsi en avant, en France, une augmentation du nombre de suicides de salariés sur leur lieu de travail.

La tuerie de masse

Certains adolescents se font parfois meurtriers pour échapper à un monde qui ne leur convient plus, à un mal de vivre insupportable. Nous avons tous en mémoire cette tuerie récente en Finlande.

Rappel des faits. Le 23 septembre 2008, Matti Saari, âgé de 22 ans, un élève de l'école hôtelière de Kauhajoki, une petite bourgade rurale, ouvre le feu dans une salle de classe, faisant 9 victimes, dont un professeur, avant de retourner l'arme contre lui.

Ce drame fait suite à celui qui s'est produit également en Finlande le 7 novembre 2007, quand un élève de 18 ans, Pekka-Eric Auvinen, a tué 8 personnes dans le lycée de Jokela, en banlieue d'Helsinki, dans des circonstances très similaires, avant lui aussi de se donner la mort. L'enquête a du reste établi que les deux garçons avaient communiqué via Internet et qu'ils étaient même partenaires dans une guilde d'un jeu de guerre en ligne.

Depuis une quarantaine d'années, on a dénombré une dizaine de tueries de masse, impliquant des adolescents, dans le monde.

- 1er août 1966, à Austin (États-Unis) : 15 morts, dont le tueur, et 31 blessés.
- 28 mai 1975, à Brampton (Canada) : 3 morts, dont le tueur, et 13 blessés.
- 6 décembre 1989, à l'École polytechnique (Canada) : 15 morts, dont le tueur, et 14 blessés.
- 20 avril 1999, à Columbine (États-Unis) : 15 morts, dont le tueur, et 24 blessés.
- 28 avril 1999, à la WR Myers High School (Canada) : 1 mort et 3 blessés.
- 26 avril 2002, à Erfurt (Allemagne) : 17 morts, dont le tueur, et 7 blessés.
- 21 mars 2005, à la Red Lake High School (États-Unis) : 10 morts, dont le tueur, et 12 blessés.
- 13 septembre 2006, au College Dawson (Canada) : 2 morts, dont le tueur, et 16 blessés.
- 16 avril 2007, à Virginia Tech (États-Unis), 33 morts, dont le tueur, et 29 blessés.
- 7 novembre 2007, à Jokela (Finlande) : 9 morts, dont le tueur, et une douzaine de blessés.
- 14 février 2008, à Northen Ilinois University (États-Unis) : 6 morts, dont le tueur, et 16 blessés.

Quoiqu'ils soient rarissimes (même s'ils semblent se produire à des intervalles plus rapprochées), ces drames, en raison de leur côté spectaculaire, inquiètent beaucoup.

Revenons au drame finlandais de septembre 2008. Le jeune criminel, qui n'était pas originaire de la ville où a eu lieu le drame, menait une vie apparemment normale. Il avait des amis, écoutait de la musique *heavy metal* et affectionnait les films d'horreur. Il avait aussi, semble-t-il, une passion pour le tir. Notons qu'en Finlande, les armes sont en vente libre et les jeunes peuvent s'en procurer légalement dès l'âge de 15 ans. Peut-être était-ce la raison pour laquelle, le 22 septembre, la veille du drame, la police avait convoqué le jeune tueur, alertée par une vidéo sur le Net où on le voyait s'entraîner au tir. Le 23, Matti Saari mettait en scène sur le site Internet *You tube* la vidéo où, tirant en direction de la caméra, il menaçait: « Vous serez les prochains à mourir ! », avant de se diriger vers l'école, son projet criminel en tête.

Comme pour la question du suicide chez les adolescents, Internet - toujours lui ! - est mis en cause. Pour la philosophe finlandaise, Esa Saarinen : « Internet donne une plate-forme de résonnance aux individus pervers et perturbés, mais aussi aux idées racistes et aux gens qui haïssent le genre humain. C'est sur le Net que Matti Saari a nourri ses idées et trouvé du soutien pour continuer. Et ce n'est pas spécifique à la société finlandaise[32]. »

Dans ce cas particulier, on a également mis en cause la famille finlandaise, jugée trop libérale, et le système scolaire qui est jugé trop peu contraignant et accorde trop de temps libre aux élèves. Esa Saarinen pointe encore la faible disponibilité des parents pour leurs enfants: « Les valeurs n'ont pas été assez transmises aux jeunes: le respect, l'empathie, la générosité, la confiance. On observe aussi des phénomènes dérangeants autour de nous, comme l'alcoolisme ou l'individualisme[33]. » On a également dénoncé la tristesse et le manque de chaleur humaine de la société finlandaise.

Sans exclure de vraies pathologies susceptibles d'expliquer une telle violence, on peut penser que la situation sociale des « tueurs de masse » et leur sentiment de solitude peuvent les conduire à des conduites extrêmes. Comme le rappelle le psychiatre Roland Coutanceau, les tueurs de masse sont souvent dépressifs, ils se sentent mal aimés et méprisés, et inintéressants aux yeux des autres. Il leur faut accomplir un acte extraordinaire pour se mettre en valeur et en lumière. Ils veulent marquer l'Histoire. Sûrs de leur toute-puissance, ils annoncent ainsi leur acte très clairement. Internet est un instrument précieux pour eux, puisqu'il leur permet d'un seul clic de se faire connaître de la planète entière. Mais Internet ne reste tout de même qu'un outil à leur service. Les études montrent que seuls des individus a priori fragiles sont susceptibles de commettre des crimes aussi abominables[34].

En conclusion

Nous avons vu que toutes les pratiques adolescentes problématiques présentées expriment d'abord et avant tout une « fuite devant la vie », un rejet du monde actuel, oppressant et méprisant. Que ce soit par la toxicomanie, la fugue ou l'errance, il s'agit de fuir un univers d'incertitudes et de contraintes. Cette fuite manifeste donc la fuite de soi, le manque d'envies et de désirs et la quête d'un autre soi, plus riche et plus exaltant.

Nous avons vu encore que ce sont bien les facteurs relationnels et les facteurs sociaux qui expliquent avant tout, et par-dessus tout, les troubles comportementaux des adolescents. La meilleure preuve en est, par exemple, que plus le contexte familial s'éloigne de la configuration classique et idéale, c'est-à-dire avec père et mère vivant ensemble, sans conflits importants et dans une harmonie relative, plus le risque de dérive augmente. L'enquête ESPAD (European School Survey Project on Alcohol and other Drugs) de 2003 indique ainsi que le risque de consommer du tabac est 1,8 fois plus élevé dans une famille monoparentale, 2,2 plus élevé dans une famille recomposée et 2,7 fois plus élevé dans une famille où les relations sont mauvaises. Quant au risque de passage à l'acte suicidaire, il est 1,7 fois plus élevé dans une famille monoparentale, 2,7 fois plus élevé dans une famille recomposée et 6,1 fois plus élevé dans une famille où les relations sont mauvaises.

Une chose est sûre, quel que soit le problème posé ou l'événement qui se produit, qu'il s'agisse d'une fugue, de consommation de drogue, de suicide ou de crime, ce n'est ni le produit ni l'événement en soi qui sont en question, mais c'est la personne dans sa globalité qu'il faut considérer. N'oublions jamais que si l'adolescent est violent c'est parce qu'il subit jour après jour toutes sortes de frustrations qui peuvent être d'ordre économique : il ne peut consommer tout ce qu'il désire alors que, hélas, tout l'incite à vouloir consommer ; d'ordre sexuel : il ne peut libérer toute l'énergie et l'amour qui sont en lui, tandis que tout l'incite au comportement érotique ; et d'ordre social : on ne le reconnaît pas pour ce qu'il est vraiment.

Notes

1. Marcel Rufo, Armelle Barnier, Aurélie Souchard et Jean-Jacques Hatton, *Le passage : les conduites à risque,* Paris, Éditions Anne Carrière, 2006.
2. *Le Parisien,* 13 octobre 2006.
3. Maria Montessori, *L'enfant,* Bruges, Desclée de Brouwer, 1959, p. 37.
4. Richard Cloutier, *Psychologie de l'adolescence,* Montréal, Gaëtan Morin Éditeur, 1996, p. 270-271.
5. Marcel Rufo, Armelle Barnier, Aurélie Souchard et Jean-Jacques Hatton, *Le passage : les conduites à risque,* Paris, Éditions Anne Carrière, 2006.
6. Marcel Rufo, *La vie en désordre, voyage en adolescence,* Paris, Éditions Anne Carrière, 2007, p. 210-211.
7. Pour plus d'information, veuillez consulter mes ouvrages précédents.
8. Enquête réalisée auprès de 7154 adolescents, dans 41 pays, garçons et filles âgés de 11 à 15 ans, et publiée en 2008. *Health Behaviour in School-Aged Children.*
9. *Le Parisien,* 7 mars 2007.
10. Arnold Gesell et autres. *L'adolescent de dix à seize ans,* Paris, Presses Universitaires de France, 1959.
11. Michel Fize, *Ne m'appelez plus jamais crise ! : parler de l'adolescence autrement,* Ramonville-Saint-Agne, Érès, 2003.
12. Titre d'un article tiré du *Parisien,* 26 mars 2008.
13. *Le Monde,* 29 et 30 novembre 1998.
14. *Le Parisien,* 21 mai 2008.
15. Mentionnons B. Zazzo., *Psychologie différentielle de l'adolescence : Étude de la représentation de soi,* Presses Universitaires de France, 1966, 406 p. et Cipriani-Crauste/Fize, *Le bonheur d'être adolescent : suivi de quelques considérations sur la première jeunesse et la nouvelle enfance,* Ramonville-Saint-Agne, Érès, 2005.
16. Richard Cloutier, *Psychologie de l'adolescence,* 2e édition, Paris, Gaëtan Morin Éditeur, 1996.
17. Nous avons vu que c'était le sentiment exprimé par plus de 80 % des adultes interrogés par l'Institut IPSOS en 2007.
18. Quotidien *La Croix,* 14 février 2007.
19. Voir Mohammed Aïssaoui, « L'autorité, un bon placement pour Naouri », *Le Figaro,* 17 avril 2008.
20. *Le Figaro,* 17 avril 2008.

21. Michel Fize, *Les interdits, fondements de la liberté,* Paris, Presses de la Renaissance, 2004.
22. Gandhi, *Tous les hommes sont frères,* coll. Folio/Essais, Paris, Éditions Gallimard, 2007, p. 255-256.
23. Françoise Dolto, *La cause des adolescents,* Paris, Le Livre de poche, 1988, p. 250.
24. Voir 4e forum « Adolescences » organisé à Paris en mai 2008 par la fondation Wyeth.
25. Institut de la statistique du Québec, *Enquête sociale et de santé auprès des enfants et des adolescents québécois,* 1999, [en ligne]. [www.stat.gouv.qc.ca/publications/sante/enfant-ado.htm].
26. Voir E. Kuntsche, « How Stable is the Motive Alcohol Use Link ? A Cross-National Validation of the Drinking Motives Questionnaire Revised Among Adolescents from Switzerland, Canada and the United States », *Journal of Studies on Alcohol and Drugs,* vol. 69, no 3, 2008, p. 388-396.
27. Mentionné lors du reportage d'*Envoyé spécial* sur France 2, « 20 minutes », le 26 juin 2008.
29. *Journal du Dimanche,* 20 janvier 2002.
30. Richard Poulin et collab., *Enfances dévastées, tome II : Pornographie et hypersexualisation,* collection Amarres, Ottawa, Éditions L'Interligne, 2008.
31. *Neurology,* 30 avril 2007.
32. *La Croix,* 24 septembre 2008.
33. *La Croix,* 24 septembre 2008.
34. *Journal du Dimanche,* 28 septembre 2008.
35. Source : Fondation Wyeth/Ipsos Santé, Baromètre santé Inpes, 2007.
36. *Le Parisien,* 2 mai 2008.
37. *Journal du Dimanche,* 8 juillet 2007.
38. Pierre Marc, *Adolescence : des clefs pour comprendre,* Genève, Éditions du Tricorne, 2000, p. 96.
39. Michel Fize, *L'adolescent est une personne,* Paris, Seuil, 2006.
40. Marcel Rufo, *La vie en désordre,* Paris, Éditions Anne Carrière, 2007, p. 48.
41. Je reprends ici brièvement ce que j'ai plus longuement exposé dans un livre précédent : *Ne m'appelez plus jamais crise ! Parler de l'adolescence autrement,* Ramonville-Saint-Agne, Érès, 2003.
42. Marcel Rufo et Marie Choquet, *Regards croisés sur l'adolescence, son évolution, sa diversité,* Paris, Le Livre de poche, 2008, p. 28.
43. J'ai déjà traité de cette question dans *Adolescence en crise ?,* publié en 1998.
44. Souligné par moi.
45. Marcel Rufo, *La vie en désordre,* Paris, Éditions Anne Carrière, 2007, p. 137.
46. Souligné par moi. Donc TOUS les adolescents semblent visés par le propos. Voir *Regards croisés sur l'adolescence, son évolution, sa diversité,* Paris, Le Livre de poche, 2008, p. 19.
47. Georges Duhamel, *Le jardin des bêtes sauvages,* Paris, Le Livre de poche, 1964, p. 108.
48. Marjolaine Jarry et Mélanie Van der Ende, *Paroles d'ados,* Grainville, City, 2006.
49. J'ai longuement analysé cette question avec Marie Cipriani-Crauste dans *Le bonheur d'être adolescent : suivi de quelques considérations sur la première jeunesse et la nouvelle enfance,* Ramonville-Saint-Agne, Érès, 2005.
50. Michel Fize, *Le peuple adolescent,* Paris, Julliard, 1994 (épuisé).
51. Pour Freud, en effet, l'adolescence n'est jamais que le processus biologique de la réactivation du processus sexuel responsable d'une grande poussée de la libido. Voilà ce que l'auteur appelle, dans les *Trois essais sur la théorie sexuelle,* « les métamorphoses de la puberté ».

52. Le gymnase a un double sens : c'est à l'origine le lieu des exercices athlétiques, et il deviendra plus tard un établissement consacré à la formation générale de l'adolescent (on trouve aujourd'hui cette appellation en Allemagne, par exemple, ou dans certains cantons suisses).
53. Veuillez consulter l'un de mes ouvrages intitulé *L'adolescent est une personne*, publié en 2006.
54. Paul Yonnet, *Famille, tome I. Le recul de la mort,* Paris, Gallimard, 2006.
55. J'ai développé ce point dans mon précédent ouvrage intitulé *L'adolescent est une personne* (Paris, Le Seuil, 2006).
56. Richard Cloutier, *Psychologie de l'adolescence,* 2e édition, Montréal, Gaëtan Morin Éditeur, 1996, p. 45.
57. Marie Cipriani-Crauste et Michel Fize, *Le bonheur d'être adolescent : suivi de quelques considérations sur la première jeunesse et la nouvelle enfance,* Ramonville-Saint-Agne, Érès, 2005.
58. Françoise Dolto, *La cause des adolescents,* Paris, Le Livre de poche, 1988, p. 20.
59. Voir Pierre G. Coslin, *La socialisation de l'adolescent,* Paris, Armand Colin, 2007, p. 41.
60. Pour approfondir cette question, vous pouvez consulter mes travaux antérieurs, plus particulièrement *Ne m'appelez plus jamais crise ! : parler de l'adolescence autrement,* Ramonville-Saint-Agne, Érès, 2003.
61. Les îles de Trobriand forment un archipel au large de la côte orientale de la Nouvelle-Guinée.
62. D. et J. B. Offer, *From Adolescence to Young Manhood,* New York, Basic Books, 1975.
63. M. Rutter, *Changing youth in a changing society,* Cambridge, Harvard University Press, 1980.
64. Irving B. Weiner, *Psychological disturbance in adolescence,* Oxford, 1992, et James F. Masterson, « The Test of Time : Borderline Adolescent to Functioning Adult », *Adolescent Psychiatry,* nº 10, p. 494-522.
65. Anne-Marie Rocheblave-Spenlé. *L'adolescent et son monde,* Paris, Jean-Pierre Delarge, 1978, p. 180.
66. Pour mémoire, l'âge moyen de la puberté qui était en moyenne de 16 ans dans la France de 1750 et de 14 ans en 1900 est de 12,5 ans depuis 1994.
67. Voir, par exemple, *Le peuple adolescent,* Paris, Julliard, 1994 (épuisé).
68. Voir M. Fize et M. Cipriani-Crauste, *Le bonheur d'être adolescent.*
69. Aux psychiatres-psychanalystes contemporains qui utilisent volontiers cette expression, je rappellerai que Freud ne l'a jamais utilisée. Il emploie le terme de « prépuberté », qui est plus adéquat.
70. *Le Parisien,* le 23 juin 2003.
71. Marie Cipriani-Crauste et Michel Fize, *Le bonheur d'être adolescent : suivi de quelques considérations sur la première jeunesse et la nouvelle enfance,* Ramonville-Saint-Agne, Érès, 2005.
72. *Op.cit.*
73. Jean-Paul Sartre, *Baudelaire,* coll. Idées, Paris, Éditions Gallimard, 1980, p. 64.
74. Antoine Alaméda, *Parler à ses enfants,* Paris, Odile Jacob, 2005, p. 272.
75. Rappelons quelques chiffres : l'âge des premiers rapports sexuels s'établit à 16,6 ans pour les jeunes Danois et les jeunes Islandais (les Européens les plus précoces) et à 17,4 ans pour les jeunes Français.
76. André Berge. *Aujourd'hui l'enfant,* Paris, Aubier Montaigne, 1976, p. 44-45.
77. D. W. Winnicott, *L'enfant et sa famille : les premières relations,* coll. Petite bibliothèque, Paris, Payot, 2002, p. 112.

78. Voir *Revue française de sociologie,* VII, 1966.
79. Observatoire Gulli, à partir d'un sondage TNS Sofres auprès de 300 parents d'enfants de 6 à 11 ans.
80. J'emprunte ici beaucoup aux réflexions de Marie Cipriani-Crauste et à son article paru dans *CAES-magazine,* n° 73, hiver 2005.
81. Michel Fize, *Les bandes : de l'« entre soi adolescent » à l'« autre-ennemi »,* 2e édition, Paris, Desclée de Brouwer, 2008.
82. Cité par *Libération,* 22 mars 2007.
83. Victor Hugo, *Les misérables,* tome 1, Paris, Le Livre de poche, p. 120.
84. Léon Tolstoï, *Enfance, adolescence, jeunesse,* coll. Folio, Paris, Éditions Gallimard, 1997, p. 290.
85. Marcel Rufo et Marie Choquet, *Regards croisés sur l'adolescence, son évolution, sa diversité,* Paris, Le Livre de poche, 2008, p. 53.
86. Krishnamurti. *De l'éducation,* Neuchâtel, Delachaux et Nietslé, 1965, p. 97.
87. Christophe Carré. *Sortir des conflits,* Paris, Eyrolles, 2002, p. 14.
88. Michel Fize, *La démocratie familiale : évolution des relations parents-adolescents,* Paris, Presses de la Renaissance, 1990.
89. Philippe Cloutier, *Psychologie de l'adolescence,* Montréal, Gaëtan Morin Éditeur, 1996, p. 232.
90. Jos Peeters, *Les adolescents difficiles et leurs parents,* Bruxelles, De Boeck et Belin, 1997, p. 14.
91. Abraham Maslow, *Devenir le meilleur de soi-même,* Paris, Eyrolles, 2008, p. 266.
92. *Op.cit.*
93. Jean Kellerhals, Cléopâtre Montandon et autres, *Les stratégies éducatives des familles,* Delachaux et Niestlé, 1991.
94. Michel Fize, *La démocratie familiale : évolution des relations parents-adolescents,* Paris, Presses de la Renaissance, 1990.
95. Voir Marc Oraison. *Savoir aimer,* Paris, Fayard, 1963, p. 74.
96. Marcel Rufo. *Regards croisés sur l'adolescence,* Paris, Le Livre de poche, 2007, p. 182.
97. Roger Mucchielli. *La personnalité de l'enfant,* Paris, Éditions sociales, 1968, p. 183.
98. Jean Piaget. *Six études de psychologie,* Paris, Gonthier Médiations, 1964, p. 81.
99. André Berge. *La liberté dans l'éducation,* Paris, Éditions du Scarabée, 1964, p. 56.
100. Jean Piaget. *Le jugement moral chez l'enfant,* Paris, Presses Universitaires de France, 1973, p. 20.
101. Michel Fize, *Les interdits, fondements de la liberté,* Paris, Presses de la Renaissance, 2004.
102. Richard Cloutier, *Psychologie de l'adolescence,* Montréal, Gaëtan Morin Éditeur, 1996, p. 188-189.
103. *Matin plus,* 8 juin 2007.
104. *Métro,* 3 juillet 2007.
105. André Berge, *Aujourd'hui l'enfant,* Paris, Aubier Montaigne, 1976, p. 138-139.
106. Roger Ikor. *Le tourniquet des innocents,* Paris, Le Livre de poche, 1972, p. 138.
107. Jean Kellerhals, Cléopâtre Montandon et autres. *Les stratégies éducatives des familles,* Delachaux et Niestlé, 1991, p. 52-53.
108. André Berge, *La liberté dans l'éducation,* Paris, Éditions du Scarabée, 1964, p. 17.
109. Paul A. Osterrieth. *Faire des adultes,* Bruxelles, Éditions Mardaga, 1980, p. 92.
110. Michèle Thiriet. *Vivre l'adolescence, un itinéraire affectif et sexuel,* Paris, Bordas, 1974, p. 122.
111. Michel Fize, *Les bandes : de l'« entre soi adolescent » à l'« autre-ennemi »,* 2e édition, Paris, Desclée de Brouwer, 2008.

112. Richard Cloutier, *Psychologie de l'adolescence,* Montréal, Gaëtan Morin Éditeur, 1996, p. 171.
113. Abraham Maslow, *Devenir le meilleur de soi-même,* Paris, Eyrolles, 2008, p. 110.
114. Michel Fize, *Les bandes : de l'« entre soi adolescent » à l'« autre-ennemi »,* 2e édition, Paris, Desclée de Brouwer, 2008.
115. Maurice Debesse, « L'adolescent » dans *Psychologie de l'enfant,* coll. Cahiers de pédagogie moderne, Paris, Armand Colin, 1968, p. 74.
116. Louise Pépin, *La psychologie des adolescents,* Paris, Privat, 1973, p. 206.
117. L'ordonnance de référé rendue le 3 mars 2008 par le tribunal de grande instance de Paris a interdit à ce site de mettre en ligne le nom des professeurs concernés.
118. Voir, par exemple, Dr Fitzhugh Dodson, *Aimer sans tout permettre,* Paris, Marabout, 1988.
119. Françoise Dolto, *La cause des adolescents,* Paris, Le Livre de poche, 1988, p. 196.
120. Anne-Marie Rocheblave-Spenlé, *L'adolescent et son monde,* Paris, Éditions Jean-Pierre Delarge, 1978, p. 160.
121. Michel Fize. *Les interdits, fondements de la liberté,* Paris, Presses de la Renaissance, 2004.
122. Je pense ici en particulier à Richard Cloutier, professeur (en 1996) à l'École de psychologie de l'Université Laval, auteur du remarquable *Psychologie de l'adolescence,* publié chez Gaëtan Morin Éditeur, 2e édition, 1996, plusieurs fois cité dans ce livre.
123. Maurice Debesse, « L'adolescent » dans *Psychologie de l'enfant,* coll. Cahiers de pédagogie moderne, Armand Colin, 1968, p. 74.
124. René Hubert, *Traité de pédagogie générale,* Paris, Presses Universitaires de France, 1946, p. 661.
125. Cité par Christine Schilte et Marcel Rufo, *Comprendre l'ado,* Paris, Hachette, 2000, p. 258.
126. Louise Pépin, *La psychologie des adolescents,* Paris, Privat, 1973, p. 207-208.
127. Alexis de Tocqueville, *De la démocratie en Amérique,* Paris, 10/18, p. 313.

Bibliographie

ADLER, Alfred. *Le sens de la vie,* coll. Petite bibliothèque, Paris, Payot, 1975.

ALAMÉDA, Antoine. *Parler à ses enfants,* Paris, Odile Jacob, 2005.

ARISTOTE. *Histoire des animaux,* coll. Folio/Essais, Paris, Éditions Gallimard, 1994.

AVANZINI, Guy. *Le temps de l'adolescence,* Paris, Éditions universitaires, 1964.

BERGE, André. *Aujourd'hui l'enfant,* Paris, Aubier Montaigne, 1976.

BERGE, André. *La liberté dans l'éducation,* Paris, Éditions du Scarabée, 1964.

CARRÉ, Christophe. *Sortir des conflits,* Paris, Eyrolles, 2002.

CARNOIS, Albert. *Le drame de l'infériorité chez l'enfant,* Paris, Emmanuel Vitte, 1958.

CLOUTIER, Richard. *Psychologie de l'adolescence,* 2e édition, Paris, Gaëtan Morin Éditeur, 1996.

COCTEAU, Jean. *La difficulté d'être,* Paris, 10/18, 1964.

COSLIN, Pierre G. *La socialisation de l'adolescent,* Paris, Armand Colin, 2007.

DEBESSE, Maurice. « L'adolescent », dans *Psychologie de l'enfant,* coll. Cahiers de pédagogie moderne, Paris, Armand Colin, 1968.

DEBESSE, Maurice. *La crise d'originalité juvénile,* 3e édition, Paris, Presses Universitaires de France, 1948.

DODSON, Fitzhugh. *Aimer sans tout permettre,* Paris, Marabout, 1988.

DOLTO, Françoise. *La cause des adolescents,* Paris, Le Livre de poche, 1988.

DUHAMEL, Georges. *Le jardin des bêtes sauvages,* Paris, Le Livre de poche, 1964.

EMMANUELLI, Michelle. *L'adolescence,* coll. Que sais-je, Paris, PUF, 2005.

ERIKSON, Erick H. *Adolescence et crise : la quête de l'identité,* coll. Champs, Paris, Flammarion, 1972.

GANDHI. *Tous les hommes sont frères,* coll. Folio/Essais, Paris, Éditions Gallimard, 2007.

GESELL, Arnold *et al. L'adolescent de dix à seize ans,* Paris, Presses Universitaires de France, 1959.

HALL, Stanley. *Adolescence : its Psychology and its Relations to Physiology, Anthropology, Sociology, Sex, Crime, Religion and Education,* New York, Appleton, 1904.

HUBERT, René. *Traité de pédagogie générale,* Paris, Presses Universitaires de France, 1946.

HUGO, Victor. *Les misérables,* tome 1, Paris, Le Livre de poche, 1968.

IKOR, Roger. *Le tourniquet des innocents,* Paris, Le Livre de poche, 1972.

JACQUET, Denis, Marc ZABALIA et Henri LEHALLE. *Adolescences d'aujourd'hui,* Rennes, Presses Universitaires de Rennes, 2006.

JARRY, Marjolaine et Mélanie VAN DER ENDE. *Paroles d'ados,* Grainville, City, 2006.

JUNG, Carl G. *Psychologie et éducation,* 2e édition, Paris, Buchet/Chastel, 1963.

KELLERHALS, Jean, Cléopâtre MONTANDON et autres. *Les stratégies éducatives des familles,* Delachaux et Nietslé, 1991.

KRISHNAMURTI. *De l'éducation,* Neuchâtel, Delachaux et Nietslé, 1965.

KUNTSCHE, E. « How Stable is the Motive Alcohol Use Link ? A Cross-National Validation of the Drinking Motives Questionnaire Revised Among Adolescents from Switzerland, Canada and the United States », *Journal of Studies on Alcohol and Drugs,* vol. 69, nº 3, 2008, p. 388-396.

LAPLANCHE, Jean et J.-B. PONTALIS, sous la dir. de Daniel LAGACHE. *Vocabulaire de la psychanalyse,* Paris, Pressses Universitaires de France, 1984.

MARC, Pierre. *Adolescence : des clefs pour comprendre,* Genève, Éditions du Tricorne, 2000.

MASLOW, Abraham. *Devenir le meilleur de soi-même,* Paris, Eyrolles, 2008.
MASLOW, Abraham. *Vers une psychologie de l'être,* Paris, Fayard, 1989.
MEAD, Margaret. *Mœurs et sexualité en Océanie,* Paris, Pocket, 1998.
MORAVIA, Alberto. *La désobéissance,* Paris, Le Livre de poche, 1966.
MORIN, Edgar. *L'esprit du temps,* Paris, Grasset, 1962.
MUCCHIELLI, Roger. *La personnalité de l'enfant,* Paris, Editions sociales, 1968.
ORAISON, Marc. *Savoir aimer,* Paris, Fayard, 1963.
OSTERRIETH, Paul A. *Faire des adultes,* Bruxelles, Éditions Mardaga, 1980.
PEETERS, Jos. *Les adolescents difficiles et leurs parents,* Bruxelles, De Boeck et Belin, 1997.
PÉPIN, Louise. *La psychologie des adolescents,* Paris, Privat, 1973.
PIAGET, Jean. *Le Jugement moral chez l'enfant,* Paris, Presses Universitaires de France, 1973.
PIAGET, Jean. *Six études de psychologie,* Paris, Gonthier Médiations, 1964.
POULIN, Richard et collab. *Enfances dévastées, tome II : Pornographie et hypersexualisation,* collection Amarres, Ottawa, Éditions L'Interligne, 2008.
Revue française de sociologie, VII, 1966.
ROCHEBLAVE-SPENLÉ, Anne-Marie. *L'adolescent et son monde,* Paris, Jean-Pierre Delarge, 1978.
ROGERS, Carl. *Le développement de la personne,* Paris, Dunod, 2005.
ROUSSEAU, Jean-Jacques. *Émile ou De l'éducation,* coll. Folio/Essais, Paris, Gallimard, 1995 (1762).
RUFO, Marcel. *La vie en désordre,* Paris, Éditions Anne Carrière, 2008.
RUFO, Marcel et Marie CHOQUET. *Regards croisés sur l'adolescence, son évolution, sa diversité,* Paris, Le Livre de poche, 2008.
RUFO, Marcel et autres. *Le passage : les conduites à risque,* Paris, Éditions Anne Carrière, 2006.
SARTRE, Jean-Paul. *Baudelaire,* coll. Idées, Paris, Gallimard, 1980.
SARTRE, Jean-Paul. *Situations,* tome I, Paris, Gallimard, 1947.
SCHILTE, Christine et Marcel RUFO. *Comprendre l'ado,* Paris, Hachette, 2000.
THIRIET, Michèle. *Vivre l'adolescence, un itinéraire affectif et sexuel,* Paris, Bordas, 1974.

TOCQUEVILLE, Alexis de. *De la démocratie en Amérique,* Paris, 10/18.
TOLSTOÏ, Léon. *Enfance, adolescence, jeunesse,* coll. Folio, Paris, Éditions Gallimard, 1997.
WINNICOTT, Donald Woods. *L'Enfant et sa famille : les premières relations,* coll. Petite bibliothèque, Paris, Payot, 2002.
YONNET, Paul. *Famille, tome I : Le Recul de la mort,* Paris, Gallimard, 2006.
ZAZZO, Bianka. *Psychologie différentielle de l'adolescence,* Paris, Presses Universitaires de France, 1966.

Du même auteur

La démocratie familiale : évolution des relations parents-adolescents, Paris, Presses de la Renaissance, 1990.

Les bandes : « l'entre soi » adolescent, Paris, Desclée de Brouwer, 1993, 2e édition : *Les bandes : de l'« entre soi adolescent » à l'« autre-ennemi »,* 2008.

Le peuple adolescent, Paris, Julliard, 1994 (épuisé).

Adolescence en crise ? Vers le droit à la reconnaissance sociale, Paris, Hachette Éducation, 1998, traduit en espagnol en 2001.

À mort la famille ! Plaidoyer pour l'enfant, Ramonville-Saint-Agne, Érès, 2000.

Le deuxième homme. Réflexions sur la jeunesse et l'inégalité des rapports entre générations, Paris, Presses de la Renaissance, 2002.

Les adolescents, coll. Idées reçues, Paris, Le Cavalier bleu, 2002, traduit en Chine en 2006., 2e édition, 2009.

Ne m'appelez plus jamais crise ! Parler de l'adolescence autrement, Ramonville-Saint-Agne, Érès, 2003.

Les pièges de la mixité scolaire, Paris, Presses de la Renaissance, 2003.

Les interdits, fondements de la liberté, Paris, Presses de la Renaissance, 2004.

La famille, coll. Idées reçues, Paris, Le Cavalier bleu, 2005.

L'adolescent est une personne, Paris, Le Seuil, 2006.

Mais qu'est-ce qui passe par la tête des méchants ?, Montréal, Les Éditions de l'Homme, 2006, Marabout, 2009.

Le livre noir de la jeunesse, Paris, Presses de la Renaissance, 2007.
Les menteurs, Montréal, Les Éditions de l'Homme, 2007.
Père et fils, l'histoire d'un amour mal entendu, Montréal, Les Éditions de l'Homme, 2008.
Faites l'humour, pas la gueule, Montréal, Les Éditions de l'Homme, 2009.
Munuel illustré à l'usage des adolescents qui ont des parents difficiles, Les Éditions du Temps, 2009.

Ouvrages collectifs ou en collaboration

BOYER, Régine et Charles CORIDIAN (dir.). *Jeunesses d'en France,* coll. Panoramiques, Paris, Corlet Éditions, 1996.
CHOQUET, Marie et Christiane DRESSEN (dir.). *Adolescence plurielle,* Paris, CFES, 1993.
CIPRIANI-CRAUSTE, Marie et Michel FIZE. *Le bonheur d'être adolescent: suivi de quelques considérations sur la première jeunesse et la nouvelle enfance,* Ramonville-Saint-Agne, Érès, 2005.
DORMOY, Odile (dir.). *Soigner et/ou punir,* Paris, L'Harmattan, 1995.
FATES, FIZE, VULBEAU et autres. *Du stade au quartier, le rôle du sport dans l'intégration sociale des jeunes,* Paris, Syros Éditeur, 1993.
FIZE, Michel et Cédric FRETIGNE. *Génération courage. Les Lettres des jeunes Français au premier ministre,* Paris, Julliard, 1995.
FIZE, Michel et Marc TOUCHÉ. *Le skate : la fureur de faire,* Caen, Arcane-Beaunieux, 1992.
LESOURD, Serge (dir.). *Adolescents dans la cité,* Ramonville-Saint-Agne, Érès, 1991.
LOMBARD, Jean (textes rassemblés et présentés par). *La violence et l'État: formes et évolution d'un monopole,* Paris, L'Harmattan, 1993.
MALEWSKA-PEYRE, Hanna et Pierre TAP (dir.). *La socialisation de l'enfance à l'adolescence,* Paris, Presses Universitaires de France, 1991.
RUANO-BORBALAN, Jean-Claude (coord.) et autres. *Identité(s),* Auxerre, Éditions Sciences Humaines, 1998.
RUANO-BORBALAN, Jean-Claude et Bruno CHOC (coord.). *Le pouvoir,* Auxerre, Éditions Sciences Humaines, 2002.

Table des matières

Achevé d'imprimer au Canada
sur papier Enviro 100% recyclé
sur les presses de Imprimerie Lebonfon Inc.